AF331112

CORRIGÉ DES EXERCICES

SUR LA

GRAMMAIRE FRANÇAISE.

CORRIGÉ DES EXERCICES

SUR LA

GRAMMAIRE FRANÇAISE

A L'USAGE DES ÉCOLES TENUES

PAR

LES FILLES-DE-LA-SAGESSE.

PARTIE DE LA MAITRESSE.

LIVRE SECOND. — HUITIÈME ÉDITION.

POITIERS

HENRI OUDIN, IMPRIMEUR ET LIBRAIRE-ÉDITEUR,

RUE DE L'ÉPERON, 4.

1861

CORRIGÉ DES EXERCICES

SUR LA

GRAMMAIRE FRANÇAISE

PREMIÈRE PARTIE.

CHAPITRE PREMIER.

DU NOM.

1er EXERCICE. — *Gram.* N° 6. — Les élèves ont dû copier ce qui suit, puis faire comme ci-dessous la liste des noms contenus dans cet exercice (1).

Mon Dieu. — Notre âme. — Ce champ. — Son livre. — Cette plume. — Les pommes. — Votre bourse. — Nos parents. — Chaque année. — Vingt soldats. — Leur ambition. — De bon vin. — La meilleure eau. — Une image fort belle. — Quelques oiseaux. — Toutes les étoiles. — Le chat et la souris. — Un rossignol et une fauvette. — Les feuilles des arbres. — La statue de Marie. — La piété de ces enfants. — La bonté de ma mère. — Un parapluie et un manteau. — La croix du bon Jésus. — L'étude et le bonheur. — La paresse et l'ennui. — Son couteau et ses ciseaux. — La beauté du ciel.

Liste des Noms.

Dieu, — âme, — champ, — livre, — plume, — pommes, — bourse, — parents, — année, — soldats, — ambition, — vin, — eau, — image, — oiseaux, — étoile, — chat, — souris, —

____

(1) La maîtresse pourrait se borner à faire faire de vive voix l'indication des noms contenus dans cet exercice et les suivants, ou faire souligner chacun de ces noms après la copie.

rossignol , — fauvette , — feuilles , — arbres , — statue ,
— Marie , — piété , — enfants , — bonté , — mère , — parapluie, — manteau , — croix , — Jésus , — étude , — bonheur,
— paresse , — ennui , — couteau , — ciseaux , — beauté ,
— ciel.

Ce devoir, ainsi que les suivants, est donné non-seulement pour graver dans l'esprit des enfants une règle de
grammaire, mais surtout pour leur faciliter l'étude de
l'orthographe. Rien ne nuit plus à l'avancement des
jeunes élèves que de leur dicter des mots qu'elles n'ont
jamais vus, car en ce cas, elles font ordinairement une
multitude de fautes, sans que la maîtresse puisse avec
assurance les accuser d'inapplication ; mais les devoirs
que nous donnons ici ayant été copiés attentivement par
les élèves , la maîtresse pourra le lendemain leur en
faire la dictée, et exiger d'elles une orthographe à peu
près correcte.

2ᵉ EXERCICE. — Même devoir que le précédent.

Ayez, jeunes enfants, la candeur du lis, la beauté et le
parfum de la rose ; la constance de l'immortelle et la modestie
de la violette. — L'ordre et l'arrangement du monde nous font
admirer la bonté et la puissance de Dieu. — Aucune fleur n'approche de la rose pour l'élégance , la distribution des feuilles et
l'agrément des boutons ; on aime et on admire la couleur, la
figure et le parfum de cette reine des jardins.

Liste des Noms.

Enfants, — candeur, — lis, — beauté, — parfum, — rose,
— constance, — immortelle, — modestie, — violette, — ordre,
— arrangement, — monde, — bonté, — puissance, — Dieu,
fleur, — rose, — élégance, — distribution, — feuilles, —
agrément, — boutons, — couleur, — figure, — parfum, — reine,
— jardins.

3e Exercice. — *Même devoir que le précédent.*

Adam et Ève perdirent leur bonheur avec leur innocence. — Les trois fils de Noé furent Sem, Cham et Japhet. — Les cinq parties du monde sont l'Europe, l'Asie, l'Afrique, l'Amérique et l'Océanie. — La ville de Paris est la capitale de la France. — Les principaux fleuves de France sont la Seine, la Loire, la Garonne et le Rhône.

Liste des Noms.

Adam, — Ève, — bonheur, — innocence, — fils, — Noé, — Sem, — Cham, — Japhet, — parties, — monde, — Europe, Asie, — Afrique, — Amérique, — Océanie, — ville, — Paris, capitale, — France, — fleuves, — France, — Seine, — Loire, — Garonne, — Rhône.

4e Exercice. — *Gram.* Nos 7, 8 *et* 9. — Les élèves ont dû distinguer dans les noms de l'exercice précédent les noms propres des noms communs.

Noms communs.	*Noms propres.*
Bonheur, — innocence, — fils, — parties, — monde, — ville, — capitale, — fleuves.	Adam, — Ève, — Noé, — Sem, — Cham, — Japhet, — Europe, — Asie, — Afrique, — Amérique, — Océanie, — Paris, — France, — France, — Seine, — Loire, — Garonne, — Rhône.

5e Exercice. — Les élèves ont dû copier les phrases suivantes, puis indiquer les noms qui s'y trouvent.

Le lin et le chanvre de la Flandre sont estimés. — La craie forme le sol d'une partie de la Champagne. — Le sol du Lyonnais renferme de la houille, du fer et du cuivre. — La cire, la soie et le miel de la Corse sont recherchés. — La Bretagne fait un grand commerce de fil, de toile et de beurre. — La beauté et la fertilité de la Touraine l'ont fait nommer le jardin de la France. — Le chêne, le hêtre, le charme, l'orme, l'érable, le peuplier et le châtaignier sont communs en France.

Liste des Noms.

Lin, — chanvre, — Flandre, — craie, — sol, — partie, — Champagne, — sol, — Lyonnais, — houille, — fer, — cuivre, — cire, — soie, — miel, — Corse, — Bretagne, — commerce, — fil, — toile, — beurre, — beauté, — fertilité, — Touraine, — jardin, — France, — chêne, — hêtre, — charme, — orme, — érable, — peuplier, — châtaignier, — France.

6e EXERCICE. — *Gram.* Nos 11 *et* 12. — Les élèves ont dû distinguer, dans l'exercice précédent, les noms masculins des noms féminins.

Noms masculins.	*Noms féminins.*
Lin, — chanvre, — sol, — sol, — Lyonnais, — fer, — cuivre, — miel, — commerce, — fil, — beurre, — jardin, — chêne, — hêtre, — charme, — orme, — érable, — peuplier, — châtaignier.	Flandre, — craie, — partie, — Champagne, — houille, — cire, — soie, — Corse, — Bretagne, — toile, — beauté, — fertilité, — Touraine, — France, — France.

7e EXERCICE. — Les élèves ont dû copier les phrases suivantes, puis indiquer les noms qui s'y trouvent.

La France possède des mines de houille, de fer, de plomb et d'argent. — Le granit abonde dans les Pyrénées, les Alpes, les Vosges, les Ardennes, les Cévennes et les montagnes de la Bretagne. — On élève des bœufs, des porcs et des moutons dans presque toute la France. — Les principaux animaux qui habitent nos forêts sont le lièvre, le lapin, le renard, le chevreuil, le daim, le cerf, le sanglier et le loup. — Le coq, la poule, les oies, les canards et les dindons peuplent les basses-cours. — Les fleuves, les rivières et les étangs fournissent une grande variété de poissons d'eau douce : la carpe, la perche, le brochet, la tanche, l'anguille et la truite sont les plus communs de ces poissons.

Liste des Noms.

France, — mines, — houille, — fer, — plomb, — argent, — granit, — Pyrénées, — Alpes, — Vosges, — Ardennes, — Cévennes, — montagnes, — Bretagne, — bœufs, — porcs, — moutons, — France, — animaux, — forêts, — lièvre, — lapin, — renard, — chevreuil, — daim, — cerf, — sanglier, — loup, — coq, — poule, — oies, — canards, — dindons, — basses cours, — fleuves, — rivières, — étangs, — variété, — poissons, — eau, — carpe, — perche, — brochet, — tanche, — anguille, — truite, — poissons.

8ᵉ Exercice. — *Gram.* Nᵒˢ 13 *et* 14. — Les élèves ont dû distinguer, dans les noms de l'exercice précédent, les noms singuliers des noms pluriels.

Noms singuliers.	Noms pluriels.
France, — houille, — fer, — plomb, — argent, — granit, — Bretagne, — France, — lièvre, — lapin, — renard, — chevreuil, — daim, — cerf, — sanglier, — loup, — coq, — poule, — variété, — eau, — carpe, — perche, — brochet, — tanche, — anguille, — truite.	Mines, — Pyrénées, — Alpes, — Vosges, — Ardennes, — Cévennes, — montagnes, — bœufs, — porcs, — moutons, — animaux, — forêts, — oies, — canards, — dindons, — basses-cours, — fleuves, — rivières, — étangs, — poissons, — poissons.

9ᵉ Exercice. — Les élèves ont dû analyser comme ci-dessous tous les noms du 7ᵉ Exercice.

France	n. prop. fém. sing.	granit	n. com. masc. sing.
mines	n. com. fém. plur.	Pyrénées	n. prop. fém. plur.
houille	n. com. fém. sing.	Alpes	n. prop. fém. plur.
fer	n. com. masc. sing.	Vosges	n. prop. fém. plur.
plomb	n. com. masc. sing.	Ardennes	n. prop. fém. plur.
argent	n. com. masc. sing.	Cévennes	n. prop. fém. plur.

montagnes	n. com. fém. plur.	oies	n. com. fém. plur.
Bretagne	n. prop. fém. sing.	canards	n. com. masc. plur.
bœufs	n. com. masc. plur.	dindons	n. com. masc. plur.
porcs	n. com. masc. plur.	basses-cours	n. com. fém. plur.
moutons	n. com. masc. plur.	fleuves	n. com. masc. plur.
France	n. prop. fém. sing.	rivières	n. com. fém. plur.
animaux	n. com. masc. plur.	étangs	n. com. masc. plur.
forêts	n. com. fém. plur.	variété	n. com. fém. sing.
lièvre	n. com. masc. sing.	poissons	n. com. masc. plur.
lapin	n. com. masc. sing.	eau	n. com. fém. sing.
renard	n. com. masc. sing.	carpe	n. com. fém. sing.
chevreuil	n. com. masc. sing.	perche	n. com. fém. sing.
daim	n. com. masc. sing.	brochet	n. com. masc. sing.
cerf	n. com. masc. sing.	tanche	n. com. fém. sing.
sanglier	n. com. masc. sing.	anguille	n. com. fém. sing.
loup	n. com. masc. sing.	truite	n. com. fém. sing.
coq	n. com. masc. sing.	poissons	n. com. masc. plur.
poule	n. com. fém. sing.		

En faisant corriger les analyses, il est très-nécessaire de faire souvent les questions suivantes :

Pourquoi ce mot est-il un nom? — Parce qu'il sert à nommer une chose.

Pourquoi est-il nom commun? — Parce qu'il convient à toutes les choses de la même espèce.

S'il se trouvait un nom propre dans l'analyse, l'élève interrogée devrait répondre :

Ce nom est propre ou particulier, parce qu'il désigne en particulier une personne (ou une ville, une montagne).

Pourquoi ce nom est-il masculin? — Parce qu'on peut le faire précéder des mots *le* ou *un*.

Pourquoi est-il féminin? — Parce qu'on peut le faire précéder des mots *la* ou *une*.

Pourquoi est-il singulier? — Parce qu'il désigne une seule chose.

Pourquoi est-il pluriel? — Parce qu'il désigne plusieurs choses.

10ᵉ Exercice. — Les élèves ont dû copier les phrases suivantes, puis indiquer les noms qui s'y trouvent:

Les plantes pompent les sucs de la terre par une infinité de canaux. —Une foule de preuves attestent les ravages du déluge. —Quelle étonnante multitude d'individus nous présentent les airs, les champs, les prairies, les forêts, les rivières, les mers et même les entrailles de la terre. — Une goutte d'eau, vue au microscope, offre un nombre considérable d'êtres vivants. — Une quantité d'insectes ne subsistent que dans l'eau. — Une collection de papillons est agréable à voir. —La société des abeilles est la plus intéressante de toutes celles qui sont formées par les insectes : un essaim d'abeilles nous donne l'exemple de toutes les vertus sociales. — La classe des coquillages nous fournit une multitude de sujets d'admirer la puissance divine.

Liste des noms.

Plantes, — sucs, — terre, —infinité, — canaux, — foule, — preuves, — ravages, — déluge, — multitude, —individus, —airs, — champs, — prairies, — forêts, — rivières, — mers, — entrailles, — terre, — goutte, — eau, — microscope, — nombre, — êtres, — quantité, — insectes, — eau, —collection, — papillons, — société, — abeilles, — insectes, — essaim, — abeilles, — exemple, — vertus, — classe, — coquillages, — multitude, — sujets, — puissance.

11e Exercice. — *Gram*. N° 15. — Les élèves ont dû distinguer tous les noms collectifs contenus dans l'exercice précédent.

Infinité, —foule, — multitude, — nombre, — quantité, — collection, — société, — essaim, — classe, — multitude.

12e Exercice. — Les élèves ont dû analyser comme ci-dessous tous les noms du 10e exercice.

Plantes	n. com. fém. plur.	déluge	n. com. masc. sing.
sucs	n. com. masc. plur.	multitude	n. coll. fém. sing.
terre	n. com. fém. sing.	individus	n. com. masc. plur.
infinité	n. coll. fém. sing.	airs	n. com. masc. plur.
canaux	n. com. masc. plur.	champs	n. com. masc. plur.
foule	n. coll. fém. sing.	prairies	n. com. fém. plur.
preuves	n. com. fém. plur.	forêts	n. com. fém. plur.
ravages	n. com. masc. plur.	rivières	n. com. fém. plur.

mers	n. com. fém. plur.	société	n. coll. fém. sing.
entrailles	n. com. fém. plur.	abeilles	n. com. fém. plur.
terre	n. com. fém. sing.	insectes	n. com. masc. plur.
goutte	n. com. fém. sing.	essaim	n. coll. masc. sing.
eau	n. com. fém. sing.	abeilles	n. com. fém. plur.
microscope	n. com. masc. sing.	exemple	n. com. masc. sing.
nombre	n. coll. masc. sing.	vertus	n. com. fém. plur.
êtres	n. com. masc. plur.	classe	n. coll. fém. sing.
quantité	n. coll. fém. sing.	coquillages	n. com. masc. plur.
insectes	n. com. masc. plur.	multitude	n. coll. fém. sing.
eau	n. com. fém. sing.	sujets	n. com. masc. plur.
collection	n. coll. fém. sing.	puissance.	n. com. fém. sing.
papillons	n. com. masc. plur.		

13e Exercice. — Les élèves ont dû copier les noms suivants:

Parent, — père, — mère, — frère, — sœur, — oncle, — tante, — cousin, — cousine, — parrain, — marraine, — habit, — col, — bonnet, — fichu, — manche, — gant, — robe, — tablier, — chemise, — mouchoir, — soulier, — parapluie, — pélerine, — classe, — table, — carte, — banc, — siége, — pupitre, — livre, — élève, — crayon, — règle, — plume, — papier, — encrier, — canif, — leçon, — cahier, — verbe, — collége, — ouvrage, — couture, — ourlet, — tricot, — broderie, — tapisserie, — épingle, — aiguille, — étui, — pelote, — maison, — jardin, — cour, — terrasse, — arbre, — fleur, — parterre, — rose, — violette, — pensée, — œillet, — champ, — pervenche, — bluet, — coquelicot, — fruit, — poire, — pomme, — raisin, — prune, — abricot, — pêche, — fraise, — groseille, — cuillère, — fourchette, — assiette, — verre, — serviette, — nappe, — vin, — plat, — récompense, — couronne, — image, — récréation, — promenade, — meuble, — armoire, — chaise, — fauteuil, — tabouret, — voiture, — secrétaire, — horloge, — pendule, — console, — toilette, — cadre, — peine, — plaisir, — chagrin, — souffrance, — ennui, — joie, — triomphe, — douleur, — délice, — trésor, — dépense, — écueil, — vieillard, — fusil, — sourcil.

14e Exercice. — *Gram.* No 16. — Les élèves ont dû

copier de nouveau tous les noms de l'exercice précédent en les mettant au pluriel.

Parents, pères, mères, etc.

Tous ces noms formant leur pluriel par l'addition d'un *s*, il nous a paru inutile de les reproduire ici.

Dictée formée des noms copiés dans le 13e Exercice.

Les habits de mon père. — Les gants de ma mère. — Mes plumes, mon cahier et mes livres. — Les fleurs du jardin, les roses et les pensées. — Les fruits de nos arbres, les poires, les pommes, les abricots et les pêches. — Les cuillères et les fourchettes sur la table, un verre sur une assiette, une nappe et quatre serviettes. — Les aiguilles de mon étui, les épingles de ma pelote. — La terrasse de la maison. — Les coutures de ma robe, les ourlets de mon mouchoir. — Les encriers de nos classes, mes crayons et mon canif. — La broderie de nos cols. — Le fauteuil de mon parrain. — Le tricot de mes manches. — Le bonnet de ma marraine. — Les souliers de mon frère, les fichus et les pèlerines de ma sœur. — Les violettes et les œillets du parterre, les pervenches, les bluets et les coquelicots des champs.

En corrigeant cette dictée, il est très-nécessaire de faire la question suivante presque à chaque nom pluriel :

Pourquoi terminez-vous ce nom par s ?

L'élève doit répondre :

Je termine ce nom par *s*, parce qu'il est au pluriel et que le pluriel des noms se marque par un *s*.

S'il arrivait, malgré les copies, que les élèves eussent fait beaucoup de fautes dans cette dictée, il serait tout à fait nécessaire de la faire une seconde fois avant de passer à une autre; c'est au reste ce que l'on doit faire après tout devoir trop défectueux.

15e Exercice. — Noms copiés par les élèves.

Porte, — fenêtre, — escalier, — plafond, — plancher, — voûte, — toit, — grenier, — cave, — chambre, — cabinet, — salon, — salle, — ferme, — étable, — grange, — écurie, — campagne, — paysage, — laboureur, — charrue, — cultivateur, — berger, — paysan, — vache, — bœuf, — poule, — coq, — poulet, — chat, — chien, — pigeon, — mouton, — abeille, — ruche, — prairie, — bosquet, — forêt, — plaine, — vallée, — montagne, — colline, — vallon, — village, — chemin, — route, — sentier, — avenue, — ville, — église, — abbaye, — chapelle, — évêque, — seigneur, — clocher, — autel, — cloche, — fête, — cérémonie, — solennité, — cantique, — couplet, — air, — prière, — chapelet, — réflexion, — désir, — crainte, — espérance, — affection, — souvenir, — bonté, — malice, — murmure, — fleuve, — rivière, — mer, — tempête, — orage, — calme, — bruit, — alouette, — rossignol, — fauvette, — bec, — patte, — plume, — aile, — queue, — nid, — lit, — couverture, — drap, — oreiller, — dessin, — esquisse, — peinture, — tête, — portrait, — statue, — jour, — semaine, — année, — siècle, — été, — hiver.

16e Exercice. — Noms de l'exercice précédent mis au pluriel.

Portes, — fenêtres, — escaliers, etc.

Ajouter ainsi un *s* à chacun des noms de l'exercice précédent.

17e Exercice. — *Gram.* N° 17. 1°. — Noms copiés par les élèves.

Fils, — brebis, — dos, — logis, — vernis, — croix, — gaz, — souris, — panaris, — repos, — tamis, — noix, — salsifis, — perdrix, — lambris, — toux, — riz, — rubis, — marais, — mépris, — remords, — héros, — choix, — verglas, — lis, — poids, — mois, — propos, — palais, — tapis, — prix, —

abcès, — procès, — pays, — discours, — bois, — matelas,
— secours, — succès, — recours, — parvis, — bras, — commis,
— relais, — concours, — époux, — crucifix, — courroux, —
houx, — voix, — paix, — accès, — excès, — abus, — talus,
— flux, — reflux, — agrès, — progrès, — décès, — treillis,
— mérinos, — vis, — amas, — trépas, — embarras, — engrais,
— entremets, — hachis, — rabais, — harnais, — phénix, —
cassis, — cervelas, — patois, — châssis, — iris, — jaconas, —
omnibus, — compas, — louis, — radis, — legs, — velours, —
pouls, — bas, — lavis, — nez, — temps, — chasselas, — pas,
— paradis, — mors, — mets, — marquis, — puits, — sens, —
cours.

Une seule copie ne suffira sans doute pas pour graver
dans l'esprit des élèves l'orthographe de tous ces noms :
c'est à la maîtresse de juger si cette copie doit être recom-
mencée deux ou trois fois avant qu'elles puissent écrire
passablement la dictée suivante :

*Dictée composée des noms du 17ᵉ exercice et d'autres noms tous
copiés dans les exercices précédents.*

Les jours du mois. — Le lis des champs. — La perdrix de
mon frère. — Le repos des laboureurs. — Le matelas de mon
lit. — Le poids du jour. — Une croix de bois. — Le bras du crucifix. — Les marais du pays. — Les succès de mes sœurs. —
Les lambris de la salle. — Le vernis de nos meubles. — Le
chat et la souris. — Le châssis de la fenêtre. — Mes bas et mes
souliers. — La voix de ma mère. — La crainte du mépris. —
Le parvis de l'église. — L'omnibus de la ville. — Le patois du
pays. — Le tapis du salon.

A mesure que les difficultés se multiplient, il importe
de donner plus d'attention à la correction raisonnée des
devoirs afin d'exercer les élèves à répondre clairement
aux questions que l'on peut leur adresser. C'est pourquoi

après chaque devoir d'un nouveau genre, nous mettons quelques formules de questions et de réponses.

Pourquoi un s à jours? — Parce que ce nom est au pluriel, et que le pluriel des noms se marque par l'addition d'un s.

Pourquoi un s à mois? — Parce que c'est un des noms qui sont terminés par s au singulier comme au pluriel.

Autre dictée sur le même sujet.

Des habits de velours. — Les rubis de la couronne. — Le désir de la paix. — Le legs de mon oncle. — Le temps des fêtes. — La paix, le repos du paradis. — La peinture au lavis. — Du riz et des noix pour nos repas. — Un abcès au bras. — De l'engrais pour nos terres. — L'esquisse du nez. — Les embarras de la semaine. — Un hachis de bœuf. — Des bonnets de jaconas. — Le flux et le reflux des mers. — Le dessin au compas. — L'excès de la joie. — Un amas de pommes. — Une robe de mérinos. — Les radis de nos jardins. — Un mets et un entremets. — L'abus des plaisirs. — Le dos de la brebis. — Le courroux du chien. — Le verglas sur nos champs. — Le choix des récompenses.

18e EXERCICE. — *Gram.* N° 17. 2° — Nous omettons la première copie indiquée dans l'exercice; voici la seconde, c'est-à-dire les noms en *au* et en *eu* au pluriel.

Tombeaux, — feux, — hameaux, — bateaux, — lieux, — manteaux, — marteaux, — jeux, — tonneaux, — flambeaux, — châteaux, — ruisseaux, — chapeaux, — drapeaux, — pieux, — couteaux, — veaux, — radeaux, — bureaux, — rideaux, — neveux, — fuseaux, — tableaux, — caveaux, — moineaux, — pinceaux, — écriteaux, — gâteaux, — essieux, — oiseaux, — vœux, — chameaux, — morceaux, — pruneaux, — niveaux, — louveteaux, — cerneaux, — traîneaux, — agneaux, — cerceaux, — adieux, — passereaux, — vaisseaux, — eaux, — fardeaux, — berceaux, — écheveaux, — tonneaux, — copeaux, — chalumeaux, — panneaux, — carreaux, — cheveux, — roseaux, — coteaux, — troupeaux, — sceaux, — rameaux, — réseaux, — rouleaux, — lambeaux, — aveux, — trousseaux, — corbeaux, — boisseaux, — seaux, — joyaux, — préaux, - gluaux, —sarraux, — tuyaux, — noyaux.

En corrigeant ce devoir, la maîtresse peut faire remarquer aux élèves que dans la plupart des noms terminés au singulier par *au*, ces lettres *au* sont précédées d'un *e* muet (eau) au singulier comme au pluriel, mais que cependant les six derniers noms de leur copie font exception à cette règle.

Dictée sur les noms en au *et en* eu, *et sur d'autres noms copiés dans les exercices précédents.*

Les oiseaux dans le bois. — Des gâteaux pour la fête. — Les noyaux des pêches. — Des vœux pour ton bonheur. — Les rideaux des lits. — Les bateaux sur l'eau. — Le chapeau et le manteau de ma sœur. — Les sarraux des enfants. — Les flambeaux sur la table. — Les jeux de nos neveux. — Les agrès du vaisseau. — La vie des passereaux. — Un boisseau de cerneaux. — Un moineau sur les gluaux. — Les coteaux et les plaines. — La brebis et les agneaux. — Une croix de bois sur un tombeau. — Les tuyaux de nos plumes. — Des oiseaux sur le houx.

Questions à faire en corrigeant la dictée.

Pourquoi un x *à oiseaux?* — Parce que les noms terminés au singulier par *au* prennent un *x* au pluriel.

Pourquoi un s *à bois?* — Parce que c'est un nom toujours terminé par *s* au singulier comme au pluriel.

Autre dictée sur le même sujet.

Un réseau sur les cheveux. —Les raisins de nos coteaux. —Le cours du ruisseau. — Les commis dans le bureau. — Mes adieux à mon pays — Le vin des tonneaux. — Des rouleaux de papier. — Un feu de joie. — Les paysans de nos hameaux.

— Les pinceaux des élèves. — Les louveteaux dans les bois. — Le jeu du cerceau. — Les passereaux sur le toit.—Les panneaux de nos tables. — Des roseaux près de l'eau. — Les joyaux de la couronne. — Des copeaux pour le feu. — Les aveux de nos frères. — Les châteaux du marquis. — Les essieux de nos voitures. — Les bœufs de nos troupeaux. — La peinture des tableaux. — Les caveaux de l'église.

19ᵉ EXERCICE. — *Gram.* Nᵒ 17. 3ᵒ. — Noms en *ou* mis au pluriel.

Cailloux, — bijoux, — choux, — genoux, — joujoux, — poux, — hiboux, — coucous, — trous, — clous, — verrous, — fous, — écrous, — filous, — cous, — sous, — mous, — licous, — acajous, — canezous, — bambous.

Dictée sur les noms en ou *et sur d'autres noms déjà vus.*
Les cailloux de la route. — Les filous de nos villes. — Des mous de veau. — Les choux de ce pays. — Les poux de la tête. — La malice des fous. — Des trous dans le plafond. — Les coucous dans les champs. — Un chien sur les genoux. — Des sous dans un sac. — Un hibou dans la maison. — Des vis et des écrous pour un meuble. — Le cou des oiseaux. — Une table d'acajou. — Le canezou de ma sœur.

QUESTIONS. — *Pourquoi un* x *à cailloux ?* — Parce que c'est un des noms en *ou* qui prennent un *x* au lieu d'un *s* au pluriel.

Pourquoi un s *à filous?* — Parce que les noms en *ou* prennent généralement un *s* au pluriel.

20ᵉ EXERCICE. — *Gram.* Nᵒ 17. 4ᵒ. — Noms en *al* mis au pluriel.

Bals, — régals, — carnavals, — généraux, — caporaux, — bocaux, — canaux, — maux, — confessionnaux, — fanaux, — journaux, — animaux, — cardinaux, — tribunaux, — signaux, — hôpitaux, — corporaux, — capitaux, — amiraux, — radicaux, — libéraux, — cristaux, — sénéchaux, — commensaux, — arsenaux, — maréchaux, — métaux, — vassaux, — totaux, — chevaux, — rivaux, — minéraux, — végétaux, — égaux, — quintaux, — piédestaux.

La maîtresse fera remarquer aux élèves que les noms terminés par *al* au singulier ne prennent point l'*e* muet avant *aux*.

Dictée sur les noms en al *et sur d'autres noms copiés dans les exercices précédents.*

La crainte des maux. — Les bals de l'hiver. — Les jours du carnaval. — Les signaux des vaisseaux. — Les prunes dans les bocaux. — Les canaux de la France. — Les confessionnaux de l'église. — Les minéraux, les végétaux et les animaux. — Les cardinaux et les évêques. — Les vassaux du marquis. — Les lits des hôpitaux. — Les verres et les cristaux. — Les tribunaux de la ville. — Les corporaux de la chapelle. — Les amiraux et les maréchaux. — Les commensaux du logis. — Les radicaux des verbes. — Les chevaux des généraux. — Les capitaux du trésor. — Le poids des quintaux. — Les piédestaux des statues.

QUESTIONS. — *Pourquoi* maux *et non pas* mals? — Parce que les noms terminés par *al* au singulier changent *al* en *aux* pour le pluriel.

Pourquoi bals *avec un* s? — Parce que ce mot suit la règle générale du pluriel et ne change pas *al* en *aux*.

21e EXERCICE. — *Gram.* N° 17. 5°. — Noms en *ail* mis au pluriel.

Coraux, — émaux, — baux, — sous-baux, — soupiraux, — vitraux, — travaux et aussi travails (machines), — portails, — éventails, — gouvernails, — attirails, — camails, — détails, — poitrails, — épouvantails, — bercails, — mails, — sérails.

Dictée sur les noms en ail *et sur d'autres déjà copiés.*

Les soupiraux de nos caves. — Les éventails de mes cousines. — Une promenade sur l'eau. — Les gouvernails des bateaux.

— Les fleurs sur un chapeau. — Le puits de notre maison. — Les vitraux de l'église. — Les fenêtres du salon. — Les portails des châteaux. — Le fils du laboureur. — Les camails des évêques.— Les fruits dans nos bocaux.—Des épouvantails pour les oiseaux. — Des souris dans le grenier. — Les poitrails des chevaux. — Le tamis de la cuisine. — Les travaux des cultivateurs. — Les coraux et les émaux. — Les attirails de la toilette. — Le triomphe d'un héros. — Les détails de l'affaire. — Les travails (machines) des maréchaux.

QUESTIONS. — *Pourquoi* soupiraux? — Parce que c'est un des noms en *ail* qui, par exception, font leur pluriel en *aux*.

Pourquoi éventails?—Parce que ce nom suit la règle générale du pluriel des noms comme la plupart des noms en *ail*.

22ᵉ EXERCICE.--*Gram*. Nº 17. 6º.—Mots en *ant* et en *ent* mis au pluriel.

Croissants, — mandements, — consentements, — emportements,—tourments,—changements,—bâtiments,—courants, —châtiments,—règlements,—tremblements,—rugissements, —présents,—monuments,—penchants,—courants,—médicaments,—parlements,—instruments,—parements,—régiments, —arpents,—commandements,— éboulements, — bouleversements, — compartiments, — appartements, — habitants, — manquements, — paravents, — événements, — testaments,— attachements,— compliments,— amusements,—méchants,— établissements,—sentiments,—enfants,—instants,— gouvernements,— diamants,—accablements,—dents,—gants, — chants,—plants.

Dictée sur les noms en ant *et* ent, *et sur toutes les autres difficultés du pluriel des noms.*

Les amusements des enfants. (*Il est préférable d'habituer les enfants à conserver le* t *au pluriel.*)—Le prix des diamants.—Les essieux des voitures. — Le poids des remords. —Les lambeaux de mon habit.—Une robe de jaconas.—Des maux de dents.—

Le velours de vos canezous. — Les présents du jour de l'an.— Les rouleaux de vos serviettes. — Le courant des eaux — Des plants de choux.—Les appartements du palais.—Le consentement de vos parents.—L'émail de nos bijoux.—La brebis dans le bercail. — Les commandements des amiraux. — L'excès des tourments.—Des harnais pour les chevaux.—La voix des généraux.—Les manquements à nos règlements.—Les régals dans les champs.—Des panneaux d'acajou.—Les instruments du régiment.—Du vent pour nos bâtiments.

Cette dictée est la dernière sur le pluriel des noms, et elle renferme toutes les règles apprises jusqu'à ce jour ; il est donc très-important de la corriger d'une manière bien raisonnée, c'est-à-dire, de faire presque à chaque nom l'une des questions indiquées à la fin des dictées précédentes.

Il n'est pas moins important de refaire cette dictée deux et même trois fois, s'il est nécessaire, pour obtenir qu'elle soit enfin écrite très-correctement.

CHAPITRE DEUXIÈME.

DE L'ARTICLE.

23e Exercice. — *Gram.* N° 19. — Les élèves ont dû remplacer *un, une,* etc., par *le, la, les.*

Le récit, — la réponse, — les couleurs, — le pinson, — les rubans, — la ceinture, — les prisonniers, — la sagesse, — la repartie,—les cœurs,—la demande, — les pierres, — la fontaine, — la réflexion, — le caractère,—les galeries, — les pensionnaires,—les femmes,—la toile,—les tours,—le réservoir, — le vieillard,—les voyages,—les contrées, — la difficulté, — la volonté,—le bienfait, —le talent,— la rente, — la grâce,— la peine,—le bien, —le déluge,—les fautes, —la famille,—les murs,—la religion, — les pains, —les poupées, — la conduite,

—le soin,—la déception,— les nombres,— le confident,— le regard,—la taille,—les lettres,—la place,—la loi,—les leçons, —les personnes,—le vice,—la vertu.

24e Exercice.— *Gram.* N° 20. —Les élèves ont dû faire précéder les noms suivants d'un article et faire l'élision.

L'avis,—l'horloge,—la syllabe,—l'attachement, — le feu, —l'aurore,—l'âme,—la peau,—l'homme,—l'odeur,—l'étoffe, —la constitution,—l'emploi,—l'embarras,—l'entrée,—la vue, —l'occupation,—l'atmosphère,—la vie,—la défense, — l'or- dre,—l'oie,—l'orme,—l'ouvrière,—la religieuse, — l'acte,— la foi,—l'amour,—l'idée,—la coiffure,—l'allure,—l'humeur, —la langue,— l'œil,—la description,—l'entretien,— l'esprit, —l'almanach,—l'élément,—l'oreille,— la nation,— la colla- tion, — l'adjectif, — l'autorité,—l'extérieur,— la tente,—la figure,—l'arme,—le pronom,—l'action,—la bataille,—l'opé- ration,—le torrent,—la réunion,—la cité,— l'inclination,— la dépense,—l'huile,—l'économe,—l'acquisition,—l'habitude, — l'amande,—la promesse,—la teinte,— la mode,—l'histoire, —l'arithmétique,—l'Italie,—l'Europe,— l'Asie, — l'Afrique, —l'Amérique,—l'Océanie.

25e Exercice. — Analyse des noms et des articles.

L' (pour le)	art. simp. au masc. sing. ann. que *avis* est dét.
avis	n. com. masc. sing.
l' (pour la)	art. simp. au fém. sing. ann. que *horloge* est dét.
horloge	n. com. fém. sing.
la	art. simp. au fém. sing. ann. que *syllabe* est dét.
syllabe	n. com. fém. sing.
l' (pour le)	art. simp. au masc. sing. ann. que *attachement* est dét.
attachement	n. com. masc. sing.
le	art. simp. au masc. sing. ann. que *feu* est dét.
feu	n. com. masc. sing.
l' (pour la)	art. simp. au fém. sing. ann. que *aurore* est dét.
aurore	n. com. fém. sing.
l' (pour la)	art. simp. au fém. sing. ann. que *âme* est dét.
âme	n. com. fém. sing.
la	art. simp. au fém. sing. ann. que *peau* est dét.
peau	n. com. fém. sing.
l' (pour le)	art. simp. au masc. sing. ann. que *homme* est dét.
homme	n. com. masc. sing.

l' (pour la)	art. simp. au fém. sing. ann. que *odeur* est dét.
odeur	n. com. fém. sing.
l' (pour la)	art. simp. au fém. sing. ann. que *étoffe* est dét.
étoffe	n. com. fém. sing.
la	art. simp. au fém. sing. ann. que *constitution* est dét.
constitution	n. com. fém. sing.
l' (pour le)	art. simp. au masc. sing. ann. que *emploi* est dét.
emploi	n. com. masc. sing.
l' (pour le)	art. simp. au masc. sing. ann. que *embarras* est dét.
embarras	n. com. masc. sing.
l' (pour la)	art. simp. au fém. sing. ann. que *entrée* est dét.
entrée	n. com. fém. sing.
la	art. simp. au fém. sing. ann. que *vue* est dét.
vue	n. com. fém. sing.
l' (pour la)	art. sing. au fém. sing. ann. que *occupation* est dét.
occupation	n. com. fém. sing.
l' (pour la)	art. simp. au fém. sing. ann. que *atmosphère* est dét.
atmosphère	n. com. fém. sing.
la	art. simp. au fém. sing. ann. que *vie* est dét.
vie	n. com. fém. sing.
la	art. simp. au fém. sing. ann. que *défense* est dét.
défense.	n. com. fém. sing.

26e Exercice. — *Gram.* Nᵒˢ 21 et 22. — Les élèves ont dû remplacer *de le, à le,* etc., par *du, au, des, aux.*

Le voyage aux Indes. — La modestie des regards. — L'éclat de la physionomie. — La dame du logis. — Les inventions du génie. — Le recours à la puissance. — Le bruit de l'orage. — Le palais des princes. — La parole du Créateur. — La rougeur au front. — Le parfum de l'encens. — Une visite aux pauvres. — La clarté des lampes. — Une réception à la cour. — Un avis aux ouvriers. — Les souffrances des malheureux. — Le bord des eaux. — Le secours des prières. — La crainte du remords. — Un appel à la raison. — L'aspiration aux dignités. — Le plumage des paons. — La beauté du feuillage. — La somme des chiffres. — Le repentir des méchants. — La félicité des justes. — Le malheur des pécheurs. — La vanité des richesses. — La sensibilité du cœur. — La distribution des aumônes. — La gloire des saints. — La pratique du bien.

27e Exercice. — Analyse des noms et des articles.

Le	art. simp. au masc. sing. ann. que *voyage* est dét.
voyage	n. com. masc. sing.

aux	art. comp. mis pour *à les.*
à	prép.
les	art. simpl. au fém. plur. ann. que *Indes* est dét.
Indes.	n. prop. fém. plur.
La	art. simp. au fém. sing. ann. que *modestie* est dét.
modestie	n. com. fém. sing.
des	art. comp. mis pour *de les.*
de	prép.
les	art. simp. au masc. plur. ann. que *regards* est dét.
regards.	n. com. masc. plur.
L' (pour le)	art. simp. au masc. sing. ann. que *éclat* est dét.
éclat	n. com. masc. sing.
de	prép.
la	art. simp. au fém. sing. ann. que *physionomie* est dét.
physionomie.	n. com. fém. sing.
La	art. simp. au fém. sing. ann. que *dame* est dét.
dame	n. com. fém. sing.
du	art. comp. mis pour *de le.*
de	prép.
le	art. simp. au masc. sing. ann. que *logis* est dét.
logis.	n. com. masc. sing.
Les	art. simp. au fém. plur. ann. que *inventions* est dét.
inventions	n. com. fém. plur.
du	art. comp. mis pour *de le.*
de	prép.
le	art. simp. au masc. sing. ann. que *génie* est dét.
génie.	n. com. masc. sing.
Le	art. simp. au masc. sing. ann. que *recours* est dét.
recours	n. com. masc. sing.
à	prép.
la	art. simp. au fém. sing. ann. que *puissance* est dét.
puissance.	n. com. fém. sing.
Le	art. simp. au masc. sing. ann. que *bruit* est dét.
bruit	n. com. masc. sing.
de	prép.
l' (pour le)	art. simp. au masc. sing. ann. que *orage* est dét.
orage.	n. com. masc. sing.
La	art. simp. au fém. sing. ann. que *rougeur* est dét.
rougeur	n. com. fém. sing.
au	art. comp. mis pour *à le.*
à	prép.
le	art. simp. au masc. sing. ann. que *front* est dét.
front	n. com. masc. sing.

Bien que le plus ordinairement la maîtresse ne doive faire faire que de vive voix les analyses grammaticales, il est bon d'en faire écrire quelques-unes surtout pour les compositions. Les sujets que nous mettons dans ces exercices sont composés de manière à ne renfermer aucune difficulté inconnue aux élèves.

Autres sujets d'analyses pour composition.

La maîtresse fera faire ces analyses quand elle le jugera à propos.

1er *sujet*. — La fidélité aux lois du Seigneur. Le désir du bien, la crainte du mal. La naissance du Sauveur du monde, les présents des bergers, la joie de Marie et de Joseph.

2e *sujet*. — La promenade au soleil. La beauté du spectacle de la nature. Le parfum des fleurs, la fraîcheur de l'air du matin. La visite aux habitants de la ferme, la douceur du lait, la beauté des fruits.

3e *sujet*. —Respect, obéissance aux parents, amour du travail, application à l'étude, attention aux leçons de la maîtresse, exactitude aux devoirs, espoir des récompenses de l'éternité.

Ces analyses étant à peu près semblables à celles du 27e exercice, il nous a paru inutile de les reproduire ici.

CHAPITRE TROISIÈME.

DE L'ADJECTIF.

28e EXERCICE.—*Gram*. N° 26.—Adjectifs mis au féminin.

Vraie, — polie, — unie, — gaie, — noire, —jolie, — générale, — bleue, — seule, — impériale, — mûre, — fondamentale, — infinie, — hardie, — pure, — dure, — clairé, — écrue, — sensée, — profonde, — rusée, — parfaite, — obscure, — étourdie, — âgée,— sûre, — haute, — fatigante, — lointaine,— absolue,— verte,— carrée, — égale,— hardie, — natale, — usée, — imprévue, — grande, — petite, — touffue, — fortunée.

29e EXERCICE. — *Gram*. Nos 25 et 26. — Acccord de l'adjectif avec le nom auquel il se rapporte.

Un récit vrai. — Une réponse polie. — Une couleur unie.—

Un pinson gai. — Un ruban noir. — Une ceinture bleue. — Un prisonnier seul. — Une miséricorde infinie. — Une repartie hardie. — Un cœur pur. — Une pierre dure. — Une fontaine claire. — Une réflexion sensée. — Un caractère parfait. — Une galerie obscure. — Une pensionnaire étourdie. — Une femme âgée. — Une toile écrue. — Une tour haute. — Une sagesse profonde. — Un vieillard rusé. — Un voyage fatigant. — Une contrée lointaine. — Une volonté absolue. — De l'herbe verte. — De la mousseline usée. — Une mort imprévue.

QUESTIONS. — *Pourquoi* vrai? — Cet adjectif doit être au masculin parce qu'il se rapporte à *récit*; nom du masculin.

Pourquoi polie? — Cet adjectif doit être terminé par un *e* muet parce qu'il est au féminin, et il est au féminin parce qu'il se rapporte à *réponse*, nom du féminin.

30e EXERCICE. — *Gram*. N° 26. 1°. — Adjectifs copiés par les élèves.

Honorable, — grave, — vénérable, — difficile, — facile, — juste, — admirable, — infatigable, — inutile, — docile, — sincère, — aimable, — utile, — sévère, — prospère, — austère, — jaune, — rouge, — simple, — double, — solide, — propre, — sale, — sonore, — acariâtre, — aveugle, — frêle, — fidèle, — rigide, — riche, — pauvre, — suave, — stable, — humble, — pacifique, — libre, — esclave, — modeste, — volontaire, — rude, — tendre, — fragile, — noble, — sobre, — aride, — honnête, — servile, — agréable, — jeune, — limpide, — raisonnable, — moderne, — nécessaire, — contraire, — coupable.

Dictée sur les adjectifs dans lesquels le féminin se forme régulièrement en ajoutant un e muet, ainsi que sur ceux qui sont toujours terminés par un e muet.

La jolie couleur des roses. — La brebis noire sur l'herbe verte. — Le meilleur vin de nos coteaux. — Une robe unie et une pélerine. — La meilleure leçon du mois. — La vraie croix et les clous. — Une robe bleue et un chapeau de velours. — Une seule famille de nos hameaux. — La bonté infinie du Seigneur. — La couronne impériale de nos jardins. — Deux plateaux sur une table carrée. — Une douleur égale à nos fautes. — Une personne hardie et insensée. — Le repos général de nos sens. — La paix et le bonheur d'une vie obsure. — La joie du cœur pur. — L'eau claire et limpide de nos ruisseaux. — Le souvenir de la terre natale. — La seule pensée du paradis.

Autre dictée sur le même sujet.

Une humeur aimable, gaie et égale. — Le parfum suave d'une jolie fleur. — La pierre dure et solide des monuments. — La réflexion sensée d'une élève raisonnable. — Les joies d'une âme pure. — La partie extérieure des tonneaux. — L'étoffe bleue de nos sarraux. — Deux écheveaux de soie noire. — Le plumage noir des corbeaux. — Le prix d'une grande action. — Le repentir intérieur du pécheur. — La route sûre du vrai bonheur. — Le chemin sûr de la félicité. — La voix intérieure du remords. — La mousseline unie de nos rideaux. — Les fruits mûrs de nos arbres. — Une loi fondamentale et absolue.

Chacune de ces dictées rappelle continuellement les règles déjà étudiées ; c'est pourquoi, en les corrigeant, la maîtresse s'arrête presque à chaque mot pour adresser aux élèves les différentes questions indiquées dans les exercices précédents.

31ᵉ EXERCICE. — *Gram.* N° 26. 2°, 3°, 4°. — Adjectifs en *el, eil,* etc., mis au féminin.

Superficielle, — annuelle, — surnaturelle, — temporelle, — éternelle, — perpétuelle, — cruelle, — universelle, — originelle, — chrétienne, — ancienne, — mitoyenne, — païenne, — quotidienne, — mignonne, — paternelle, — maternelle, — complète, — concrète, — discrète, — indiscrète, — inquiète, — replète, — secrète, — nette, — essentielle, — pareille, — muette, — follette, — vermeille, —

artificielle,—immortelle,—douillette,—mortelle,—vénielle, — pestilentielle , — fluette, — habituelle , — actuelle, —telle, — continuelle , — réelle , — solennelle, — basse, — épaisse, —expresse, — grasse, — grosse ,—lasse , —professe ,—nulle, —sotte , — gentille, — paysanne , — vieillotte.

32e Exercice. — Accord des adjectifs copiés dans l'exercice précédent.

Un talent superficiel. — Une rente annuelle. — Une peine temporelle. — Un bien éternel.—Un déluge universel.—Une faute originelle. — Une famille chrétienne. — Une religion païenne. — Un pain quotidien. — Une poupée mignonne. — Une conduite paternelle.—Un soin maternel.—Une déception complète. — Un nombre concret. — Un confident discret. — Un regard inquiet.— Une lettre secrète. — Une place nette. — Un avis essentiel.—Une horloge pareille.—Une syllabe muette. — Un feu follet. — Une aurore vermeille. — Une fleur artificielle. — Une âme immortelle. — Un homme mortel. — Un péché véniel. — Une odeur pestilentielle. — Une constitution fluette. — Un emploi habituel. — Un embarras réel. — Une entrée solennelle.—Une vue basse. — Une atmosphère épaisse. — Une défense expresse. — Une oie grasse. — Une ouvrière lasse. — Une religieuse professe. — Un acte nul. — Une idée sotte. — Une coiffure gentille.

Questions : — *Pourquoi* superficiel ? — Parce que c'est un adjectif qui s'accorde avec *talent* , nom du masculin.

Pourquoi annuelle ? — Parce que c'est un adjectif qui s'accorde avec *rente* , nom du féminin, et que les adjectifs terminés au masculin par *el* doublent l'*l* avant de prendre l'*e* muet du féminin.

33e Exercice. — *Gram.* N° 26. 5°, 6°, 7°, 8°. — Adjectifs en *f*, en *x*, en *eau*, etc., mis au féminin.

Vive, — naïve, — brève, — griève, — tardive, — craintive, — neuve, — active, — adoptive, — attentive, — captive, — vindicative, — jalouse, — copieuse. — collective, — comparative, — excessive, — expressive, — abusive, — pieuse, — portative, — heureuse, — majestueuse, — décisive, — offensive, — démonstrative, — délicieuse, — affectueuse, — studieuse, — vertueuse, — joyeuse, — affreuse, — courageuse, — fameuse, — douloureuse, — impétueuse, — nombreuse, — orageuse, — orgueilleuse, — furieuse, — populeuse, — respectueuse, — ruineuse, — soigneuse, — ténébreuse, — vaniteuse, — douce, — fausse, — préfixe, — rousse, — vieille.

Jumelle, — belle, — nouvelle, — folle, — molle.

Blanche, — franche, — sèche, — fraîche, — publique, — caduque, — turque, — grecque, — longue, — bénigne, — maligne, — favorite, — tierce.

Aiguë, — ambiguë, — contiguë, — exiguë.

34e EXERCICE.— Accord des adjectifs copiés dans l'exercice précédent.

Un œil vif. — Une description naïve. — Un entretien bref. — Un regret tardif.— Un almanach neuf.— Un élément actif. — Une oreille attentive. — Une âme captive. — Une nation jalouse. — Une collation copieuse. — Un nom collectif. — Un adjectif comparatif. — Une autorité abusive. — Un extérieur pieux. — Une tente portative. — Une figure majestueuse. — Une arme offensive. — Un pronom démonstratif. — Une volonté courageuse. — Une bataille fameuse. — Une opération douloureuse. — Un torrent impétueux. — Une réunion nombreuse.— Une cité populeuse.— Une inclination respectueuse. — Une dépense ruineuse. — Un économe soigneux. — Une acquisition vaniteuse.— Une amande douce. — Une promesse fausse. — Un jour préfix. — Une teinte rousse. — Une mode vieille. — Une adversité nouvelle. — Une ambition folle. — Une écaille blanche. — Un hommage franc. — Une action publique. — Une province grecque. — Une humeur bénigne. —

Une habitation favorite. — Une fièvre tierce. — Une fortune exiguë.

QUESTIONS : — *Pourquoi* vif ? — Parce que c'est un adjectif qui s'accorde avec *œil*, nom du masculin.

Pourquoi naïve ? — Parce que c'est un adjectif qui s'accorde avec *description*, nom du féminin, et que les adjectifs terminés au masculin par *f* changent *f* en *ve* au féminin.

Dictée sur les deux exercices précédents et sur d'autres règles connues.

La sotte vanité et la sensibilité excessive. — Notre corps mortel et notre âme immortelle. — L'histoire ancienne et l'histoire moderne. — Un tourment perpétuel et une souffrance cruelle. — Une foi vive et un vif amour. — La grâce habituelle et la grâce actuelle. — Une parole expressive et un regard craintif. — Le doux murmure des ruisseaux. — Le vif éclat d'une rose vermeille. — Le cours impétueux d'un fleuve. — La dépense ruineuse d'une personne vaniteuse. — L'heureuse habitude de la vertu. — Nulle paix avec le péché. — La distribution solennelle des prix. — La gloire immortelle d'un héros. — Telle vie, telle mort.

35e EXERCICE. — *Gram.* N° 26. 9°. — Adjectifs en *eur* mis au féminin.

Trompeuse, — menteuse, — imposteur, — inspectrice, — inventrice, — persécutrice, — exécutrice, — admiratrice, — approbatrice, — directrice, — lectrice, — auteur, — docteur, — professeur, — gouvernante, — servante, — vengeresse, — pécheresse, — ambassadrice, — créatrice, — accusatrice, — adoratrice, — bienfaitrice, — consolatrice, — zélatrice, — fondatrice, — flatteuse, — imprimeur, — institutrice, — libératrice, — intérieure, — extérieure, — majeure, — mineure, — meilleure, — antérieure, — inférieure, — supérieure.

Témoin, — grognon.

36ᵉ Exercice. — Accord des adjectifs copiés dans l'exercice précédent.

Un bruit trompeur. — Une physionomie menteuse. — Une dame inspectrice. — Une femme auteur. — Une puissance exécutrice. — Un regard approbateur. — Un génie inventeur. — Un prince ambassadeur. — Une main créatrice. — Une rougeur accusatrice. — Un encens adorateur. — Une contrition extérieure. — Une réception flatteuse. — Un ouvrier imprimeur. — Une souffrance intérieure. — Un secours libérateur. — Un remords vengeur. — L'Asie-Mineure. — Une raison majeure. — Une époque antérieure. — Une dignité supérieure. — Une division inférieure. — Une chatte grognon. — Une personne témoin.

Questions : — *Pourquoi* trompeur ? — Parce que cet adjectif s'accorde avec *bruit*, nom du masculin.

Pourquoi menteuse ? — Parce que cet adjectif s'accorde avec *physionomie*, nom du féminin.

Remarque.—Le féminin des adjectifs en *eur* présente tant d'exceptions qu'il serait trop long et trop difficile, pour les élèves commençantes, d'entrer à chaque adjectif dans le détail des raisons qui font varier les terminaisons en *euse* et en *trice*; mais, pour les élèves avancées, la maîtresse pourra exiger l'application raisonnée des différentes remarques de la 9ᵉ exception du nᵒ 26.

37ᵉ Exercice. — *Gram.* Nᵒ 27. — Pluriel des adjectifs.

Actifs, — blancs, — longs, — petits, — solides, — utiles, — vains, — vils, — violets, — chers, — aimables, — propres, — étourdis, — infortunés, — particuliers, — salutaires, — sages, — éternels, — meilleurs, — légers.

Beaux, — nouveaux, — jumeaux.

Égaux, — fondamentaux, — frugals, — généraux, — impériaux, — loyaux, — infernaux, — décimaux, — capitaux, — cardinaux, — fatals, — glacials, — méridionaux, — navals, — sociaux.

Charmants, — ardents, — abondants, — prudents, — évidents, — précédents, — exigeants, — édifiants, — violents, — apparents, — impatients, — riants, — opulents, — fréquents,

— pénétrants, — innocents, — obéissants, — reconnaissants,
— repentants, — effrayants.

38e Exercice. — Accord des adjectifs avec les noms auxquels ils se rapportent.

Des hommes actifs. — Des bas blancs. — Deux longs rubans. — Vos petits bonbons. — Des murs solides. — Les études utiles. — Des choses vaines. — Des sentiments vils. — Des rubans violets. — Vos chers parents.—Des manières aimables. —Mes propres yeux.—Nos infortunés voisins.—Des réflexions sages. — Des biens éternels. — Les meilleurs gâteaux.

Deux beaux jardins. — Des livres nouveaux. — Deux enfants jumeaux.

Deux prix égaux. — Des principes fondamentaux. — Des repas frugals. — Des avis généraux.—Les ornements impériaux. — Des procédés loyaux. — Des bruits infernaux. — Des chiffres décimaux. — Des péchés capitaux. — Les points cardinaux. — Des événements fatals. — Des climats glacials. — Des pays méridionaux. — Des combats navals. — Des devoirs sociaux. — Des dessins charmants. — Des vœux ardents. — Des fruits abondants. — Des moyens prudents. — Des torts évidents. — Les jours précédents. — Des maîtres exigeants. — Des discours édifiants. — Des mouvements violents. — Des biens apparents. — Des désirs impatients.—Des coteaux riants.—Des hommes opulents.—Des accès fréquents.—Des accents pénétrants.—Des plaisirs innocents.—Des enfants obéissants et reconnaissants.

Questions : — *Pourquoi* actifs ? — Parce que cet adjectif s'accorde avec *hommes*, nom du masculin pluriel.

Aux adjectifs en *au*, en *al* ou en *ant* et *ent*, les élèves ajoutent la raison des règles particulières de la formation du pluriel dans ces adjectifs.

Dictée sur l'accord de l'adjectif avec le nom auquel il se rapporte.

Cette dictée et la suivante doivent aussi rappeler les règles du pluriel des noms.

Des leçons utiles et agréables. — La paix intérieure du cœur pur. — Le feuillage vert de nos beaux arbres. — Les bontés maternelles de Marie pour les chrétiens. — Les règles fondamentales de l'arithmétique. — La maison portative de nos voisins.—Les habits neufs de mon frère.—Les bienfaits continuels du Seigneur. — Les petits cailloux de nos grands chemins. — Les difficultés de la langue grecque. — Les manières gaies et franches de vos sœurs. —.Les joies éternelles du paradis. — Les longues douleurs des chrétiens captifs.—Notre âme immortelle captive dans un corps mortel. — Des peines temporelles pour les fautes vénielles et des peines éternelles pour les fautes mortelles.

Autre dictée semblable.

Les demandes indiscrètes de votre tante.— Les peines réelles des pauvres habitants du village. — La déception complète d'une orgueilleuse jeune fille.—L'odeur suave des jolies violettes du parterre. — Les allées obscures des grands bois. — La voix claire et sonore de mon frère. — Les petites fleurs bleues de la couronne de. Marie. — Les seules occupations de ma chère maman, les seuls plaisirs de mes chers frères. — Les fleurs artificielles de nos couronnes. — La somme totale des chiffres décimaux. — Les travaux actifs des bons ouvriers. — Des roseaux fragiles sur le bord des eaux. — Les beautés extérieures du château. — La vive clarté de nos flambeaux. — Nos tristes adieux à nos chers parents. —Les meilleures pommes de notre bel arbre. —Des récompenses égales à nos peines.

39ᵉ Exercice. — *Gram.* Nᵒ 30. — Distinction des adjectifs au positif, au comparatif et au superlatif.

La vertu est douce, le mérite est modeste. — La fortune est moins précieuse que l'instruction. — L'Europe est moins grande que l'Asie. — Le jardin de Julie est aussi beau que le vôtre. — Le soleil est plus brillant que la lune.—La sagesse est plus estimable que la science. — L'étude est très-utile. — Les travaux des champs sont fort agréables. — La rose est la plus belle des fleurs. — La vertu est le plus précieux trésor. — Le péché est le plus grand mal.

Positif.	Comparatif.	Superlatif.
douce	précieuse	utile
modeste	grande	agréables
	beau	belle
	brillant.	précieux
	estimable	grand

40e EXERCICE. — Analyse copiée par les élèves.

Les grands arbres du jardin.—Les belles promenades au soleil.

Les	art. simp. au masc. plur. ann. que *arbres* est dét.
grands	adj. qual. masc. plur. qualifiant *arbres*.
arbres	n. com. masc. plur.
du	art. comp. mis pour *de le*.
de	prép.
le	art. simp. au masc. sing. ann. que *jardin* est dét.
jardin.	n. com. masc. sing.
Les	art. simp. au fém. plur. ann. que *promenades* est dét.
belles	adj. qual. fém. plur. qualifiant *promenades*.
promenades	n. com. fém. plur.
au	art. comp. mis pour *à le*.
à	prép.
le	art. simp. au masc. sing. ann. que *soleil* est dét.
soleil.	n. com. masc. sing.

Analyses semblables à la précédente.

La paix aux hommes de bonne volonté. — La bonté maternelle de Marie. — La joie des âmes pures. — Les aimables soirées au coin du feu.

La	art. simp. au fém. sing. ann. que *paix* est dét.
paix	n. com. fém. sing.
aux	art. comp. mis pour *à les*.
à	prép.
les	art. simp. au masc. plur. ann. que *hommes* est dét.
hommes	n. com. masc. plur.
de	prép.
bonne	adj. qual. fém. sing. qualifiant *volonté*.
volonté.	n. com. fém. sing.
La	art. simp. au fém. sing. ann. que *bonté* est dét.
bonté	n. com. fém. sing.
maternelle	adj. qual. fém. sing. qual. *bonté*.
de	prép.

Marie.	n. prop. fém. sing.
La	art. simp. au fém. sing. ann. que *joie* est dét.
joie	n. com. fém. sing.
des	art. comp. mis pour *de les*.
de	prép.
les	art. simp. au fém. plur. ann. que *âmes* est dét.
âmes	n. com. fém. plur.
pures.	adj. qual. fém. plur. qual. *âmes*.
Les	art. simp. au fém. plur. ann. que *soirées* est dét.
aimables	adj. qual. fém. plur. qual. *soirées*.
soirées	n. com. fém. plur.
au	art. comp. mis pour *à le*.
à	prép.
le	art. simp. au masc. sing. ann. que *coin* est dét.
coin	n. com. masc. sing.
du	art. comp. mis pour *de le*.
de	prép.
le	art. simp. au masc. sing. ann. que *feu* est dét.
feu.	n. com. masc. sing.

L'heureuse décision du Souverain Pontife au sujet de l'Immaculée Conception de Marie, la joyeuse soumission des bons catholiques, les brillantes illuminations de la ville de Rome.

L'	art. simp. au fém. sing. ann. que *décision* est dét.
heureuse	adj. qual. fém. sing. qual. *décision*.
décision	n. com. fém. sing.
du	art. comp. mis pour *de le*.
de	prép.
le	art. simp. au masc. sing. ann. que *Pontife* est dét.
souverain	adj. qual. masc. sing. qual. *Pontife*.
Pontife	n. prop. masc. sing.
au	art. comp. mis pour *à le*.
à	prép.
le	art. simp. au masc. sing. ann. que *sujet* est dét.
sujet	n. com. masc. sing.
de	prép.
l'	art. simp. au fém. sing. ann. que *conception* est dét.
Immaculée	adj. qual. fém. sing. qual. *conception*.
Conception	n. com. fém. sing.
de	prép.
Marie	n. prop. fém. sing.
la	art. simp. au fém. sing. ann. que *soumission* est dét.
joyeuse	adj. qual. fém. sing. qual. *soumission*.
soumission	n. com. fém. sing.
des	art. comp. mis pour *de les*.
de	prép.
les	art. simp. au masc. plur. ann. que *catholiques* est dét.
bons	adj. qual. masc. plur. qual. *catholiques*.
catholiques	n. com. masc. plur.
les	art. simp. au fém. plur. ann. que *illuminations* est dét.

brillantes	adj. qual. fém. plur. qual. *illuminations*.
illuminations	n. com. fém. plur.
de	prép.
la	art. simp. au fém. sing. ann. que *ville* est dét.
ville	n. com. fém. sing.
de	prép.
Rome.	n. prop. fém. sing.

41e EXERCICE. — *Gram.* No 32. — Les élèves ont dû remplacer les articles *le, la, les,* par les adjectifs démonstratifs *ce, cet, cette, ces.*

Ce dictionnaire. — Cet abandon. — Cette corbeille. — Ces anges. — Cette abeille. — Cette bourse. — Ces perles. — Cette association. — Cet adjoint. — Ces briques — Ces brouillards. — Cet homme. — Cet arbuste. — Ces cendres.— Cette haie. — Cette habitude. — Cet habit. — Cette habitation. — Ce hareng. — Cette harpe. — Ce jeûne. — Cette justice. — Cette ligne. — Cette étude. — Cet estomac. — Cet espoir. — Cet isolement. — Cet officier. — Ce charme. — Cet architecte. — Cet air. — Cette assemblée. — Cette couture. — Ces plans. — Cette affection. — Cette sincérité. — Ces épines. — Ces tiges. — Cette complaisance. — Ces tours. — Ces lois. — Cette nuit. — Ce roi. — Ces nuances. — Ce sujet. — Ces arts. — Ces sciences. — Ces dispositions.

QUESTIONS : — *Pourquoi* ce ? — Parce que cet adjectif est placé devant un nom masculin singulier commençant par une consonne.

Pourquoi cet ? Parce que cet adjectif est placé devant un nom masculin singulier commençant par une voyelle.

Pourquoi cette ? — Parce que cet adjectif est placé devant un nom féminin singulier.

Pourquoi ces ?—Parce que cet adjectif détermine un nom pluriel.

42e EXERCICE. — Analyse à copier.

Ce beau séjour. — Cet oracle trompeur. — Cette nappe blanche. — Ces anciens châteaux. — Ces notes utiles.

Ce	adj. dém. masc. sing. dét. *séjour.*
beau	adj. qual. masc. sing. qual. *séjour.*
séjour.	n. com. masc. sing.
Cet	adj. dém. masc. sing. dét. *oracle.*
oracle	n. com. masc. sing.
trompeur.	adj. qual. masc. sing. qual. *oracle.*
Cette	adj. dém. fém. sing. dét. *nappe.*
nappe	n. com. fém. sing.
blanche.	adj. qual. fém. sing. qual. *nappe.*
Ces	adj. dém. masc. plur. dét. *châteaux.*
anciens	adj. qual. masc. plur. qual. *châteaux.*
châteaux.	n. com. masc. plur.
Ces	adj. dém. fém. plur. dét. *notes.*
notes	n. com. fém. plur.
utiles.	adj. qual. fém. plur. qual. *notes.*

En corrigeant cette analyse, ainsi que la suivante, la maîtresse, pourra faire cette question à quelques-uns des adjectifs démonstratifs :

Pourquoi ce mot est-il adjectif démonstratif?

L'élève devra répondre :

Parce qu'il détermine le nom en y ajoutant une idée de démonstration, d'indication.

Autre sujet d'analyse.

Les aumônes de cet homme charitable. — Le berger de ces beaux troupeaux. — Le toit de cette vieille maison. — Ce joli livre de prières. — Ces belles roses du printemps.

Les	art. simp. au fém. plur. ann. que *aumônes* est dét.
aumônes	n. com. fém. plur.
de	prép.
cet	adj. dém. masc. sing. dét. *homme.*
homme	n. com. masc. sing.
charitable.	adj. qual. masc. sing. qual. *homme.*
Le	art. simp. au masc. sing. ann. que *berger* est dét.
berger	n. com. masc. sing.
de	prép.
ces	adj. dém. masc. plur. dét. *troupeaux.*
beaux	adj. qual. masc. plur. qual. *troupeaux.*
troupeaux.	n. com. masc. plur.
Le	art. simp. au masc. sing. ann. que *toit* est dét.
toit	n. com. masc. sing.
de	prép.
cette	adj. dém. fém. sing. dét. *maison.*
vieille	adj. qual. fém. sing. qual. *maison.*
maison.	n. com. fém. sing.

Ce	adj. dém. masc. sing. dét. *livre*.
joli	adj. qual. masc. sing. qual. *livre*.
livre	n. com. masc. sing.
de	prép.
prières.	n. com. fém. plur.
Ces	adj. dém. fém. plur. dét. *roses*.
belles	adj. qual. fém. plur. qual. *roses*.
roses	n. com. fém. plur.
du	art. comp. mis pour *de le*.
de	prép.
le	art. simp. au masc. sing. ann. que *printemps* est dét.
printemps.	n. com. masc. sing.

Dictée sur les adjectifs démonstratifs cet *et* cette.

Les jeunes élèves ont ordinairement beaucoup de peine à distinguer les cas où il faut *cet*, de ceux où il faut *cette*, quand il s'agit de placer l'un de ces adjectifs devant un nom commençant par une voyelle ou une *h* muette, parce que devant ces noms elles ne peuvent mettre ni *le*, ni *la*, mais seulement *l'*. Pour faciliter aux commençantes la distinction des genres dans ces noms, la maîtresse peut leur conseiller de placer devant le nom commençant par une voyelle un adjectif qualificatif commençant par une consonne; par exemple : le grand arbre, le bon ordre, la riche aumône, etc. : la consonne de cet adjectif leur donne la facilité de connaître le genre du nom en le faisant précéder de *le* ou de *la*, car elles sentiront que l'on ne pourrait dire : la grande arbre, la bonne ordre, le riche aumône.

Les petites feuilles de cet arbre. — Les sages avis de cette mère vertueuse. — Les emportements de cet orgueilleux. — Les rugissements de cet animal furieux. — Les charmes de cette aimable société. — La vue continuelle de cet ordre parfait. — Les difficultés de cet exercice. — Les coutures de cet habit. — Les discours de cette assemblée. — La beauté de cet air nouveau. — La grandeur de cette aumône. — Les aiguilles de cet étui. — Les plans de cet architecte. — Les abeilles de cet essaim. — La sincérité de cette affection.

43ᵉ Exercice. — *Gram.* Nᵒˢ 33 et 34. — Les élèves ont dû remplacer les mots : *à moi, à toi*, etc., par les adjectifs possessifs *mon, ton, son*, etc.

Mon livre. — Ton cahier. — Son avenir. — Sa plume. — Ses compagnes. — Leurs amies. — Leurs méthodes. — Ses richesses. — Tes promesses. — Notre maison. — Votre jardin. — Leur propriété. — Nos plumes. — Vos rubans. — Ton fil. — Sa laine. — Mon transparent. — Vos boutons. — Sa résignation. — Son caractère. — Ton imagination. — Votre trouble. — Leurs cris. — Mon intention. — Leur devoir.

44ᵉ Exercice. — Analyse à copier.

Cette poule et ses poussins. — Cet été et ses chaleurs. — Ces ouvrages et leurs difficultés. — Mon chapeau et ton ombrelle. — Son désir et son espérance. — Leur surprise et leur effroi. — Leurs paroles et leurs écrits. — Notre travail et vos encouragements. — Votre étourderie et leurs réprimandes.

Cette	adj. dém. fém. sing. dét. *poule.*
poule	n. com. fém. sing.
et	conj.
ses	adj. poss. masc. plur. dét. *poussins.*
poussins.	n. com. masc. plur.
Cet	adj. dém. masc. sing. dét. *été.*
été	n. com. masc. sing.
et	conj.
ses	adj. poss. fém. plur. dét. *chaleurs.*
chaleurs.	n. com. fém. plur.
Ces	adj. dém. masc. plur. dét. *ouvrages.*
ouvrages	n. com. masc. plur.
et	conj.
leurs	adj. poss. fém. plur. dét. *difficultés.*
difficultés.	n. com. fém. plur.
Mon	adj. poss. masc. sing. dét. *chapeau.*
chapeau	n. com. masc. sing.
et	conj.
ton	adj. poss. fém. sing. dét. *ombrelle.*
ombrelle.	n. com. fém. sing.
Son	adj. poss. masc. sing. dét. *désir.*
désir	n. com. masc. sing.
et	conj.
son	adj. poss. fém. sing. dét. *espérance.*
espérance.	n. com. fém. sing.

Leur	adj. poss. fém. sing. dét. *surprise*.
surprise	n. com. fém. sing.
et	conj.
leur	adj. poss. masc. sing. dét. *effroi*.
effroi.	n. com. masc. sing.
Leurs	adj. poss. fém. plur. dét. *paroles*.
paroles	n. com. fém. plur.
et	conj.
leurs	adj. poss. masc. plur. dét. *écrits*.
écrits.	n. com. masc. plur.
Notre	adj. poss. masc. sing. dét. *travail*.
travail	n. com. masc. sing.
et	conj.
vos	adj. poss. masc. plur. dét. *encouragements*.
encouragements.	n. com. masc. plur.
Votre	adj. poss. fém. sing. dét. *étourderie*.
étourderie	n. com. fém. sing.
et	conj.
leurs	adj. poss. fém. plur. dét. *réprimandes*.
réprimandes.	n. com. fém. plur.

En corrigeant cette analyse, ainsi que la suivante, à chaque adjectif possessif on pourra demander :

Pourquoi ce mot est-il adjectif possessif? — Parce qu'il détermine le nom en y ajoutant une idée de possession.

Autre sujet d'analyse.

La bonté de ce protecteur et ses droits à notre reconnaissance. — Les reproches de notre père et de notre mère, leurs salutaires avis et les témoignages de leur vive tendresse. — Cette fleur et son doux parfum. — Cet oiseau, son petit nid et sa petite famille.

La	art. simp. au fém. sing. ann. que *bonté* est dét.
bonté	n. com. fém. sing.
de	prép.
ce	adj. dém. masc. sing. dét. *protecteur*.
protecteur	n. com. masc. sing.
et	conj.
ses	adj. poss. masc. plur. dét. *droits*.
droits	n. com. masc. plur.
à	prép.
notre	adj. poss. fém. sing. dét. *reconnaissance*.
reconnaissance.	n. com. fém. sing.
Les	art. simp. au masc. plur. ann. que *reproches* est dét.
reproches	n. com. masc. plur.
de	prép.
notre	adj. poss. masc. sing. dét. *père*.
père	n. com. masc. sing.

et	conj.
de	prép.
notre	adj. poss. fém. sing. dét. *mère*.
mère	n. com. fém. sing.
leurs	adj. poss. masc. plur. dét. *avis*.
salutaires	adj. qual. masc. plur. qual. *avis*.
avis	n. com. masc. plur.
et	conj.
les	art. simp. au masc. plur. ann. que *témoignages* est dét.
témoignages	n. com. masc. plur.
de	prép.
leur	adj. poss. fém. sing. dét. *tendresse*.
vive	adj. qual. fém. sing. qual. *tendresse*.
tendresse.	n. com. fém. sing.
Cette	adj. dém. fém. sing. dét. *fleur*.
fleur	n. com. fém. sing.
et	conj.
son	adj. poss. masc. sing. dét. *parfum*.
doux	adj. qual. masc. sing. qual. *parfum*.
parfum.	n. com. masc. sing.
Cet	adj. dém. masc. sing. dét. *oiseau*.
oiseau	n. com. masc. sing.
son	adj. poss. masc. sing. dét. *nid*.
petit	adj. qual. masc. sing. qual. *nid*.
nid	n. com. masc. sing.
et	conj.
sa	adj. poss. fém. sing. dét. *famille*.
petite	adj. qual. fém. sing. qual. *famille*.
famille.	n. com. fém. sing.

Remarque. — Il serait très-utile de dicter pour orthographe les différents sujets des exercices précédents, car il importe beaucoup de s'assurer que les élèves copient toujours avec grande attention.

Dictée sur les noms et les adjectifs et principalement sur la distinction de ses *possessif et de* ces *démonstratif.*

Ce bon père avec ses enfants. — Ces montagnes et ces plaines. — Ma petite sœur avec ses poupées. — Cet arbre couvert de ses fruits. — Le ciel avec ses joies éternelles. — Cette douce brebis avec ses petits agneaux. — La complaisance de Marie pour ses compagnes. — Ces fleurs et ces fruits du jardin. — Cette belle rose avec ses boutons, ses feuilles, sa tige et ses épines. — Ces beaux tableaux et leurs vives couleurs. — Ce vieux château avec ses hautes tours. — Cet ouvrage, ces cahiers et ces livres. — Cette bonne petite fille avec ses chers parents.

45ᵉ Exercice. — *Gram*. Nᵒˢ 35 et 36. — Analyse à copier.

La première communion. — Une couronne de douze étoiles. — La seconde élève du troisième cours. — Deux guerres de quatre années.

La	art. simp. au fém. sing. ann. que *communion* est dét.
première	adj. num. ord. fém. sing. dét. *communion*.
communion.	n. com. fém. sing.
Une	adj. num. card. fém. sing. dét. *couronne*.
couronne	n. com. fém. sing.
de	prép.
douze	adj. num. card. fém. plur. dét. *étoiles*.
étoiles.	n. com. fém. plur.
La	art. simp. au fém. sing. ann. que *élève* est dét.
seconde	adj. num. ord. fém. sing. dét. *élève*.
élève	n. com. fém. sing.
du	art. comp. mis pour *de le*.
de	prép.
le	art. simp. au masc. sing. ann. que *cours* est dét.
troisième	adj. num. ord. masc. sing. dét. *cours*.
cours.	n. com. masc. sing.
Deux	adj. num. card. fém. plur. dét. *guerres*.
guerres	n. com. fém. plur.
de	prép.
quatre	adj. num. card. fém. plur. dét. *années*.
années.	n. com. fém. plur.

Questions : — *Pourquoi* première *est-il adjectif numéral ordinal?* — Parce qu'il marque l'ordre, le rang du nom *communion* qu'il détermine.

Pourquoi une *est-il adjectif numéral cardinal?* — Parce qu'il marque le nombre du nom *couronne* qu'il détermine.

Autre sujet d'analyse.

Quatre pièces de cinq francs. — Le quatrième commandement de Dieu. — La première année du second siècle de l'ère chrétienne. — Deux cahiers de vingt feuilles.

Quatre	adj. num. card. fém. plur. dét. *pièces*.
pièces	n. com. fém. plur.
de	prép.
cinq	adj. num. card. masc. plur. dét. *francs*.
francs.	n. com. masc. plur.
Le	art. simp. au masc. sing. ann. que *commandement* est dét.
quatrième	adj. num. ord. masc. sing. dét. *commandement*.

commandement	n. com. masc. sing.
de	prép.
Dieu.	n. prop. masc. sing.
La	art. simp. au fém. sing. ann. que *année* est dét.
première	adj. num. ord. fém. sing. dét. *année*.
année	n. com. fém. sing.
du	art. comp. mis pour *de le*.
de	prép.
le	art. simp. au masc. sing. ann. que *siècle* est dét.
second	adj. num. ord. au masc. sing. dét. *siècle*.
siècle	n. com. masc. sing.
de	prép.
l'	art. simp. au fém. sing. ann. que *ère* est dét.
ère	n. com. fém. sing.
chrétienne.	adj. qual. fém. sing. qual. *ère*.
Deux	adj. num. card. masc. plur. dét. *cahiers*.
cahiers	n. com. masc. plur.
de	prép.
vingt	adj. num. card. fém. plur. dét. *feuilles*.
feuilles.	n. com. fém. plur.

Mêmes questions qu'à l'analyse précédente.

46ᵉ EXERCICE. — *Gram.* Nᵒˢ 37 et 38. — Analyse à copier.

Telle vie, telle mort. — Aucun travail, aucune récompense. — Chaque jour, quelque peine nouvelle. — Plusieurs récoltes de riz. — Certaine récompense à toutes les élèves sages et dociles. — Autre pays, autres usages.

Telle	adj. ind. fém. sing. dét. *vie*.
vie	n. com. fém. sing.
telle	adj. ind. fém. sing. dét. *mort*.
mort.	n. com. fém. sing.
Aucun	adj. ind. masc. sing. dét. *travail*.
travail	n. com. masc. sing.
aucune	adj. ind. fém. sing. dét. *récompense*.
récompense.	n. com. fém. sing.
Chaque	adj. ind. masc. sing. dét. *jour*.
jour	n. com. masc. sing.
quelque	adj. ind. fém. sing. dét. *peine*.
peine	n. com. fém. sing.
nouvelle.	adj. qual. fém. sing. qual. *peine*.
Plusieurs	adj. ind. fém. plur. dét. *récoltes*.
récoltes	n. com. fém. plur.
de	prép.
riz.	n. com. masc. sing.
Certaine	adj. ind. fém. sing. dét. *récompense*.
récompense	n. com. fém. sing.
à	prép.

toutes	adj. ind. fém. plur. dét. *élèves*.
les	art. simp. au fém. plur. ann. que *élèves* est dét.
élèves	n. com. fém. plur.
sages	adj. qual fém. plur. qual. *élèves*.
et	conj.
dociles.	adj. qual. fém. plur. qual. *élèves*.
Autre	adj. ind. masc. sing. dét. *pays*.
pays	n. com. masc. sing.
autres	adj. ind. masc. plur. dét. *usages*.
usages.	n. com. masc. plur.

En corrigeant cette analyse, ainsi que la suivante, à quelques-uns des adjectifs indéfinis on pourra demander :

Pourquoi ce mot est-il adjectif indéfini ? — Parce qu'il ne détermine que d'une manière générale la signification du nom auquel il se rapporte.

Autre sujet d'analyse.

Plusieurs lettres de nos chers parents. — Aucune idée triste. — Tous les jours un devoir quelconque. — Nul bonheur parfait. — Quel bonheur, quelle paix au ciel. — Chaque exercice, autre difficulté.

Plusieurs	adj. ind. fém. plur. dét. *lettres*.
lettres	n. com. fém. plur.
de	prép.
nos	adj. poss. masc. plur. dét. *parents*.
chers	adj. qual. masc. plur. qual. *parents*.
parents.	n. com. masc. plur.
Aucune	adj. ind. fém. sing. dét. *idée*.
idée	n. com. fém. sing.
triste.	adj. qual. fém. sing. qual. *idée*.
Tous	adj. ind. masc. plur. dét. *jours*.
les	art. simp. au masc. plur. ann. que *jours* est dét.
jours	n. com. masc. plur.
un	adj. num. card. masc. sing. dét. *devoir*.
devoir	n. com. masc. sing.
quelconque.	adj. ind. masc. sing. dét. *devoir*.
Nul	adj. ind. masc. sing. dét. *bonheur*.
bonheur	n. com. masc. sing.
parfait.	adj. qual. masc. sing. qual. *bonheur*.
Quel	adj. ind. masc. sing. dét. *bonheur*.
bonheur	n. com. masc. sing.
quelle	adj. ind. fém. sing. dét. *paix*.
paix	n. com. fém. sing.
au	art. comp. mis pour *à le*.
à	prép.
le	art. simp. au masc. sing. ann. que *ciel* est dét.
ciel.	n. com. masc. sing.

Chaque	adj. ind. masc. sing. dét. *exercice*.
exercice	n. com. masc. sing.
autre	adj. ind. fém. sing. dét. *difficulté*.
difficulté.	n. com. fém. sing.

Autres sujets pour analyses de composition.

Le premier jour du beau mois de Marie, notre dévouement entier à cette puissante protectrice, le souvenir de ses nombreux bienfaits. — Les trente-trois années de la vie de notre divin Sauveur, ses nombreux miracles et ses saintes instructions.

Le	art. simp. au masc. sing. ann. que *jour* est dét.
premier	adj. num. ord. masc. sing. dét. *jour*.
jour	n. com. masc. sing.
du	art. comp. mis pour *de le*.
de	prép.
le	art. simp. au masc. sing. ann. que *mois* est dét.
beau	adj. qual. masc. sing. qual. *mois*.
mois	n. com. masc. sing.
de	prép.
Marie,	n. prop. fém. sing.
notre	adj. poss. masc. sing. dét. *dévouement*.
dévouement	n. com. masc. sing.
entier	adj. qual. masc. sing. qual. *dévouement*.
à	prép.
cette	adj. dém. fém. sing. dét. *protectrice*.
puissante	adj. qual. fém. sing. qual. *protectrice*.
protectrice	n. com. fém. sing.
le	art. simp. au masc. sing. ann. que *souvenir* est dét.
souvenir	n. com. masc. sing.
de	prép.
ses	adj. poss. masc. plur. dét. *bienfaits*.
nombreux	adj. qual. masc. plur. qual. *bienfaits*.
bienfaits.	n. com. masc. plur.
Les	art. simp. au fém. plur. ann. que *années* est dét.
trente-trois	adj. num. card. fém. plur. dét. *années*.
années	n. com. fém. plur.
de	prép.
la	art. simp. au fém. sing. ann. que *vie* est dét.
vie	n. com. fém. sing.
de	prép.
notre	adj. poss. masc. sing. dét. *Sauveur*.
divin	adj. qual. masc. sing. qual. *Sauveur*.
Sauveur,	n. prop. masc. sing.
ses	adj. poss. masc. plur. dét. *miracles*.
nombreux	adj. qual. masc. plur. qual. *miracles*.
miracles	n. com. masc. plur.
et	conj.
ses	adj. poss. fém. plur. dét. *instructions*.
saintes	adj. qual. fém. plur. qual. *instructions*.
instructions.	n. com. fém. plur.

Quelques jolies fleurs à l'autel de Marie. — Une couronne à notre mère, le chant de ses louanges et la récitation de son office et du chapelet. — Plusieurs pèlerins aux lieux saints de Jérusalem, leur tendre piété et toutes leurs ferventes prières.

Quelques	adj. ind. fém. plur. dét. *fleurs*.
jolies	adj. qual. fém. plur. qual. *fleurs*.
fleurs	n. com. fém. plur.
à	prép.
l'	art. simp. au masc. sing. ann. que *autel* est dét.
autel	n. com. masc. sing.
de	prép.
Marie.	n. prop. fém. sing.
Une	adj. num. card. fém. sing. dét. *couronne*.
couronne	n. com. fém. sing.
à	prép.
notre	adj. poss. fém. sing. dét. *mère*.
mère,	n. com. fém. sing.
le	art. simp. au masc. sing. ann. que *chant* est dét.
chant	n. com. masc. sing.
de	prép.
ses	adj. poss. fém. plur. dét. *louanges*.
louanges	n. com. fém. plur.
et	conj.
la	art. simp. au fém. sing. ann. que *récitation* est dét.
récitation	n. com. fém. sing.
de	prép.
son	adj. poss. masc. sing. dét. *office*.
office	n. com. masc. sing.
et	conj.
du	art. comp. mis pour *de le*.
de	prép.
le	art. simp. au masc. sing. ann. que *chapelet* est dét.
chapelet.	n. com. masc. sing.
Plusieurs	adj. ind. masc. plur. dét. *pèlerins*.
pèlerins	n. com. masc. plur.
aux	art. comp. mis pour *à les*.
à	prép.
les	art. simp. au masc. plur. ann. que *lieux* est dét.
lieux	n. com. masc. plur.
saints	adj. qual. masc. plur. qual. *lieux*.
de	prép.
Jérusalem,	n. prop. fém. sing.
leur	adj. poss. fém. sing. dét. *piété*.
tendre	adj. qual. fém. sing. qual. *piété*.
piété	n. com. fém. sing.
et	conj.
toutes	adj. ind. fém. plur. dét. *prières*.
leurs	adj. poss. fém. plur. dét. *prières*.
ferventes	adj. qual. fém. plur. qual. *prières*.
prières.	n. com. fém. plur.

Tous les nombreux travaux de saint François-Xavier, ce saint apôtre des Indes et du Japon, ses nombreux miracles, ses éclatantes vertus et sa mort bienheureuse. — Les écrits des quatre évangélistes, la noble simplicité de leur style et la clarté de tous leurs enseignements.

Tous	adj. ind. masc. pl. dét. *travaux*.
les	art. simp. au masc. pl. ann. que *travaux* est dét.
nombreux	adj. qual. masc. pl. qual. *travaux*.
travaux	n. com. masc. pl.
de	prép.
saint	adj. qual. masc. sing. qual. *François-Xavier*.
François-Xavier,	n. pr. masc. sing.
ce	adj. dém. masc. sing. dét. *apôtre*.
saint	adj. qual. masc. sing. qual. *apôtre*.
apôtre	n. com. masc. sing.
des	art. comp. mis pour *de les*.
de	prép.
les	art. simp. au fém. pl. ann. que *Indes* est dét.
Indes	n. pr. fém. pl.
et	conj.
du	art. comp. mis pour *de le*.
de	prép.
le	art. simp. au masc. sing. ann. que *Japon* est dét.
Japon,	n. pr. masc. sing.
ses	adj. poss. masc. plur. dét. *miracles*.
nombreux	adj. qual. masc. pl. qual. *miracles*.
miracles,	n. com. masc. pl.
ses	adj. poss. fém. pl. dét. *vertus*.
éclatantes	adj. qual. fém. pl. qual. *vertus*.
vertus	n. com. fém. pl.
et	conj.
sa	adj. poss. fém. sing. dét. *mort*.
mort	n. com. fém. sing.
bienheureuse.	adj. qual. fém. sing. qual. *mort*.
Les	art. simp. au masc. pl. ann. que *écrits* est dét.
écrits	n. com. masc. pl.
des	art. comp. mis pour *de les*.
de	prép.
les	art. simp. au masc. pl. ann. que *évangélistes* est dét.
quatre	adj. num. card. masc. pl. dét. *évangélistes*.
évangélistes,	n. com. masc. pl.
la	art. simp. au fém. sing. ann. que *simplicité* est dét.
noble	adj. qual. fém. sing. qual. *simplicité*.
simplicité	n. com. fém. sing.
de	prép.
leur	adj. poss. masc. sing. dét. *style*.
style	n. com. masc. sing.
et	conj.
la	art. simp. au fém. sing. ann. que *clarté* est dét.
clarté	n. com. fém. sing.

de	prép.
tous	adj. ind. masc. pl. dét. *enseignements.*
leurs	adj. poss. masc. pl. dét. *enseignements.*
enseignements.	n. com. masc. pl.

Dictée de récapitulation sur toutes les règles étudiées jusqu'ici.

Les événements antérieurs au déluge. — Cette action contraire aux lois divines. — Cet air pur si nécessaire à notre vie. — Cet utile avis de nos chères cousines. — Ce bon roi et ses heureux sujets. — Ces légers berceaux dans ces arbres touffus. — La joie la plus pure dans la pratique des devoirs. — Quelle peine, quel trouble dans les cœurs coupables ! — Ces petits enfants à genoux. — Quelles jolies nuances sur ces fleurs artificielles ! — Cet âne avec ses longues oreilles. — Mon petit lit avec ses jolis rideaux. — Les jolies plumes de ce bel oiseau. — Ce beau logis pour les nouveaux habitants du village.

Autre dictée sur le même sujet.

La miséricorde infinie de notre Dieu pour tous les pécheurs repentants. — L'espérance secrète de ces bonnes mères. — Les cruelles souffrances de ce pauvre captif et sa douce résignation dans ses peines. — Les récits imposteurs de ces petites filles menteuses. — Les cris effrayants des hiboux pendant la nuit. — Les intentions malignes de ces hommes méchants. — Le sol fortuné de l'Italie, son huile, ses vins, ses fruits délicieux, le caractère vindicatif de ses habitants, leur imagination vive et leurs dispositions particulières pour tous les arts et toutes les sciences.

CHAPITRE QUATRIÈME.

DU PRONOM.

47ᵉ Exercice. — *Gram.* Nᵒˢ 41 et 42. — Après avoir copié les phrases suivantes, les élèves ont dû analyser comme ci-dessous les pronoms personnels qui s'y trouvent.

Je sers Dieu. — Tu aimes ta mère. — Il perd son temps. — Nous respectons nos parents. — Vous soulagerez ces pauvres, vous leur ferez du bien. — Ils travaillent courageusement. — Elles prient la sainte Vierge, elles lui offrent une couronne. — Elle instruit ces petits enfants, elle s'occupe d'eux sans cesse. — Je me plais ici. — Tu devrais veiller sur toi

Je	pron. pers. de la 1re pers. du masc. sing.
	(On regarde comme masculins les pronoms dont le genre n'est pas déterminé dans la phrase).
tu	pron. pers. de la 2e pers. du masc. sing.
il	pron. pers. de la 3e pers. du masc. sing.
nous	pron. pers. de la 1re pers. du masc. plur.
vous	pron. pers. de la 2e pers. du masc. plur.
vous	pron. pers. de la 2e pers. du masc. plur.
leur	pron. pers. de la 3e pers. du masc. plur.
ils	pron. pers. de la 3e pers. du masc. plur.
elles	pron. pers. de la 3e pers. du fém. plur.
elles	pron. pers. de la 3e pers. du fém. plur.
lui	pron. pers. de la 3e pers. du fém. sing.
elle	pron. pers. de la 3e pers. du fém. sing.
elle	pron. pers. de la 3e pers. du fém. sing.
s'	pron. pers. de la 3e pers. du fém. sing.
eux	pron. pers. de la 3e pers. du masc. plur.
Je	pron. pers. de la 1re pers. du masc. sing.
me	pron. pers. de la 1re pers. du masc. sing.
tu	pron. pers. de la 2e pers. du masc. sing.
toi	pron. pers. de la 2e pers. du masc. sing.

Après la correction de l'analyse, il est nécessaire de dicter aux élèves ces petites phrases qu'elles ont dû copier attentivement; c'est surtout afin de donner ainsi de petits sujets de dictées à la portée des enfants que l'on a préparé tous les exercices sur les pronoms.

48e Exercice. — Les élèves ont dû copier les phrases suivantes, puis souligner les articles et analyser les pronoms.

Le martin-pêcheur suit *le* cours des ruisseaux, se perche sur une branche et attend *le* passage d'un petit poisson, puis il fond sur *la* proie en se laissant tomber dans *l*'eau, en ressort la [1] tenant à son bec et la [2] porte sur un terrain voisin contre lequel il la [3] bat avant de [4] l'avaler. — *Le* moineau ne donne point en étourdi dans *les* piéges qu'on lui tend, il sait les [5] éviter et lasse souvent *la* patience de *l*'oiseleur. — *L*'oiseau-mouche fend *l*'air comme un trait et on [6] l'entend plus qu'on ne le [7] voit; il ose attaquer *les* autres oiseaux, les [8] poursuit et ne cesse de les [9] becqueter qu'après avoir assouvi sa petite rage.

[1] la	pron. pers. de la 3ᵉ pers. du fém. sing.
[2] la	pron. pers. de la 3e pers. du fém. sing.
[3] la	pron. pers. de la 3e pers. du fém. sing.
[4] l'	mis pour *la* pron. pers. de la 3e pers. du fém. sing.
[5] les	pron. pers. de la 3e pers. du masc. plur.
[6] l'	mis pour *le* pron. pers. de la 3e pers. du masc. sing.
[7] le	pron. pers. de la 3e pers. du masc. sing.
[8] les	pron. pers. de la 3e pers. du masc. plur.
[9] les	pron. pers. de la 3e pers. du masc. plur.

QUESTIONS à faire en corrigeant ce devoir : — *Pourquoi* le *est-il article dans* le *martin-pêcheur?* — Parce que *le* est ici placé devant le nom *martin-pêcheur* pour en marquer le genre et le nombre.

La maîtresse fera remarquer aux élèves que *le, la, les,* articles, précèdent toujours un nom ou du moins un adjectif suivi de son nom.

Pourquoi la *est-il pronom personnel de la* 3ᵉ *personne du féminin singulier?* — Parce que ce mot remplace ici *proie* qui est un nom de la 3ᵉ personne du féminin singulier.

La maîtresse peut faire remarquer aux élèves que *le, la, les,* pronoms, sont ordinairement placés avant un verbe.

49ᵉ EXERCICE. — *Gram.* Nᵒˢ 43 et 44. — Après avoir copié les phrases suivantes, les élèves ont dû analyser les pronoms démonstratifs.

Heureux celui [1] qui craint le Seigneur. — Ce [2] qu'on loue est souvent blâmable. — La vertu et le vice ont deux fins bien dif-férentes : celui-ci [3] mène à la mort, celle-là [4] conduit à la vie. — Celui [5] qui rend un service doit l'oublier, celui [6] qui le reçoit doit s'en souvenir. — Aimez le travail; fuyez la paresse : celle-ci [7] rend malheureux, celui-là [8] mène au bonheur. — Ai-

mez ceux [9] qui vous haïssent et obligez ceux [10] qui vous persé-
cutent : [11] c'est le langage de l'Évangile. — Les meilleures leçons sont celles [12] de l'expérience.

[1] Celui	pron. dém. de la 3e pers. du masc. sing.
[2] Ce	pron. dém. de la 3e pers. du masc. sing.
[3] Celui-ci	pron. dém. de la 3e pers. du masc. sing.
[4] Celle-là	pron. dém. de la 3e pers. du fém. sing.
[5] Celui	pron. dém. de la 3e pers. du masc. sing.
[6] Celui	pron. dém. de la 3e pers. du masc. sing.
[7] Celle-ci	pron. dém. de la 3e pers. du fém. sing.
[8] Celui-là	pron. dém. de la 3e pers. du masc. sing.
[9] Ceux	pron. dém. de la 3e pers. du masc. pl.
[10] Ceux	pron. dém. de la 3e pers. du masc. pl.
[11] C'	pron. dém. de la 3e pers. du masc. sing.
[12] Celles	pron. dém. de la 3e pers. du fém. pl.

QUESTIONS. — *Pourquoi* celui *est-il un pronom démonstratif
de la 3e personne du masculin singulier?* — Parce que ce mot
remplace le nom *homme* sous-entendu, qui est de la 3e personne
du masculin singulier, en y ajoutant une idée d'indication.

La maîtresse peut faire remarquer aux élèves que les
pronoms démonstratifs sont toujours de la 3e personne,
mais qu'ils varient de genre et de nombre selon le nom
qu'ils remplacent.

50e EXERCICE. — *Gram.* Nos 45 et 46. — Les élèves ont
dû analyser comme ci-dessous les pronoms possessifs contenus dans ces phrases.

On voit les maux d'autrui d'un autre œil que les [1] siens. —
En partageant les peines de nos frères, nous sentons moins
les [2] nôtres. — Supportez les défauts de vos compagnes si vous
voulez qu'elles supportent les [3] vôtres. — Le département du
Nord tire son nom de sa position à l'extrémité septentrionale
de la France ; le département du Pas-de-Calais tire le [4] sien du
pas ou détroit de Calais ; le département de la Seine, celui de
la Somme et beaucoup d'autres tirent les [5] leurs des rivières
qui les traversent. — Valenciennes doit sa renommée à ses den-

telles, Verdun doit la [6] sienne à ses dragées, Frontignan et
Lunel doivent la [7] leur à leurs vins muscats.

[1] Les siens	pron. poss. de la 3e pers. du masc. pl.
[2] Les nôtres	pron. poss. de la 3e pers. du fém. pl.
[3] Les vôtres	pron. poss. de la 3e pers. du masc. pl.
[4] Le sien	pron. poss. de la 3e pers. du masc. sing.
[5] Les leurs	pron. poss. de la 3e pers. du masc. pl.
[6] La sienne	pron. poss. de la 3e pers. du fém. sing.
[7] La leur	pron. poss. de la 3e pers. du fém. sing.

QUESTIONS. — *Pourquoi les siens est-il un pronom possessif
de la 3e personne du masculin pluriel ?* — Parce que ce mot remplace le nom *maux* qui est de la 3e personne du masculin pluriel en ajoutant à ce nom une idée de possession.

Les pronoms possessifs, comme les pronoms démonstratifs sont toujours de la 3e personne.

54e EXERCICE. — *Gram.* N°s 47 *et* 48. — Après avoir
copié les phrases suivantes, les élèves ont dû analyser
tous les pronoms relatifs.

Le livre que [1] je lis est intéressant. — La pluie qui [2] tombe
est froide. — J'aime les roses, j'en [3] cultive beaucoup. — Cet
ouvrage me plaît, j'y [4] donne tous mes soins. — La ville dont [5]
je vous parle est grande. — Le travail auquel [6] je m'occupe est
utile. — Les dentelles auxquelles [7] la ville de Valenciennes a
donné son nom sont renommées. — La forêt des Ardennes,
dont [8] un département emprunte le nom, est une des plus
grandes de la France. — Les vins que [9] produit la Champagne
sont très-estimés. — La Corse produit des pins qui [10] s'élèvent
à une très-grande hauteur. — La Russie d'Europe est un pays
très-froid ; on en [11] tire de belles fourrures. — La Garonne est
une rivière du midi de la France ; la Dordogne s'y [12] réunit près
de Bordeaux. — Mulhouse est la ville qui [13] fabrique le plus de
toiles peintes.

[1] Que	pron. relat. à *livre* de la 3e pers. du masc. sing.
[2] Qui	pron. relat. à *pluie* de la 3e pers. du fém. sing.
[3] En	pron. relat. à *roses* de la 3e pers. du fém. pl.

4	**Y**	pron. relat. à *ouvrage* de la 3e pers. du masc. sing.
5	**Dont**	pron. relat. à *ville* de la 3e pers. du fém. sing.
6	**Auquel**	pron. relat. à *travail* de la 3e pers. du masc. sing.
7	**Auxquelles**	pron. relat. à *dentelles* de la 3e pers. du fém. pl.
8	**Dont**	pron. relat. à *forêt* de la 3e pers. du fém. sing.
9	**Que**	pron. relat. à *vins* de la 3e pers. du masc. pl.
10	**Qui**	pron. relat. à *pins* de la 3e pers. du masc. pl.
11	**En**	pron. relat. à *Russie* de la 3e pers. du fém. sing.
12	**Y**	pron. relat. à *Garonne* de la 3e pers. du fém. sing.
13	**Qui**	pron. relat. à *ville* de la 3e pers. du fém. sing.

QUESTIONS. — *Pourquoi* que *est-il un pronom relatif de la 3e personne du masculin singulier?*—Parce que ce pronom a pour antécédent *livre*, nom de la 3e personne du masculin singulier.

52e EXERCICE. — *Gram*. Nos 49 et 50. — Les élèves ont dû analyser tous les pronoms indéfinis.

Aucun [1] n'est venu, nul [2] ne partira. — On [3] sonne. —Quiconque [4] obéit bien est récompensé. — Chacun [5] se presse ici. — Je veux tout [6] ou rien [7]. — Ces deux jeunes filles s'aiment l'une [8] l'autre [9]. — Quiconque [10] veut aller au ciel doit imiter Jésus-Christ.—Rien [11] ne sied mieux à une jeune personne que la modestie. — Nul [12] ne sait s'il est digne d'amour ou de haine. —Plusieurs [13] se plaignent de leur mémoire, personne [14] ne se plaint de son jugement. — Chacun [15] doit penser à soi dans l'affaire du salut. — Presque aucun [16] n'est content de son sort. — Ne parlons jamais des défauts d'autrui [17].

1	**Aucun**	pron. ind. de la 3e pers. du masc. sing.
2	**Nul**	pron. ind. de la 3e pers. du masc. sing.
3	**On**	pron. ind. de la 3e pers. du masc. sing.
4	**Quiconque**	pron. ind. de la 3e pers. du masc. sing.
5	**Chacun**	pron. ind. de la 3e pers. du masc. sing.
6	**Tout**	pron. ind. de la 3e pers. du masc. sing.
7	**Rien**	pron. ind. de la 3e pers. du masc. sing.
8	**L'une**	pron. ind. de la 3e pers. du fém. sing.
9	**L'autre**	pron. ind. de la 3e pers. du fém. sing.
10	**Quiconque**	pron. ind. de la 3e pers. du masc. sing.
11	**Rien**	pron. ind. de la 3e pers. du masc. sing.
12	**Nul**	pron. ind. de la 3e pers. du masc. sing.
13	**Plusieurs**	pron. ind. de la 3e pers. du masc. pl.
14	**Personne**	pron. ind. de la 3e pers. du masc. sing.
15	**Chacun**	pron. ind. de la 3e pers. du masc. sing.
16	**Aucun**	pron. ind. de la 3e pers. du masc. sing.
17	**Autrui**	pron. ind. de la 3e pers. du masc. sing.

QUESTIONS. — *Pourquoi* aucun *est-il un pronom indéfini ?* — Parce que ce pronom remplace un nom inconnu en le désignant d'une manière vague et indéterminée. (Les pronoms indéfinis sont toujours de la 3e personne).

53e EXERCICE. — Les mots *autre, aucun, plusieurs, tel, tout, nul,* pronoms indéfinis, sont écrits en italiques, et ces mêmes mots, adjectifs indéfinis, sont écrits en petites capitales.

Celui qui se plaint des *autres* n'a souvent à se plaindre que de lui-même. — AUTRE temps , AUTRES mœurs. — *Aucun* n'est prophète chez soi. — Celui qui n'éprouve AUCUN sentiment d'affection n'en inspire *aucun.* — *Plusieurs* prétendent se sauver sans peine. — PLUSIEURS plantes fleurissent sous la neige. — *Tel* est aujourd'hui pour vous qui sera demain contre vous. — TEL père, TEL fils. — *Tout* n'est que vanité, hors aimer Dieu et le servir. — TOUT arbre qui ne produit pas de bons fruits, sera coupé et jeté au feu. — *Nul* ne se suffit à soi-même. — NUL repos, NULLE paix pour l'impie.

QUESTIONS. — *Pourquoi* autre *est-il pronom indéfini ?* — Parce que *autres* tient ici la place d'un nom.

Pourquoi autre *est-il adjectif indéfini ?* — Parce que ce mot détermine le nom *temps.*

CHAPITRE CINQUIÈME.

DU VERBE.

54e EXERCICE. — *Gram.* No 51. — Les élèves ont dû copier ce qui suit en remarquant que ces mots sont des verbes.

Verbes exprimant l'existence ou l'état.	*Verbes exprimant l'action.*
Etre.	Avoir.
Etre enseveli.	Pouvoir.

Etre couvert.	Voir.
Etre enveloppé.	Elever.
Etre arrêté.	Cueillir.
Etre engourdi.	Penser.
Etre plongé.	Couvrir.
Etre pénétré.	Rendre.
Etre renouvelé.	Envoyer.
Etre embelli.	Revêtir.

55e EXERCICE. — Après avoir copié les phrases suivan-
vantes, les élèves ont dû faire la liste des verbes qui s'y
trouvent.

Dieu était avant tous les siècles, il est de toute éternité.—
Pendant l'hiver, les vallons étaient ensevelis sous une neige
épaisse, les montagnes étaient couvertes de glaçons, elles étaient
enveloppées d'un brouillard impénétrable, les ruisseaux et les
rivières étaient arrêtés dans leur cours par les glaces, les oiseaux
étaient engourdis sous les broussailles, toute la nature était
plongée dans un morne silence, maintenant l'atmosphère est
pénétrée d'une chaleur vivifiante, la surface de la terre est re-
nouvelée, elle est embellie, et notre œil a partout un spectacle
enchanteur. Je ne puis voir tant de merveilles sans m'élever
jusqu'au Créateur ; jamais je ne cueille la violette ou la rose
sans penser au divin Maître qui, au moyen des arbres, mé
couvre d'un ombrage frais, qui rend les fleurs si belles et
m'envoie leur parfum, et qui revêt les prairies d'une aimable
verdure.

REMARQUE.—Les verbes contenus dans cet exercice sont les mêmes que
ceux de l'exercice précédent et ils sont placés dans le même ordre, la
plupart seulement sont employés à des temps différents. On a ainsi facilité
aux élèves ce premier devoir sur le verbe, parce qu'il importe beaucoup
de faire bien comprendre tous les exercices de ce cinquième chapitre.

Etait.	A.
Est.	Puis.
Etaient ensevelis.	Voir.

Etaient couvertes.	Elever.
Etaient enveloppées.	Cueille.
Etaient arrêtés.	Penser.
Etaient engourdis.	Couvre.
Etait plongée.	Rend.
Est pénétrée.	Envoie.
Est renouvelée.	Revêt.
Est embellie.	

QUESTIONS. — *Pourquoi* était *est-il un verbe?* — Parce que ce mot marque l'existence.

Pourquoi est *est-il un verbe ?* — Même réponse.

Pourquoi étaient ensevelis *est-il un verbe ?* — Parce que ce mot marque l'état.

Mêmes questions pour *étaient couvertes, étaient enveloppées,* etc.

Pourquoi avoir, pouvoir, voir, etc., *sont-ils des verbes ?* — Parce que ces mots expriment une action.

Un moyen mécanique pour reconnaître si un mot est verbe, c'est d'essayer de le faire précéder des pronoms *je, tu, il,* etc. ; ainsi *donner* est un verbe parce qu'il exprime une action, et l'on peut reconnaître que ce mot est verbe en disant : *je donne, tu donnes,* etc.

Dictée de l'exercice copié.

56ᵉ EXERCICE. — Après avoir copié cette petite lettre, les élèves ont dû faire la liste des verbes qui y sont contenus.

     Ma chère Maman,

Combien je suis heureuse de vous offrir en ce moment les vœux que je forme sans cesse pour votre bonheur. Je voudrais vous dire mille fois tout l'amour que mon cœur ressent pour vous, et toute la reconnaissance dont votre tendresse et vos bontés me pénètrent chaque jour. Croyez bien, chère Maman, que mon plus vif désir est de faire votre bonheur comme vous faites le mien ; pour cela, je veux m'appliquer de toutes mes forces à acquérir les vertus et les talents dont vous désirez me voir ornée.

Recevez, chère Maman, mes souhaits et mes sentiments bien sincères, et donnez votre bénédiction à votre très-respectueuse enfant.

Liste des verbes.

Suis,—offrir,—forme,—voudrais,—dire,—ressent,—pénètrent,—croyez,—est,—faire,—faites,—veux,—appliquer,—acquérir,—désirez,—voir,—recevez,—donnez.

Après la correction, dictée de ce même exercice.

(Il sera bon de refaire cette dictée jusqu'à ce que chaque élève sache écrire sans fautes cette petite lettre, et c'est au reste ce que l'on doit faire pour la plupart des dictées.)

57e Exercice.

Des landes incultes occupent une grande partie de la Bretagne, le reste suffit aux besoins de la population. On cultive dans cette province le blé, le lin et le tabac ; les champs sont couverts de pommiers.

Des	art. comp. mis pour *de les*.
de	prép.
les	art. simp. au fém. plur. ann. que *landes* est dét.
landes	n. com. fém. plur.
incultes	adj. qual. fém. plur. qual. *landes*.
occupent	verbe.
une	adj. ind. fém. sing. dét. *partie* (1).
grande	adj. qual. fém. sing. qual. *partie*.
partie	n. com. fém. sing.
de	prép.
la	art. simp. au fém. sing. ann. que *Bretagne* est dét.
Bretagne,	n. prop. fém. sing.
le	art. simp. au masc. sing. ann. que *reste* est dét.
reste	n. com. masc. sing.

____

(1) Quand le mot *un*, *une*, n'exprime pas l'unité numérique, il cesse d'être adjectif numéral et devient alors un adjectif indéfini, qui n'a plus guère que le sens de l'article.

suffit	verbe.
aux	art. comp. mis pour *à les.*
à	prép.
les	art. simp. au masc. plur. ann. que *besoins* est dét.
besoins	n. com. masc. plur.
de	prép.
la	art. simp. au fém. sing. ann. que *population* est dét.
population.	n. com. fém. sing.
On	pron. ind. 3e pers. du masc. sing.
cultive	verbe.
dans	prép.
cette	adj. dém. fém. sing. dét. *province.*
province	n. com. fém. sing.
le	art. simp. au masc. sing. ann. que *blé* est dét.
blé	n. com. masc. sing.
le	art. simp. au masc. sing. ann. que *lin* est dét.
lin	n. com. masc. sing.
et	conj.
le	art. simp. au masc. sing. ann. que *tabac* est dét.
tabac	n. com. masc. sing.
les	art. simp. au masc. plur. ann. que *champs* est dét.
champs	n. com. masc. plur.
sont couverts	verbe.
de	prép.
pommiers.	n. com. masc. plur.

58e Exercice. — Voir le verbe *Avoir* et le verbe *Être* à la page 25 et à la page 27 de la Grammaire, 8e édition.

La maîtresse, après avoir fait copier plusieurs fois la moitié du verbe *avoir*, pourra donner la dictée suivante, pour s'assurer de l'attention des élèves en copiant ce verbe, et surtout pour rappeler l'accord des noms et des adjectifs.

J'ai une belle image. — Tu as plusieurs jolis livres. — Nous avons eu une fête solennelle. — Tu as eu une robe neuve. — J'eus un col uni. — Il eut un vieil habit. — Nous avions des embarras réels. — Il avait des serviteurs actifs. — J'avais des bas blancs. — Vous avez des bijoux précieux. — Vous avez eu la bénédiction paternelle. — J'aurai deux robes pareilles. — Tu auras des réflexions tardives. — Nous avons des roses vermeilles. — Ils ont des manteaux courts. — Ils avaient un avis certain. — Nous eûmes une défense expresse. — Vous eûtes des guides sûrs. — Ils ont une autorité absolue.—Il aura des sentiments vifs. — Ils eurent des jeux instructifs.

Après avoir fait copier la seconde moitié du verbe *avoir*, la maîtresse pourra faire la dictée suivante ; comme la première, elle ne renferme que des noms et des adjectifs bien connus.

J'aurais les sourcils noirs.—Tu aurais eu un bon fusil.—Nous aurions une grande abbaye.— Aie une vive confiance.— Ayons des vertus solides. — Ayez une âme courageuse. — Il aurait des arbres touffus.—Vous auriez eu une claire fontaine. —Que j'aie un heureux voyage. — Que tu aies un prompt secours.—Qu'il ait eu un beau logis. — Que vous ayez eu des amis fidèles. — Qu'ils aient eu un accueil paternel.—Que tu eusses eu une joie bien douce.—Qu'il eût un succès complet.—Qu'ils eussent une gloire immortelle.—Ils auraient des chagrins habituels.—Ayez une oreille attentive. —Qu'il ait des talents supérieurs.

Après avoir fait copier la moitié du verbe *être*, la maîtresse pourra faire la dictée suivante, en prévenant les élèves qu'elles devront mettre au féminin tous les adjectifs qui qualifieront les pronoms *je, tu, nous, vous.*

Je suis joyeuse. — Tu es bonne. — Elle était gaie. — Elles étaient polies.—Nous sommes heureuses.—Vous étiez vives.—Ils seront parfaits.— Ils étaient craintifs.— Vous serez sensées. —Elle aura été seule.—Il a été étourdi.— Il eut été sage. — Il avait été discret.— Je serai vieillotte.— Tu serais lasse.— Elle aura été gentille.— Je fus muette. — Elle fut trompeuse.— Tu as été paresseuse.—Elle eut été bienfaitrice.—Elle est maligne. —Vous êtes franche.—J'étais meilleure.—Il était supérieur.— Elles avaient été inférieures.—Tu seras obéissante.—Nous eussions été immortelles.

Après avoir fait copier la fin du verbe *être*, la maîtresse pourra donner la dictée suivante :

Je serais ingrate.—Elle aurait été âgée.—Sois docile.—Soyez

patientes.—Soyons pieuses.—Tu serais rigide.—Ils auraient été infatigables.—Que je sois grave.—Qu'elle soit modeste. —Que vous soyez simples.—Que nous soyons respectueuses. — Ils seraient studieux.—Que tu aies été soigneuse.—Qu'elle fût folle. —Que nous fussions servantes.—Que je fusse innocente.—Que tu eusses été active. —Qu'elles eussent été prudentes.— Que ma sœur soit bonne.—Que mes compagnes soient édifiantes.—Que mes frères soient reconnaissants.—Que cet avis ait été salutaire. —Que ces leçons aient été utiles.

REMARQUE. — Il serait également bon et utile de faire écrire le verbe *avoir* de suite et en entier, en ajoutant un nom et un adjectif à chaque personne, et le verbe *être*, en ajoutant un adjectif à chaque personne, c'est ce que les maîtresses pourront faire facilement en s'aidant des quatre dictées précédentes qui renferment presque toutes les personnes de ces deux verbes. Au reste, on ne saurait trop varier et répéter les exercices pour graver dans l'esprit des jeunes élèves l'orthographe des noms, des adjectifs et des verbes.

Autre dictée.

Cette dictée n'exige que la connaissance des règles déjà étudiées par les élèves; elle ne renferme, comme les précédentes, aucun autre verbe que le verbe *avoir* et le verbe *être*.

Tous les mots sur lesquels tombe une règle déjà étudiée sont écrits en *italique;* c'est afin de rappeler à la maîtresse qu'elle doit les faire expliquer.

Que la nature est *belle* le matin aux *premiers rayons* de l'astre du jour, *quelles délicieuses promenades* dans nos *jardins* et nos *champs;* là, nous aurons toujours des *plaisirs purs* et *réels*, des *joies douces* et *durables;* le ciel avec *tous ses feux*, la terre *émaillée* de *fleurs*, le chant *mélodieux* des oiseaux, le *doux* murmure des *fontaines*, le *cours majestueux* d'un fleuve, la diversité des *paysages*, mille *points* de vue *tous* plus *ravissants* les uns que les autres sont pour nous sans cesse de *nouveaux sujets* de *plaisirs. Ces plaisirs* étaient *ceux* de nos *premiers parents* dans le *paradis* terrestre. La nature est une école pour le cœur. Soyons *attentifs* à *ses leçons*, alors nous aurons la *vraie* science, la connaissance de notre Créateur.

59e EXERCICE.—*Gram*. No 53.—Après avoir copié les phrases suivantes, les élèves ont dû faire comme ci-dessous la liste des verbes et des sujets.

Dieu est bon.—Je chéris ma mère.—Ma sœur étudie sa leçon.—Nous travaillons avec courage.—Vous employez bien le temps.—Le soleil éclaire la terre.—Le pécheur offense son Créateur.—Pierre a renié son divin Maître, mais il a pleuré son péché.—Jésus a aimé les hommes, il a souffert la mort pour leur salut.—Marie est notre mère, nous racontons ses bienfaits, nous chantons ses louanges.

Sujets.	*Verbes.*	*Sujets.*	*Verbes.*
Dieu	est	Pierre	a renié
Je	chéris	il	a pleuré
sœur	étudie	Jésus	a aimé
Nous	travaillons	il	a souffert
Vous	employez	Marie	est
soleil	éclaire	nous	racontons
pécheur	offense	nous	chantons.

Après la correction de ce devoir, dictée des phrases copiées.

(On devra dicter ainsi, après la correction, tous les Exercices sur les sujets et sur les compléments.)

60e EXERCICE. — Même devoir que le précédent.

Dieu nous aime, il nous comble de biens. —Ce devoir vous occupe utilement, il vous embarrasse un peu. — La leçon me plaît, je la comprends bien, je ne l'oublierai pas.—Julie ne se décourage pas, elle ne néglige pas ses devoirs. — Vos anges gardiens vous protégeront, si vous les priez souvent. — Notre mère nous consolera, si nous lui confions nos peines.

Sujets.	*Verbes.*	*Sujets.*	*Verbes.*
Dieu	aime	Julie	se décourage
il	comble	elle	néglige
devoir	occupe	anges	protégeront
il	embarrasse	vous	priez
leçon	plaît	mère	consolera
je	comprends	nous	confions
j'	oublierai		

61° Exercice. — Même devoir que le précédent.

Les fruits que cet arbre porte seront cueillis.—L'histoire dont vous me parlez est connue.—Tous les biens que nous possédons viennent de Dieu.— Une faute que l'on a avouée est à demi réparée.—Le fer que l'on met au feu perd sa rouille.—La gloire que les hommes se donnent passe vite.—Les lieux auxquels on s'attache le plus sont ceux où l'on a passé les premières années de sa vie.

Sujets.	*Verbes.*	*Sujets.*	*Verbes.*
arbre	porte	on	met
fruits	seront cueillis	fer	perd
vous	parlez	hommes	se donnent
histoire	est connue	gloire	passe
nous	possédons	on	s'attache
biens	viennent	lieux	sont
on	a avouée	on	a passé
faute	est réparée		

62e Exercice. —Même devoir que le précédent.

Les larmes et la pénitence fléchissent le Seigneur.—La simplicité et la pureté sont deux ailes qui élèvent l'homme à Dieu. — Patience et longueur de temps font plus que force ni que rage. — Pépin et Charlemagne furent les héros de la seconde race.—L'honneur et la gloire appartiennent à Dieu.—La beauté et l'esprit sont des biens passagers. — La patience et la bonne volonté viennent à bout des choses les plus difficiles.

Sujets.	*Verbes.*
larmes et pénitence	fléchissent
simplicité et pureté	sont
qui (mis pour ailes)	élèvent
patience et longueur de temps	font
Pépin et Charlemagne	furent
honneur et gloire	appartiennent
beauté et esprit	sont
patience et bonne volonté	viennent

63e Exercice. —Même devoir que le précédent.

Comprend-elle sa leçon?—Quand finira cette longue étude?— Quand viendra le temps des récompenses?—Vous cueillerez les fruits que produira cet arbre.—Vous étudierez la leçon qu'explique la maîtresse.—Cette terre rendra au centuple la semence que lui confie le laboureur. — Je connais le pays dont me parle mon père. — Songeons-nous aux récompenses que nous promet le Seigneur? — Pratiquons-nous les vertus qu'enseigne l'Évangile?

Sujets.	Verbes.	Sujets.	Verbes.
elle	comprend	laboureur	confie
étude	finira	Je	connais
temps	viendra	père	parle
vous	cueillerez	nous	songeons
arbre	produira	Seigneur	promet
vous	étudierez	nous	pratiquons
maitresse	explique	Evangile	enseigne
terre	rendra		

64e Exercice. — *Gram.* N° 54. — Après avoir copié les phrases suivantes, les élèves ont dû mettre en colonnes comme ci-dessous les sujets, les verbes et les compléments directs, puis analyser entièrement ces mêmes phrases.

Nous servons le Seigneur. — Nous étudions nos leçons. — Les Français remportent des victoires. — La mort égale toutes les conditions. — Dieu a créé le ciel et la terre. — L'Orléanais produit du blé et du vin. — Les ruisseaux forment les rivières et les fleuves. — On estime ceux qui pratiquent la vertu. — Chacun désire réussir. — Dieu seul peut créer. — Tous les hommes doivent prier et travailler. — Les Anglais aiment à voyager. — Les enfants aiment à sauter et à courir. — Chaque saison a ses plaisirs, l'hiver a les siens.

Sujets.	Verbes.	Compléments directs.
Nous	servons	Seigneur
Français	remportent	victoires
mort	égale	conditions
Dieu	a créé	ciel et terre
Orléanais	produit	blé et vin
ruisseaux	forment	rivières et fleuves
On	estime	ceux
qui	pratiquent	vertu
chacun	désire	réussir
Dieu	peut	créer
hommes	doivent	prier et travailler
Anglais	aiment	voyager
enfants	aiment	sauter et courir
saison	a	plaisir
hiver	a	les siens.

La maîtresse aura soin de partager l'analyse suivante
en quatre parties au moins.

Nous	pron. pers. de la 1re pers. du m. pl. sujet de *servons*.
servons	verbe.
le	art. simp. au masc. sing. ann. que *Seigneur* est dét.
Seigneur.	n. prop. masc. sing. compl dir. de *servons*.
Nous	pron. pers. de la 1re pers. du m. pl. sujet de *étudions*.
étudions	verbe.
nos	adj. poss. fém. plur. dét. *leçons*.
leçons.	n. com. fém. plur. compl. dir. de *étudions*.
Les	art. simp. au masc. plur. ann. que *Français* est dét.
Français	n. prop. masc. plur. sujet de *remportent*.
remportent	verbe.
des	art. comp. mis pour *de les*.
de (1)	prép.
les	art. simp. au fém. plur. ann. que *victoires* est dét.
victoires.	n. com. fém. plur. compl. dir. de *remportent*.
La	art. simp. au fém. sing. ann. que *mort* est dét.
mort	n. com. fém. sing. sujet de *égale*.
égale	verbe.
toutes	adj. ind. fém. plur. dét. *conditions*.
les	art. simp. au fém. plur. ann. que *conditions* est dét.
conditions.	n. com. fém. plur. compl. dir. de *égale*.
Dieu	n. prop. masc. sing. sujet de *a créé*.
a créé	verbe.
le	art. simp. au masc. sing. ann. que *ciel* est dét.
ciel	n. com. masc. sing. 1er comp. dir. de *a créé*.
et	conj.
la	art. simp. au fém. sing. ann. que *terre* est dét.
terre.	n. com. fém. sing. 2e compl. dir. de *a créé*.
L'	art. simp. au masc. sing. ann. que *Orléanais* est dét.
Orléanais	n. prop. masc. sing. sujet de *produit*.
produit	verbe.
du	art. comp. mis pour *de le*.
de	prép.
le	art. simp. au masc. sing. ann. que *blé* est dét.
blé	n. com. masc. sing. 1er compl. dir. de *produit*.
et	conj.
du	art. comp. mis pour *de le*.
de	prép.
le	art. simp. au masc. sing. ann. que *vin* est dét.
vin.	n. com. masc. sing. 2e compl. dir. de *produit*.
Les	art. simp. au masc. plur. ann. que *ruisseaux* est dét.
ruisseaux	n. com. masc. plur. sujet de *forment*.
forment	verbe.
les	art. simp. au fém. plur. ann. que *rivières* est dét.
rivières	n. com. fém. plur. 1er compl. dir. de *forment*.

---

(1) Ici, et en beaucoup de cas semblables, *de* ayant le sens de *quelque*
pourrait être regardé comme un adjectif indéfini.

et	conj.
les	art. simp. au masc. plur. ann. que *fleuves* est dét.
fleuves.	n. com. masc. plur. 2e compl. dir. de *forment*.
On	pron. indéf. 3e pers. du sing. sujet de *estime*.
estime	verbe.
ceux	pron. dém. 3e pers. du m. pl. compl. dir. de *estime*.
qui	pron. relat. à *ceux*, 3e pers. du masc. plur. sujet de *pratiquent*.
pratiquent	verbe.
la	art. simp. au fém. sing. ann. que *vertu* est dét.
vertu.	n. com. fém. sing. compl. dir. de *pratiquent*.
Chacun	pron. indéf. 3e pers. du masc. sing. sujet de *désire*.
désire	verbe.
réussir.	verbe compl. dir. de *désire*.
Dieu	n. prop. masc. sing. sujet de *peut*.
seul	adj. qual. masc. sing. qual. *Dieu*.
peut	verbe.
créer.	verbe comp. dir. de *peut*.
Tous	adj. indéf. masc. plur. dét. *hommes*.
les	art. simp. au masc. plur. ann. que *hommes* est dét.
hommes	n. com. masc. plur. sujet de *doivent*.
doivent	verbe.
prier	verbe, 1er compl. dir. de *doivent*.
et	conj.
travailler.	verbe, 2e compl. dir. de *doivent*.
Les	art. simp. au masc. plur. ann. que *Anglais* est dét.
Anglais	n. prop. masc. plur. sujet de *aiment*.
aiment	verbe.
à	prép.
voyager.	verbe, compl. dir. de *aiment*.
Les	art. simp. au masc. plur. ann. que *enfants* est dét.
enfants	n. com. masc. plur. sujet de *aiment*.
aiment	verbe.
à	prép.
sauter	verbe, 1er compl. dir. de *aiment*.
et	conj.
à	prép.
courir.	verbe, 2e compl. dir. de *aiment*.
Chaque	adj. ind. fém. sing. dét. *saison*.
saison	n. com. fém. sing. sujet de *a*.
a	verbe.
ses	adj. poss. masc. plur. dét. *plaisirs*.
plaisirs	n. com. masc. plur. compl. dir. de *a*.
l'	art. simp. au masc. sing. ann. que *hiver* est dét.
hiver	n. com. masc. sing. sujet de *a*.
a	verbe.
les siens.	pron. poss. à la 3e pers. du m. pl. compl. dir. de *a*.

65e Exercice. — Même devoir que le précédent.

Les fleurs embellissent nos demeures et elles les récréent. —
Le soleil éclaire la terre, il l'échauffe et il la fertilise. — Les

cantiques que nous chantons réjouissent nos âmes. — Les leçons que nous étudions ornent notre mémoire. —Les conseils que nous recevons guident notre conduite. —Des pluies abondantes humectent la terre et elles la rafraîchissent. — Nous n'oublierons point les bienfaits que nous avons reçus. —Nous aimons ceux qui nous aiment.

Sujets.	*Verbes.*	*Compléments directs.*
fleurs	embellissent	demeures
elles	récréent	les (pour demeures)
soleil	éclaire	terre
il	échauffe	l' (pour terre)
il	fertilise	la (pour terre)
cantiques	réjouissent	âmes
nous	chantons	que (pour cantiques)
leçons	ornent	mémoire
nous	étudions	que (pour leçons)
conseils	guident	conduite
nous	recevons	que (pour conseils)
pluies	humectent	terre
elles	rafraîchissent	la (pour terre)
nous	oublierons	bienfaits
nous	avons reçus	que (pour bienfaits)
nous	aimons	ceux
qui (pour ceux)	aiment	nous.

L'analyse suivante doit être donnée par parties comme la précédente.

Les	art. simp. au fém. plur. ann. que *fleurs* est dét.
fleurs	n. com. fém. plur. sujet de *embellissent*.
embellissent	verbe.
nos	adj. poss. fém. plur. dét. *demeures*.
demeures	n. com. fém. plur. compl. dir. de *embellissent*.
et	conj.
elles	pron. pers. 3e pers. du fém. plur. sujet de *récréent*.
les	pron. pers. 3e pers. du fém. plur. compl. dir. de *récréent*.
récréent.	verbe.
Le	art. simp. au masc. sing. ann. que *soleil* est dét.
soleil	n. com. masc. sing. sujet de *éclaire*.
éclaire	verbe.
la	art. simp. au fém. sing. ann. que *terre* est dét.
terre	n. com. fém. sing. compl. dir. de *éclaire*.
il	pron. pers. 3e pers. du masc. sing. sujet de *échauffe*.
l'	pron. pers. 3e pers. du fém. sing. compl. dir. de *échauffe*.
échauffe	verbe.
et	conj.
il	pron. pers. 3e pers. du masc. sing. sujet de *fertilise*.

la	pron. pers. 3e pers. du f. s. compl. dir. de *fertilise*.
fertilise.	verbe.
Les	art. simp. au masc. plur. ann. que *cantiques* est dét.
cantiques	n. com. masc. plur. sujet de *réjouissent*.
que	pron. rel. à *cantiques*, 3e pers. du masc. plur. compl. dir. de *chantons*.
nous	pron. pers. 1re pers. du masc. plur. suj. de *chantons*.
chantons	verbe.
réjouissent	verbe.
nos	adj. poss. fém. plur. dét. *âmes*.
âmes.	n. com. fém. plur. compl. dir. de *réjouissent*.
Les	art. simp. au fém. plur. ann. que *leçons* est dét.
leçons	n. com. fém. plur. suj. de *ornent*.
que	pron. rel. à *leçons*, 3e pers. du fém. plur. compl. dir. de *étudions*.
nous	pron. pers. 1re pers. du masc. plur. suj. de *étudions*.
étudions	verbe.
ornent	verbe.
notre	adj. poss. fém. sing. dét. *mémoire*.
mémoire.	n. com. fém. sing. compl. dir. de *ornent*.
Les	art. simp. au masc. plur. ann. que *conseils* est dét.
conseils	n. com. masc. plur. suj. de *guident*.
que	pron. rel. à *conseils*, 3e pers. du masc. plur. compl. dir. de *recevons*.
nous	pron. pers. 1re pers. du masc. plur. suj. de *recevons*.
recevons	verbe.
guident	verbe.
notre	adj. poss. fém. sing. dét. *conduite*.
conduite.	n. com. fém. sing. compl. dir. de *guident*.
Des	art. comp. mis pour *de les*.
de	prép.
les	art. simp. au fém. plur. ann. que *pluies* est dét.
pluies	n. com. fém. plur. suj. de *humectent*.
abondantes	adj. qual. fém. plur. qual. *pluies*.
humectent	verbe.
la	art. simp. au fém. sing. ann. que *terre* est dét.
terre	n. com. fém. sing. compl. dir. de *humectent*.
et	conj.
elles	pron. pers. 3e pers. du f. pl. suj. de *rafraîchissent*.
la	pron. pers. 3e pers. du fém. sing. compl. dir. de *rafraîchissent*.
rafraîchissent.	verbe.
Nous	pron. pers. 1re pers. du masc. pl. suj. de *oublierons*.
ne point	loc. adverb. modifiant *oublierons*.
oublierons	verbe.
les	art. simp. au masc. plur. ann. que *bienfaits* est dét.
bienfaits	n. com. masc. plur. compl. dir. de *oublierons*.
que	pron. rel. à *bienfaits*, 3e pers. du masc. plur. compl. dir. de *avons reçus*.
nous	pron. pers. 1re pers. du m. pl. suj. de *avons reçus*.
avons reçus.	verbe.
Nous	pron. pers. 1re pers. du masc. plur. suj. de *aimons*.
aimons	verbe.

ceux	pron. dém. 3e pers. du m. pl. compl. dir. de *aimons.*
qui	pron. rel. à *ceux*, 3e pers. du m. pl. suj. de *aiment.*
nous	pron. pers. 1re pers. du m. pl. compl. dir. de *aiment.*
aiment.	verbe.

66e EXERCICE. — *Gram*. N° 55. — Comme il serait difficile et inutile d'ôter maintenant des analyses beaucoup d'adverbes, de prépositions et de conjonctions que les élèves n'ont point encore vus, il est tout à fait nécessaire que la maîtresse fasse interrompre un peu l'étude du verbe pour expliquer ces chapitres, et s'assurer que les élèves savent la liste de ceux de ces mots qui sont les plus usités.

Après avoir copié les phrases suivantes, les élèves ont dû mettre en colonnes les sujets, les verbes, les compléments directs et les compléments indirects, puis analyser entièrement ces mêmes phrases.

J'écris une lettre à ma mère. — Jésus a annoncé l'Évangile aux pauvres. — Nos maîtresses nous invitent à étudier, elles nous pressent de travailler. — L'œillet unit la beauté à un doux parfum, il surpasse la tulipe par son coloris.— La truffe n'a ni tiges, ni racines, elle se nourrit par ses pores. —La muraille que le soleil échauffe convient bien aux raisins muscats. —La Providence varie ses dons, elle les accommode à nos besoins.—La tempérance contribue à la bonne santé.

Sujets.	*Verbes.*	*Compl. dir.*	*Compl. indir.*
J'	écris	lettre	mère
Jésus	a annoncé	Évangile	pauvres
maîtresses	invitent	nous	étudier
elles	pressent	nous	travailler
œillet	unit	beauté	parfum
il	surpasse	tulipe	coloris
truffe	a	tiges et racines	pores
elle	nourrit	se	raisins
muraille	convient	que (pour muraille)	besoins
soleil	échauffe	dons	santé
Providence	varie	les (pour dons)	
elle	accommode		
tempérance	contribue		

Cette analyse, comme les précédentes, doit être donnée par parties.

J'	pron. pers. 1re pers. du masc. sing. suj. de *écris*.
écris	verbe.
une	adj. num. card. fém. sing. dét. *lettre*.
lettre	n. com. fém. sing. compl. dir. de *écris*.
à	prép.
ma	adj. poss. fém. sing. dét. *mère*.
mère.	n. com. fém. sing. compl. ind. de *écris*.
Jésus	n. prop. masc. sing. suj. de *a annoncé*.
a annoncé	verbe.
l'	art. simp. au masc. sing. ann. que *Evangile* est dét.
Evangile	n. com. masc. sing. compl. dir. de *a annoncé*.
aux	art. comp. mis pour *à les*.
à	prép.
les	art. simp. au masc. plur. ann. que *pauvres* est dét.
pauvres.	n. com. masc. plur. compl. ind. de *a annoncé*.
Nos	adj. poss. fém. plur. dét. *maîtresses*.
maîtresses	n. com. fém. plur. suj. de *invitent*.
nous	pron. pers. 1re pers. du f. pl. compl. dir. de *invitent*.
invitent	verbe.
à	prép.
étudier,	verbe compl. indir. de *invitent*.
elles	pron. pers. 3e pers. du fém. plur. suj. de *pressent*.
nous	pron. pers. 1re pers. du f. pl. compl. dir. de *pressent*.
pressent	verbe.
de	prép.
travailler.	verbe compl. indir. de *pressent*.
L'	art. simpl. au masc. sing. ann. que *œillet* est dét.
œillet	n. com. masc. sing. suj. de *unit*.
unit	verbe.
la	art. simp. au fém. sing. ann. que *beauté* est dét.
beauté	n. com. fém. sing. compl. dir. de *unit*.
à	prép.
un	adj. ind. masc. sing. dét. *parfum*.
doux	adj. qual. masc. sing. qual. *parfum*.
parfum,	n. com. masc. sing. compl. indir. de *unit*.
il	pron. pers. 3e pers. du masc. sing. suj. de *surpasse*.
surpasse	verbe.
la	art. simp. au fém. sing. ann. que *tulipe* est dét.
tulipe	n. com. fém. sing. compl. dir. de *surpasse*.
par	prép.
son	adj. poss. masc. sing. dét. *coloris*.
coloris.	n. com. masc. sing. compl. indir. de *surpasse*.
La	art. simp. au fém. sing. ann. que *truffe* est dét.
truffe	n. com. fém. sing. suj. de *a*.
n'	adv. mod. *a*.
a	verbe.
ni	conj.
tiges	n. com. fém. plur. 1er compl. dir. de *a*.
ni	conj.

racines,	n. com. fém. plur. 2e compl. dir. de *a*.
elle	pron. pers. 3e pers. du fém. sing. suj. de *se nourrit*.
se	pron. pers. 3e pers. du f. s. compl. dir. de *nourrit*.
nourrit	verbe.
par	prép.
ses	adj. poss. masc. plur. dét. *pores*.
pores.	n. com. masc. plur. compl. indir. de *se nourrit*.
La	art. simp. au fém. sing. ann. que *muraille* est dét.
muraille	n. com. fém. sing. suj. de *convient*.
que	pron. rel. à *muraille*, 3e pers. du fém. sing. compl. dir. de *échauffe*.
le	art. simp. au masc. sing. ann. que *soleil* est dét.
soleil	n. com. masc. sing. suj. de *échauffe*.
échauffe	verbe.
convient	verbe.
bien	adv. mod. *convient*.
aux	art. comp. mis pour *à les*.
à	prép.
les	art. simp. au masc. plur. ann. que *raisins* est dét.
raisins	n. com. masc. plur. compl. indir. de *convient*.
muscats.	adj. qual. masc. plur. qual. *raisins*.
La	art. simpl. au fém. sing. ann. que *Providence* est dét.
Providence	n. prop. fém. sing. suj. de *varie*.
varie	verbe.
ses	adj. poss. masc. plur. dét. *dons*.
dons,	n. com. masc. plur. compl. dir. de *varie*.
elle	pron. pers. 3e pers. du fém. sing. suj. de *accommode*.
les	pron. pers. 3e pers. du masc. plur. compl. dir. de *accommode*.
accommode	verbe.
à	prép.
nos	adj. poss. masc. plur. dét. *besoins*.
besoins.	n. com. masc. plur. compl. indir. de *accommode*.
La	art. simp. au fém. sing. ann. que *tempérance* est dét.
tempérance	n. com. fém. sing. suj. de *contribue*.
contribue	verbe.
à	prép.
la	art. simp. au fém. sing. ann. que *santé* est dét.
bonne	adj. qual. fém. sing. qual. *santé*.
santé.	n. com. fém. sing. compl. indir. de *contribue*.

67e EXERCICE. — Les élèves, après avoir copié les phrases suivantes, ont dû souligner les compléments indirects des noms, des pronoms et des adjectifs, puis analyser ces mêmes phrases.

Les mots qui sont compléments indirects d'un nom, d'un pronom ou d'un adjectif sont écrits en *italique*.

Nous aimons les fruits de l'*été* et ceux de l'*automne*. — Nous admirons les fleurs de nos *parterres* et nous aimons aussi celles de nos *prairies*. — La mer couvre une grande partie de la *surface* de notre *globe*. — La contemplation de la *nature* nous procure des plaisirs enchanteurs. — Nous devons aux rivières la fertilité de nos *campagnes*. — Les éclats de la *foudre* rappellent à l'homme la grandeur de *Dieu*. — Chacun de *nous* espère un avenir meilleur. — La conduite de cette jeune *fille* nous paraît digne d'*éloges*. — Nous acquerrons par le travail des connaissances utiles à *chacune* de *nous*. — On fuit les personnes bouffies d'*orgueil*. — Nous aimons les devoirs faciles à *remplir*.

Cette analyse doit être donnée par parties.

Nous	pron. pers. 1re pers. du masc. plur. sujet de *aimons*.
aimons	verbe.
les	art. simp. au masc. plur. ann. que *fruits* est dét.
fruits	nom com. masc. plur. 1er comp. dir. de *aimons*.
de	prép.
l'	art. simp. au masc. sing. ann. que *été* est dét.
été	nom com. masc. sing. comp. ind. de *fruits*.
et	conj.
ceux	pron. dém. 3e pers. du m. pl. 2e compl. dir. de *aimons*.
de	prép.
l'	art. simp. au masc. sing ann. que *automne* est dét.
automne.	nom com. masc. sing. compl. ind. de *ceux*.
Nous	pron. pers. 1re pers. du masc. plur. sujet de *admirons*.
admirons	verbe.
les	art. simp. au fém. plur. ann. que *fleurs* est dét.
fleurs	nom com. fém. plur. compl. dir. de *admirons*.
de	prép.
nos	adj. poss. masc. plur. déterminant *parterres*.
parterres	nom com. masc. plur. compl. ind. de *fleurs*.
et	conj.
nous	pron. pers. 1re pers. du masc. plur. sujet de *aimons*.
aimons	verbe.
aussi	adv. mod. *aimons*.
celles	pron. dém. 3e pers. du f. pl. compl. dir. de *aimons*.
de	prép.
nos	adj. poss. fém. plur. déterm. *prairies*.
prairies.	nom com. fém. plur. compl. ind. de *celles*.
La	art. simp. au fém. sing. ann. que *mer* est dét.
mer	nom com. fém. sing. sujet de *couvre*.
couvre	verbe.
une	adj. indéf. fém. sing. déterm. *partie*.
grande	adj. qual. fém. sing. qual. *partie*.
partie	nom com. fém. sing. compl. dir. de *couvre*.
de	prép.
la	art. simp. au fém. sing. ann. que *surface* est dét.

surface	nom com. fém. sing. compl. ind. de *partie.*
de	prép.
notre	adj. poss. masc. sing. déterm. *globe.*
globe.	nom com. masc. sing. compl. ind. de *surface.*
La	art. s. au fém. sing. ann. que *contemplation* est dét.
contemplation	nom com. fém. sing. sujet de *procure.*
de	prép.
la	art. simp. au fém. sing. ann. que *nature* est dét.
nature	nom com. fém. sing. compl. ind. de *contemplation.*
nous	pron. pers. 1re pers. du m. p. compl. ind. de *procure.*
procure	verbe.
des	art. comp. mis. pour *de les.*
de	prép.
les	art. simp. au masc. plur. ann. que *plaisirs* est dét.
plaisirs	nom com. masc. plur. compl. dir. de *procure.*
enchanteurs.	adj. qual. masc. plur. qualif. *plaisirs.*
Nous	pron. pers. 1re pers. du masc. plur. sujet de *devons.*
devons	verbe.
aux	art. comp. mis pour *à les.*
à	prép.
les	art. simp. au fém. plur. ann. que *rivières* est dét.
rivières	nom com. fém plur. compl. ind. de *devons.*
la	art. simp. au fém. sing. ann. que *fertilité* est dét.
fertilité	nom com. fém. sing. compl. dir. de *devons.*
de	prép.
nos	adj. poss. fém. plur. déterm. *campagnes.*
campagnes.	nom com. fém. plur. compl. ind. de *fertilité.*
Les	art. simp. au masc. plur. ann. que *éclats* est dét.
éclats	nom com. masc. plur. sujet de *rappellent.*
de	prép.
la	art. simp. au fém. sing. ann. que *foudre* est dét.
foudre	nom com. fém. sing. compl. ind. de *éclats.*
rappellent	verbe.
à	prép.
l'	art. simp. au masc. sing. ann. que *homme* est dét.
homme	nom com. masc. sing. compl. ind. de *rappellent.*
la	art. simp. au fém. sing. ann. que *grandeur* est dét.
grandeur	nom com. fém. sing. compl. dir. de *rappellent.*
de	prép.
Dieu.	nom propre masc. sing. compl. ind. de *grandeur.*
Chacun	pron. ind. 3e pers. du masc. sing. sujet de *espère.*
de	prép.
nous	pron. pers. 1re pers. du m. p. compl. ind. de *chacun.*
espère	verbe.
un	adj. ind. masc. sing. déterm. *avenir.*
avenir	nom com. masc. sing. compl. dir. de *espère.*
meilleur.	adj. qual. masc sing. qual. *avenir.*
La	art. simp. au fém. sing. ann. que *conduite* est dét.
conduite	nom com. fém. sing. sujet de *paraît.*
de	prép.
cette	adj. dém. fém. sing. déterm. *fille.*
jeune	adj. qual. fém. sing. qual. *fille.*
fille	nom com. fém. sing. compl. ind. de *conduite.*

nous	pron. pers. 1re pers. du m. pl. compl. ind. de *paraît*.
paraît	verbe.
digne	adj. qual. fém. sing. qual. *conduite*.
d'	prép.
éloges.	nom com. masc. plur. compl. ind. de *digne*.
Nous	pron. pers. 1re pers. du f. pl. sujet de *acquerrons*.
acquerrons	verbe.
par	prép.
le	art. simp. au masc. sing. ann. que *travail* est dét.
travail	nom com. masc. sing. compl. ind. de *acquerrons*.
des	art. comp. mis pour *de les*.
de	prép.
les	art. simp. au f. pl. ann. que *connaissances* est dét.
connaissances	nom com. fém. plur. compl. dir. de *acquerrons*.
utiles	adj. qual. fém. plur. qual. *connaissances*.
à	prép.
chacune	pron. ind. 3e pers. du f. sing. compl. ind. de *utiles*.
de	prép.
nous.	pron. pers. 3e pers. du f. pl. compl. ind. de *chacune*.
On	pron. ind. 3e pers. du masc. sing. sujet de *fuit*.
fuit	verbe.
les	art. simp. au fém. plur. ann. que *personnes* est dét.
personnes	nom com. fém. plur. compl. dir. de *fuit*.
bouffies	adj. qual. fém. plur. qual. *personnes*.
d'	prép.
orgueil.	nom com. masc. sing. compl. ind. de *bouffies*.
Nous	pron. pers. 1re pers. du masc. pl. sujet de *aimons*.
aimons	verbe.
les	art. simp. au masc. plur. ann. que *devoirs* est dét.
devoirs	nom com. masc. plur. compl. dir. de *aimons*.
faciles	adj. qual. masc. plur. qual. *devoirs*.
à	prép.
remplir.	verbe compl. ind. de *faciles*.

68e Exercice. — *Gram.* N° 57. — Les élèves ont dû copier et analyser les phrases suivantes en remarquant que tous les verbes sont actifs.

On aimerait Dieu si on le connaissait. — Le travail et la persévérance surmontent tous les obstacles. — Les volcans vomissent des torrents de matières fondues et des bruits souterrains précèdent ces terribles éruptions. — Le froid convertit l'eau en glace. — La Méditerranée baigne les côtes méridionales de la France. — Des tentes mobiles abritent les Lapons contre le froid. — Le sommeil répare les forces de l'homme. — La pluie rafraîchit les végétaux et les ranime. — Les feux du soleil dorent nos moissons. — Des sapins et des cèdres couronnent les montagnes de l'Arabie. — La puissance de Dieu crée tout, son

intelligence règle tout, sa justice punit les crimes, sa miséricorde infinie les pardonne, sa bonté récompense la vertu.

On	pron. ind. 3e pers. du masc. sing. suj. de *aimerait*.
aimerait	verbe actif.
Dieu	n. prop. masc. sing. compl. dir. de *aimerait*.
si	conj.
on	pron. ind. 3e pers. du masc. sing. suj. de *connaissait*.
le	pr. pers. 3e pers. du m. s. compl. dir. de *connaissait*.
connaissait.	verbe actif.
Le	art. simp. au masc. sing. ann. que *travail* est dét.
travail	n. com. masc. sing. 1er sujet de *surmontent*.
et	conj.
la	art. simp. au fém. sing. ann. que *persévérance* est dét.
persévérance	n. com. fém. sing. 2e suj. de *surmontent*.
surmontent	verbe actif.
tous	adj. indéf. masc. plur. dét. *obstacles*.
les	art. simp. au masc. plur. ann. que *obstacles* est dét.
obstacles.	n. com. masc. plur. compl. dir. de *surmontent*.
Les	art. simp. au masc. plur. ann. que *volcans* est dét.
volcans	n. com. masc. plur. suj. de *vomissent*.
vomissent	verbe actif.
des	art. comp. mis pour *de les*.
de	prép.
les	art. simp. au masc. plur. ann. que *torrents* est dét.
torrents	n. com. masc. plur. compl. dir. de *vomissent*.
de	prép.
matières	n. com. fém. plur. compl. indir. de *torrents*.
fondues	adj. qual. fém. plur. qual. *matières*.
et	conj.
des	art. comp. mis pour *de les*.
de	prép.
les	art. simp. au masc. plur. ann. que *bruits* est dét.
bruits	n. com. masc. plur. suj. de *précèdent*.
souterrains	adj. qual. masc. plur. qual. *bruits*.
précèdent	verbe actif.
ces	adj. dém. fém. plur. dét. *éruptions*.
terribles	adj. qual. fém. plur. qual. *éruptions*.
éruptions.	n. com. fém. plur. comp. dir. de *précèdent*.
Le	art. simp. au masc. sing. ann. que *froid* est dét.
froid	n. com. masc. sing. suj. de *convertit*.
convertit	verbe actif.
l'	art. simp. au fém. sing. ann. que *eau* est dét.
eau	n. com. fém. sing. compl. dir. de *convertit*.
en	prép.
glace.	n. com. fém. sing. compl. indir. (1) de *convertit*.

---

(1) Plusieurs grammairiens donneraient à ce complément le nom de *circonstanciel*, et désormais nous nous conformerons à leur opinion et nous
nommerons simplement circonstanciels et non pas indirects tous les compléments qui n'ajoutent au verbe qu'une idée accessoire de manière, de
temps, de lieu, de cause, de but, etc. Nous ne parlons pas de compléments circonstanciels dans le livre de l'élève, afin de laisser à la maîtresse toute liberté de conserver partout le terme *indirect* si elle le préfère.

La	art. simp. au f. sing. ann. que *Méditerranée* est dét.
Méditerranée	n. prop. fém. sing. suj. de *baigne*.
baigne	verbe actif.
les	art. simp. au fém. plur. ann. que *côtes* est dét.
côtes	n. com. fém. plur. compl. dir. de *baigne*.
méridionales	adj. qual. fém. plur. qual. *côtes*.
de	prép.
la	art. simp. au fém. sing. ann. que *France* est dét.
France.	n. prop. fém. sing. compl. indir. de *côtes*.
Des	art. comp. mis pour *de les*.
de	prép.
les	art. simp. au fém. plur. ann. que *tentes* est dét.
tentes	n. com. fém. plur. suj. de *abritent*.
mobiles	adj. qual. fém. plur. qual. *tentes*.
abritent	verbe actif.
les	art. simp. au masc. plur. ann. que *Lapons* est dét.
Lapons	n. prop. masc. plur. compl. dir. de *abritent*.
contre	prép.
le	art. simp. au masc. sing. ann. que *froid* est dét.
froid.	n. com. masc. sing. compl. circonst. de *abritent*.
Le	art. simp. au masc. sing. ann. que *sommeil* est dét.
sommeil	n. com. masc. sing. suj. de *répare*.
répare	verbe actif.
les	art. simp. au fém. plur. ann. que *forces* est dét.
forces	n. com. fém. plur. compl. dir. de *répare*.
de	prép.
l'	art. simp. au masc. sing. ann. que *homme* est dét.
homme.	n. com. masc. sing. compl. indir. de *forces*.
La	art. simp. au fém. sing. ann. que *pluie* est dét.
pluie	n. com. fém. sing. suj. de *rafraîchit*.
rafraîchit	verbe actif.
les	art. simp. au masc. plur. ann. que *végétaux* est dét.
végétaux	n. com. masc. plur. compl. dir. de *rafraîchit*.
et	conj.
elle	pron. pers. 3e pers. du fém. sing. suj. de *ranime*.
les	pron. pers. 3e pers. du m. pl. compl. dir. de *ranime*.
ranime.	verbe actif.
Les	art. simp. au masc. plur. ann. que *feux* est dét.
feux	n. com. masc. plur. suj. de *dorent*.
du	art. comp. mis pour *de le*.
de	prép.
le	art. simp. au masc. sing. ann. que *soleil* est dét.
soleil	n. com. masc. sing. compl. indir. de *feux*.
dorent	verbe actif.
nos	adj. poss. fém. plur. dét. *moissons*.
moissons.	n. com. fém. pl. compl. dir. de *dorent*.
Des	art. comp. mis pour *de les*.
de	prép.
les	art. simp. au masc. plur. ann. que *sapins* est dét.
sapins	n. com. masc. plur. 1er suj. de *couronnent*.
et	conj.
des	art. comp. mis pour *de les*.
de	prép.

les	art. simp. au masc. plur. ann. que *cèdres* est dét.
cèdres	n. com. masc. plur. 2e suj. de *couronnent*.
couronnent	verbe actif.
les	art. simp. au fém. pl. ann. que *montagnes* est dét.
montagnes	n. com. fém. plur. compl. dir. de *couronnent*.
de	prép.
l'	art. simp. au fém. sing. ann. que *Arabie* est dét.
Arabie.	n. prop. fém. sing. compl. indir. de *montagnes*.
La	art. simp. au fém. sing. ann. que *puissance* est dét.
puissance	n. com. fém. sing. suj. de *crée*.
de	prép.
Dieu	n. prop. au masc. sing. compl. indir. de *puissance*.
crée	verbe actif.
tout,	pron. ind. 3e pers. du masc. sing. compl. dir. de *crée*.
son	adj. poss. fém. sing. dét. *intelligence*.
intelligence	n. com. fém. sing. suj. de *règle*.
règle	verbe actif.
tout,	pron. ind. 3e pers. du masc. sing. compl. dir. de *règle*.
sa	adj. poss. fém. sing. dét. *justice*.
justice	n. com. fém. sing. suj. de *punit*.
punit	verbe actif.
les	art. simp. au masc. plur. ann. que *crimes* est dét.
crimes,	n. com. masc. plur. compl. dir. de *punit*.
sa	adj. poss. fém. sing. dét. *miséricorde*.
miséricorde	n. com. fém. sing. suj. de *pardonne*.
infinie	adj. qual. fém. sing. qual. *miséricorde*.
les	pron. pers. 3e pers. du masc. plur. compl. dir. de *pardonne*.
pardonne,	verbe actif.
sa	adj. poss. fém. sing. dét. *bonté*.
bonté	n. com. fém. sing. suj. de *récompense*.
récompense	verbe actif.
la	art. simp. au fém. sing. ann. que *vertu* est dét.
vertu.	n. com. fém. sing. compl. dir. de *récompense*.

QUESTIONS. — *Pourquoi* aimerait *est-il verbe actif?* — Parce que l'action de *aimer*, exprimée par le verbe, est faite par le sujet *on* et que de plus, on peut ajouter après ce verbe quelqu'un ou quelque chose.

Mêmes questions pour tous les autres verbes.

Après la correction de l'analyse, dictée de l'exercice copié.

Cet exercice et les cinq suivants, ayant été préparés pour servir en même temps d'exercice d'orthographe, devront être dictés après la copie.

69e EXERCICE. — *Gram.* N° 58. — Les élèves ont dû

copier et analyser les phrases suivantes, en remarquant que tous les verbes sont passifs.

Dieu serait aimé s'il était connu. — Tous les obstacles sont surmontés par le travail et la persévérance. — Des torrents de matières fondues sont vomis par les volcans et ces terribles éruptions sont précédées par des bruits souterrains. — L'eau est convertie en glace par le froid. — Les côtes méridionales de la France sont baignées par la Méditerranée. — Les Lapons sont abrités contre le froid par des tentes mobiles. — Les forces de l'homme sont réparées par le sommeil. — Par la pluie les végétaux sont rafraîchis, ils sont ranimés. — Nos moissons sont dorées par les feux du soleil. — Les montagnes de l'Arabie sont couronnées de sapins et de cèdres. — Tout a été créé par la puissance de Dieu, tout est réglé par son intelligence, les crimes sont punis par sa justice ou ils sont pardonnés par sa miséricorde, la vertu est récompensée par sa bonté.

Dieu	nom prop. masc. sing. sujet de *serait aimé*.
serait aimé	verbe passif.
s'	conj.
il	pron. pers. 3e pers. du m. s. sujet de *était connu*.
était connu.	verbe passif.
Tous	adj. ind. masc. plur. déter. *obstacles*.
les	art. simp. au masc. plur. ann. que *obstacles* est dét.
obstacles	nom com. masc. plur. sujet de *sont surmontés*.
sont surmontés	verbe passif.
par	prép.
le	art. simp. au masc. sing. ann. que *travail* est dét.
travail	nom com. m. s. 1er compl. ind. de *sont surmontés*.
et	conj.
la	art. simp. au f. sing. ann. que *persévérance* est dét.
persévérance.	nom com. f. sing. 2e compl. ind. de *sont surmontés*.
Des	art. comp. mis pour *de les*.
de	prép.
les	art. simp. au masc. plur. ann. que *torrents* est dét.
torrents	nom com. masc. plur. sujet de *sont vomis*.
de	prép.
matières	n. com. fém. plur. compl. ind. de *torrents*.
fondues	part. adj. fém. plur. qual. *matières*.
sont vomis	verbe passif.
par	prép.
les	art. simp. au masc. plur. ann. que *volcans* est dét.
volcans	n. com. masc. plur. compl. ind. de *sont vomis*.
et	conj.

ces	adj. dém. au fém. plur. dét. *éruptions*.
terribles	adj. qual. fém. plur. qual. *éruptions*.
éruptions	n. com fém. plur. sujet de *sont précédées*.
sont précédées	verbe passif.
par	prép.
des	art. comp. mis pour *de les*.
de	prép.
les	art. simp. au masc. plur. ann. que *bruits* est dét.
bruits	n. com. masc. plur. compl. ind. de *sont précédées*.
souterrains.	adj. qual. masc. plur. qual. *bruits*.
L'	art. simp. au fém. sing. ann. que *eau* est dét.
eau	n. com. fém. sing. sujet de *est convertie*.
est convertie	verbe passif.
en	prép.
glace	n. com. fém. sing. compl. circonst. de *est convertie*.
par	prép.
le	art. simp. au masc. sing. ann. que *froid* est dét.
froid.	n. com. masc. sing. compl. ind. de *est convertie*.
Les	art. simp. au fém. plur. ann. que *côtes* est dét.
côtes	n. com. fém. plur. sujet de *sont baignées*.
méridionales	adj. qual. fém. plur. qual. *côtes*.
de	prép.
la	art. simp. au fém. sing. ann. que *France* est dét.
France	n. prop. fém. sing. compl. ind. de *côtes*.
sont baignées	verbe passif.
par	prép.
la	art. simp. au fém. s. ann. que *Méditerranée* est dét.
Méditerranée.	n. prop. fém. sing. comp. ind. de *sont baignées*.
Les	art. simp. au masc. plur. ann. que *Lapons* est dét.
Lapons	n. prop. au masc. plur. sujet de *sont abrités*.
sont abrités	verbe passif.
contre	prép.
le	art. simp. au masc. sing. ann. que *froid* est dét.
froid	n. com. masc. sing. compl. circonst. de *sont abrités*.
par	prép.
des	art. comp. mis pour *de les*.
de	prép.
les	art. simp. au fém. plur. ann. que *tentes* est dét.
tentes	n. com. fém. plur. compl. ind. de *sont abrités*.
mobiles.	adj. qual. fém. plur. qual. *tentes*.
Les	art. simp. au fém. plur. ann. que *forces* est dét.
forces	n. com. fém. plur. sujet de *sont réparées*.
de	prép.
l'	art. simp. au masc. sing. ann. que *homme* est dét.
homme	n. com. masc. sing. compl. ind. de *forces*.
sont réparées	verbe passif.
par	prép.
le	art. simp. au masc. sing. ann. que *sommeil* est dét.
sommeil.	n. com. masc. sing. compl. ind. de *sont réparées*.
Par	prép.
la	art. simp. au fém. sing. ann. que *pluie* est dét.
pluie	n. com. fém. sing. compl. ind. de *sont rafraîchis*.
les	art. simp. au masc. plur. ann. que *végétaux* est dét.

végétaux	n. com. masc. plur. sujet de *sont rafraîchis.*
sont rafraîchis,	verbe passif.
ils	pron. pers. 3e pers. du m. pl. suj. de *sont ranimés.*
sont ranimés.	verbe passif.
Nos	adj. poss. fém. plur. déter. *moissons.*
moissons	n. com. fém. plur. sujet de *sont dorées.*
sont dorées	verbe passif.
par	prép.
les	art. simp. au masc. plur. ann. que *feux* est dét.
feux	n. com. masc. plur. compl. ind. de *sont dorées.*
du	art. comp. mis pour *de le.*
de	prép.
le	art. simp. au masc. sing. ann. que *soleil* est dét.
soleil.	n. com. masc. sing. comp. ind. de *feux.*
Les	art. simpl. au fém. plur. ann. que *montagnes* est dét.
montagnes	n. com. fém. plur. suj. de *sont couronnées.*
de	prép.
l'	art. simp. au fém. sing. ann. que *Arabie* est dét.
Arabie	n. prop. fém. sing. comp. ind. de *montagnes.*
sont couronnées	verbe passif.
de	prép.
sapins	n. com. masc. p.1er compl. ind. de *sont couronnées.*
et	conj.
de	prép.
cèdres.	n. com. masc. p. 2e compl. ind. de *sont couronnées.*
Tout	pron. ind. 3e pers. du masc. sing. suj. de *a été créé.*
a été créé	verbe passif.
par	prép.
la	art. simp. au fém. sing. ann. que *puissance* est dét.
puissance	n. com. fém. sing. compl. ind. de *a été créé.*
de	prép.
Dieu,	n. prop. masc. sing. compl. ind. de *puissance.*
tout	pron. ind. 3e pers. du masc. sing. suj. de *est réglé.*
est réglé	verbe passif.
par	prép.
son	adj. poss. fém. sing. dét. *intelligence.*
intelligence,	n. com. fém. sing. compl. ind. de *est réglé.*
les	art. simp. au masc. plur. ann. que *crimes* est dét.
crimes	n. com. masc. plur. suj. de *sont punis.*
sont punis	verbe passif.
par	prép.
sa	adj. poss. fém. sing. dét. *justice.*
justice	n. com. fém. sing. compl. ind. de *sont punis.*
ou	conj.
ils	pron. pers. 3e pers. du m. p. suj. de *sont pardonnés.*
sont pardonnés	verbe passif.
par	prép.
sa	adj. poss. fém. sing. dét. *miséricorde.*
miséricorde,	n. com. fém. sing. compl. ind. de *sont pardonnés.*
la	art. simp. au fém. sing. ann. que *vertu* est dét.
vertu	n. com. fém. sing. sujet de *est récompensée.*
est récompensée	verbe passif.
par	prép.

| sa | adj. poss. fém. sing. dét. *bonté.* |
| bonté. | n. com. fém. sing. compl. ind. de *est récompensée.* |

QUESTION. — *Pourquoi* serait aimé *est-il verbe passif?* — Parce que l'action de *aimer*, exprimée par ce verbe, est reçue par son sujet *Dieu.*

Même question pour tous les autres verbes.

70e EXERCICE. — *Gram.* N° 59. — Les élèves ont dû copier et analyser les phrases suivantes, en remarquant que tous les verbes sont neutres.

L'eau dormante gèle aisément. — Quel ordre parfait règne dans tous les ouvrages du Créateur. — Le cèdre croît dans les lieux secs et élevés. — La nature entière travaille pour l'homme. — L'or et l'azur brillent sur les plumes du paon. — Certains animaux dorment pendant tout l'hiver. — Un arbre qui croît promptement périt rapidement. — Nos blés ne mûriraient pas sans les grandes chaleurs de l'été. — La race entière des poissons subsiste sans le secours de l'homme. — L'herbe et les fleurs sortent de la terre sans que l'homme y contribue. — Les travaux des fourmis nuisent à plusieurs plantes. — Les lièvres dorment beaucoup, ils marchent sans aucun bruit et ils courent très-rapidement.

L'	art. simp. au fém. sing. ann. que *eau* est dét.
eau	n. com. fém. sing. suj. de *gèle.*
dormante	adj. qual. fém. sing. qual. *eau.*
gèle	verbe neutre.
aisément.	adv. mod. *gèle.*
Quel	adj. ind. masc. sing. dét. *ordre.*
ordre	n. com. masc. sing. suj. de *règne.*
parfait	adj. qual. masc. sing. qual. *ordre.*
règne	verbe neutre.
dans	prép.
tous	adj. ind. masc. plur. dét. *ouvrages.*
les	art. simp. au masc. plur. ann. que *ouvrages* est dét.
ouvrages	n. com. masc. plur. compl. circonst. de *règne.*
du	art. comp. mis pour *de le.*
de	prép.
le	art. simp. au masc. sing. ann. que *Créateur* est dét.
Créateur.	n. prop. masc. sing. compl. ind. de *ouvrages.*
Le	art. simp. au masc. sing. ann. que *cèdre* est dét.

cèdre	n. com. masc. sing. suj. de *croît*.
croît	verbe neutre.
dans	prép.
les	art. simp. au masc. plur. ann. que *lieux* est dét.
lieux	n. com. masc. plur. compl. circonst. de *croît*.
secs	adj. qual. masc. plur. qual. *lieux*.
et	conj.
élevés.	part. adj. masc. plur. qual. *lieux*.
La	art. simp. au fém. sing. ann. que *nature* est dét.
nature	n. com. fém. sing. suj. de *travaille*.
entière	adj. qual. fém. sing. qual. *nature*.
travaille	verbe neutre.
pour	prép.
l'	art. simp. au masc. sing. ann. que *homme* est dét.
homme.	n. com. masc. sing. compl. circonst. de *travaille*.
L'	art. simp. au masc. sing. ann. que *or* est dét.
or	n. com. masc. sing. 1er suj. de *brillent*.
et	conj.
l'	art. simp. au masc. sing. ann. que *azur* est dét.
azur	n. com. masc. sing. 2e suj. de *brillent*.
brillent	verbe neutre.
sur	prép.
les	art. simp. fém. plur. ann. que *plumes* est dét.
plumes	n. com. fém. plur. compl. circonst. de *brillent*.
du	art. comp. mis pour *de le*.
de	prép.
le	art. simp. au masc. sing. ann. que *paon* est dét.
paon.	n. com. masc. sing. compl. ind. de *plumes*.
Certains	adj. ind. masc. plur. dét. *animaux*.
animaux	n. com. masc. plur. suj. de *dorment*.
dorment	verbe neutre.
pendant	prép.
tout	adj. ind. masc. sing. dét. *hiver*.
l'	art. simp. au masc. sing. ann. que *hiver* est dét.
hiver.	n. com. masc. sing. compl. circonst. de *dorment*.
Un	adj. ind. masc. sing. dét. *arbre*.
arbre	n. com. masc. sing. suj. de *périt*.
qui	pron. rel. à *arbre* 3e pers. du m. sing. suj. de *croît*.
croît	verbe neutre.
promptement	adv. mod. *croît*.
périt	verbe neutre.
rapidement.	adv. mod. *périt*.
Nos	adj. poss. masc. plur. dét. *blés*.
blés	n. com. masc. plur. suj. de *mûriraient*.
ne pas	loc. adv. mod. *mûriraient*.
mûriraient	verbe neutre.
sans	prép.
les	art. simp. au fém. plur. ann. que *chaleurs* est dét.
grandes	adj. qual. fém. plur. qual. *chaleurs*.
chaleurs	n. com. fém. plur. compl. circonst. de *mûriraient*.
de	prép.
l'	art. simp. au masc. sing. ann. que *été* est dét.
été.	n. com. masc. sing. compl. ind. de *chaleurs*.

La	art. simp. au fém. sing. ann. que *race* est dét.
race	n. com. fém. sing. suj. de *subsiste*.
entière	adj. qual. fém. sing. qual. *race*.
des	art. comp. mis pour *de les*.
de	prép.
les	art. simp. au masc. plur. ann. que *poissons* est dét.
poissons	n. com. masc. plur. compl. ind. de *race*.
subsiste	verbe neutre.
sans	prép.
le	art. simp. au masc. sing. ann. que *secours* est dét.
secours	n. com. masc. sing. compl. circonst. de *subsiste*.
de	prép.
l'	art. simp. au masc. sing. ann. que *homme* est dét.
homme.	n. com. masc. sing. compl. circonst. de *secours*.
L'	art. simp. au fém. sing. ann. que *herbe* est dét.
herbe	n. com. fém. sing. 1ᵉʳ suj. de *sortent*.
et	conj.
les	art. simp. au fém. plur. ann. que *fleurs* est dét.
fleurs	n. com. fém. plur. 2ᵉ suj. de *sortent*.
sortent	verbe neutre.
de	prép.
la	art. simp. au fém. sing. ann. que *terre* est dét.
terre	n. com. fém. sing. compl. ind. de *sortent*.
sans	prép.
que	conj.
l'	art. simp. au masc. sing. ann. que *homme* est dét.
homme	n. com. masc. sing. suj. de *contribue*.
y	pron. relat. (mis pour *à cela*) 3ᵉ pers. du masc. sing. compl. ind. de *contribue*.
contribue.	verbe neutre.
Les	art. simp. au masc. plur. ann. que *travaux* est dét.
travaux	n. com. masc. plur. suj. de *nuisent*.
des	art. comp. mis pour *de les*.
de	prép.
les	art. simp. au fém. plur. ann. que *fourmis* est dét.
fourmis	n. com. fém. plur. comp. ind. de *travaux*.
nuisent	verbe neutre.
à	prép.
plusieurs	adj. ind. fém. plur. dét. *plantes*.
plantes.	n. com. fém. plur. compl. ind. de *nuisent*.
Les	art. simp. au masc. plur. ann. que *lièvres* est dét.
lièvres	n. com. masc. plur. suj. de *dorment*.
dorment	verbe neutre.
beaucoup,	adv. mod. *dorment*.
ils	pron. pers. 3ᵉ pers. du masc. plur. suj. de *marchent*.
marchent	verbe neutre.
sans	prép.
aucun	adj. ind. masc. sing. dét. *bruit*.
bruit	n. com. masc. sing. compl. circonst. de *marchent*.
et	conj.
ils	pron. pers. 3ᵉ pers. du masc. plur. suj. de *courent*.
courent	verbe neutre.

très	adv. mod. *rapidement.*
rapidement.	adv. mod. *courent.*

QUESTION. — *Pourquoi* gèle *est-il verbe neutre?* — Parce que l'action exprimée par le verbe est faite par le sujet *eau* et qu'on ne peut placer après ce verbe *quelqu'un* ou *quelque chose.*

Même question pour tous les autres verbes.

71ᵉ EXERCICE. — *Gram*. Nᵒ 60. — Les élèves ont dû copier les phrases suivantes, puis distinguer les verbes essentiellement pronominaux des verbes accidentellement pronominaux.

Le rossignol se plaît dans les bocages. — Si vous vous souvenez de la loi du Seigneur, vous ne vous emparerez pas des biens de votre prochain et vous vous abstiendrez de tout mal.— Les Arabes se vêtent et se meublent avec le poil de leurs chameaux. — Lorsque le soleil se lève, la terre se montre sous un nouvel aspect et toutes les créatures se réjouissent.— La sagesse divine se manifeste dans toute la nature. — Souvent nous nous estimerions moins si nous nous connaissions mieux. — Vous ne vous ennuieriez pas, si vous vous occupiez utilement.—Si on se repentait sincèrement de ses fautes, on s'efforcerait de se corriger.

Verbes essentiellement pronominaux (1).	*Verbes accidentellement pronominaux.*
vous souvenez	se plaît
vous emparerez	se vêtent
vous abstiendrez	se meublent
se repentait	se lève
s'efforcerait	se montre
	se réjouissent
	se manifeste

(1) L'analyse des verbes pronominaux et celle des verbes impersonnels présentant beaucoup de difficultés, cet exercice et le suivant ne doivent pas être analysés maintenant.

Verbes accidentellement pronom.
nous estimerions
nous connaissions
vous ennuieriez
vous occupiez
se corriger

QUESTIONS. — *Pourquoi* se plaît *est-il accidentellement pronominal ?* — Parce que ce verbe peut se conjuguer autrement qu'avec un nom et un pronom de la même personne.

Pourquoi vous souvenez *est-il essentiellement pronominal ?* — Parce qué ce verbe ne peut se conjuguer autrement que pronominalement.

Mêmes questions pour tous les autres verbes.

72e EXERCICE. — *Gram.* N° 61. — Les élèves, après avoir copié les phrases suivantes, ont dû distinguer les verbes essentiellement impersonnels des verbes accidentellement impersonnels.

Il existe pour nous des biens après la mort. — Pendant l'hiver, il pleut souvent, il neige, il gèle, il vente, il glace. — Il est des eaux minérales froides et il en est de chaudes appelées eaux thermales. — Il n'y a aucune plante inutile. — Il ne faut aux hirondelles ni paille ni foin pour construire leurs nids. — De mille personnes, il en meurt environ vingt-huit chaque année; cependant le genre humain se multiplie continuellement, et s'il meurt dix personnes, il en naît ordinairement douze ou treize. — Il est tombé quelquefois des pluies de cendres.

Verb. essentiellement imperson.	*Verb. accidentellement imperson.*
Il pleut	Il existe
il neige	Il est
il gèle	il est
il vente	Il y a
il glace	il meurt

Il faut	il meurt
	il naît
	Il est tombé

QUESTIONS. — *Pourquoi* il existe *est-il accidentellement impersonnel ?* — Parce que le verbe exister peut se conjuguer autrement qu'à la troisième personne du singulier précédée du pronom *il*.

Pourquoi il pleut *est-il essentiellement impersonnel ?* — Parce que ce verbe ne peut s'employer autrement qu'à la troisième personne du singulier précédée du pronom *il*.

Mêmes questions pour tous les autres verbes.

73ᵉ EXERCICE. — Après avoir copié la lettre suivante, les élèves ont dû, comme ci-dessous, ranger les verbes en cinq colonnes.

Ma chère Tante,

Il me serait bien doux de vous offrir de vive voix mes sentiments et mes vœux au commencement de la nouvelle année ; mais puisque je suis éloignée de vous, permettez-moi de vous exprimer dans cette petite lettre toute l'affection que je ressens pour vous, et toute la reconnaissance que m'inspirent vos bontés.

Toujours, chère Tante, je me rappellerai avec bonheur le temps heureux pendant lequel je vivais près de vous, et la tendre amitié que vous vous plaisiez à me témoigner, toujours je m'efforcerai de suivre les conseils que vous dictait pour moi une sollicitude toute maternelle. Que ne puis-je contribuer à votre bonheur comme vous-même avez contribué au mien ! Il me semble que je travaillerais avec plus d'ardeur à tous mes devoirs si je jouissais encore de votre présence, et si je recevais vos doux encouragements ; mais, je le sens, il faut que je me résigne à rester encore quelque temps loin de vous, afin d'acquérir les talents et surtout les vertus que vous désirez tant trouver en moi. Soyez assurée, bien chère

Tante, que plus que jamais je suis pénétrée de gratitude au souvenir de vos bienfaits, et que je suis déterminée à répondre à votre tendresse par mon assiduité au travail, et mon application à tout ce que vous m'avez recommandé.

Recevez, chère Tante, l'assurance de l'affection sincère et du profond respect de votre soumise nièce.

Verbes actifs.	Verbes pass.	Verb. neutr.	Verb. pron.	Verb. imp.
offrir	suis éloignée	vivais	me rappellerai	Il serait
permettez	soyez assurée	contribuer	vous plaisiez	Il semble
exprimer	suis pénétrée	avez contribué	m'efforcerai	il faut
ressens	suis déterminée	travaillerais	me résigne	
inspirent		jouissais		
témoigner		rester		
suivre		répondre		
dictait				
puis				
recevais				
sens				
acquérir				
désirez				
trouver				
avez recommandé				
recevez				

En corrigeant ce devoir, la maîtresse devra faire à chaque verbe les différentes questions qui se trouvent à la fin de chacun des cinq exercices précédents.

74ᵉ ExERCICE et suivants jusqu'au 80ᵉ.

La maîtresse, pendant cet exercice et les cinq suivants, voit et corrige les tableaux de conjugaison et les temps copiés, et elle fait bien remarquer aux élèves la différence qu'il y a entre les verbes de la première conjugaison et ceux des trois dernières. (*Voir la Grammaire, pages* 32 *et suiv.*)

80ᵉ ExERCICE. — Les élèves ont dû analyser ces phrases comme ci-dessous.

Ma bonne mère m'aime bien. — J'ai écrit une longue lettre à mon père. — Nous finirons promptement tous nos devoirs. — Hier nous écrivions notre analyse quand vous entrâtes. — Je pourvoirai à vos besoins.

Ma	adj. poss. fém. sing. dét. *mère.*
bonne	adj. qual. fém. sing. qual. *mère.*
mère	n. com. fém. sing. suj. de *aime.*
m'	pron. pers. 1re pers. du m. s. comp. dir. de *aime.*
aime	verbe actif à la 3e pers. du sing. du prés. de l'ind., temps simple et primitif (1), 2e mode (2) 1re conj.
bien.	adv. mod. *aime.*
J'	pron. pers. 1re pers. du masc. sing. suj. de *ai écrit.*
ai écrit	verbe actif à la 1re pers. du sing. du passé ind., temps comp. et dérivé du part. passé 2e mode, 4e conj.
une	adj. num. card. fém. sing. dét. *lettre.*
longue	adj. qual. fém. sing. qual. *lettre.*
lettre	n. com. fém. sing. compl. dir. de *ai écrit.*
à	prép.
mon	adj. poss. masc. sing. dét. *père.*
père.	n. com. masc. sing. compl. ind. de *ai écrit.*
Nous	pron. pers. 1re pers. du masc. plur. suj. de *finirons.*
finirons	verbe actif à la 1re pers. du plur. du futur simp., temps simp. et dér. du prés. de l'inf., 2e mode, 2e conj.
promptement	adv. mod. *finirons.*
tous	adj. ind. masc. plur. dét. *devoirs.*
nos	adj. poss. masc. plur. dét. *devoirs.*
devoirs.	n. com. masc. plur. compl. dir. de *finirons.*
Hier	adv. mod. *écrivions.*
nous	pron. pers. 1re pers. du masc. plur. suj. de *écrivions.*
écrivions	verbe actif à la 1re pers. du plur. de l'imparf. de l'ind., temps simp. et dér. du part. prés. 2e mode, 4e conj.
notre	adj. poss. fém. sing. dét. *analyse.*
analyse	n. com. fém. sing. compl. dir. de *écrivions.*
quand	conj.
vous	pron. pers. 2e pers. du masc. plur. suj. de *entrâtes.*
entrâtes.	verbe neutre à la 2e pers. du plur. du passé dét. temps simp. et primitif, 2e mode, 1re conj.
Je	pron. pers. 1re pers. du m. sing. suj. de *pourvoirai.*
pourvoirai	verbe neutre à la 1re pers. du s. du fut. simp., temps simp. et dér. du prés. de l'inf., 2e mode, 3e conj.
à	prép.
vos	adj. poss. masc. plur. dét. *besoins.*
besoins.	n. com. masc. plur. compl. ind. de *pourvoirai.*

---

(1) Bien que l'indicatif présent soit nommé généralement temps primitif, les trois personnes du pluriel de ce temps dérivant réellement du participe présent, il serait plus exact en analysant une de ces personnes de mettre : *personne dérivée.*

(2) D'après notre méthode de conjugaison, l'infinitif est le premier mode, l'indicatif le second, le conditionnel le troisième, etc.

Les temps primitifs des verbes à conjuguer, sont :

Chante r, *chant* ant, *ayant chanté*, *je chant* e, *je chanta* i ; *uni* r, *uniss* ant, *ayant uni*, *j'uni* s, *j'uni* s.

81e Exercice. — Les temps primitifs des verbes à conjuguer, sont :

Occupe r, *occup* ant, *oyant occupé*, *j'occup* e, *j'occupa* i ; *obéi* r, *obéiss* ant, *ayant obéi* ; *j'obéi* s, *j'obéi* s ; *rempli* r, *rempliss* ant, *ayant rempli*, *je rempli* s, *je rempli* s.

Les élèves ont dû faire cette analyse comme ci-dessous.

Les saints ont uni leurs travaux à ceux de leur Sauveur. — Toujours nous obéissons joyeusement à nos bons parents. — Quand nous aurons lu les vies des saints, nous suivrons courageusement leurs traces.

Les	art. simp. au masc. plur. ann. que *saints* est dét.
saints	n. com. masc. plur. suj. de *ont uni*.
ont uni	verbe actif à la 3e pers. du plur. du passé ind. temps comp. et dér. du part. passé 2e mod. 2e conj.
leurs	adj. poss. masc. plur. dét. *travaux*.
travaux	n. com. masc. plur. compl. dir. de *ont uni*.
à	prép.
ceux	pron. dém. 3e pers. du m. pl. compl. ind. de *ont uni*.
de	prép.
leur	adj. poss. masc. sing. dét. *Sauveur*.
Sauveur.	n. prop. masc. sing. comp. ind. de *ceux*.
Toujours	adv. mod. *obéissons*.
nous	pron. pers. 1re pers. du m. plur. suj. de *obéissons*.
obéissons	verbe neut. à la 1re pers. du plur. du prés. de l'ind. temps simp. et primit. 2e mod. 2e conj.
joyeusement	adv. mod. *obéissons*.
à	prép.
nos	adj. poss. masc. plur. dét. *parents*.
bons	adj. qual. masc. plur. qual. *parents*.
parents.	n. com. masc. plur. compl. ind. de *obéissons*.
Quand	conj.
nous	pron. pers. 1re pers. du m. plur. suj. de *aurons lu*.
aurons lu	verbe act. à la 1re pers. du plur. du futur antérieur. temps comp. et dér. du part. passé 2e mod. 4e conj.
les	art. simp. au fém. plur. ann. que *vies* est dét.
vies	n. com. fém. plur. compl. dir. de *aurons lu*.
des	art. comp. mis pour *de les*.
de	prép.
les	art. simp. au masc. plur. ann. que *saints* est dét.
saints	n. com. masc. plur. compl. ind. de *vies*.

nous	pron. pers. 1re pers. du m. plur. suj. de *suivrons*.
suivrons	verbe act. à la 1re pers. du plur. du futur simple temps simp. et dér. du prés. de l'inf. 2e mod. 4e conj.
courageusement	adv. mod. *suivrons*.
leurs	adj. poss. fém. plur. dét. *traces*.
traces.	n. com. fém. plur. compl. dir. de *suivrons*.

82e Exercice. — *Gram.* Nos 76 et 77. — Les temps primitifs des verbes à conjuguer, sont :

Donne r, *donn* ant, *ayant donné, je donn* e, *je donna* i ; *regarde* r, *regard* ant, *ayant regardé, je regard* e, *je regardai ; accompli* r, *accompliss* ant, *ayant accompli, j'accompli* s, *j'accompli* s.

Les élèves ont dû mettre au présent de l'indicatif tous les verbes de cet exercice, et faire accorder chaque verbe avec son sujet.

L'ange *loue* Dieu. — Les anges *louent* Dieu. — Julie *chante* un cantique. — Mes sœurs *chantent* des cantiques. — Julie et Louise *chantent* des cantiques. — Il *pourvoit* à nos besoins. — Notre père et notre mère *pourvoient* à nos besoins. — Ils *pourvoient* à nos besoins. — Cet enfant *remplit* ses devoirs. — Ces enfants *remplissent* leurs devoirs. — Louis et Paul *remplissent* leurs devoirs. — Louise *écrit* une lettre. — Marie et Pauline *écrivent* des lettres. — Mes compagnes *écrivent* des lettres. — J'écris cet exercice. — Tu *accomplis* tes promesses. — Nous *accomplissons* nos promesses. — Vous *accomplissez* vos promesses.

Pendant la correction de ce petit exercice, la maîtresse fait encore remarquer la terminaison des différentes personnes du présent de l'indicatif, et ensuite elle pourra faire les dictées suivantes, dont tous les verbes, faciles à écrire, ont déjà été vus en bien des copies. Ces dictées ont pour but d'accoutumer les élèves à faire accorder le verbe avec son sujet.

Les anges *annoncent* la naissance du divin Jésus, les pauvres bergers *courent* à la crèche ; la sainte Vierge et saint Joseph *gardent* le divin Enfant ; un *nouvel* astre *annonce* la naissance du Messie ; les rois Mages *suivent* cette lumière céleste ; *ils arrivent* à l'étable, *ils adorent* le Sauveur ; l'or, l'encens et la myrrhe *composent* leur offrande ; Marie et Joseph *acceptent* leurs présents ; le cruel Hérode *désire* la mort du Messie ; le ciel *arrête ses* projets *impies* et *barbares*, les Mages *retournent* en leur *pays* par un autre chemin. Jésus, Marie et Joseph *aiment* les enfants *dociles*.

QUESTION. — *Pourquoi* annoncent? — Parce que ce verbe s'accorde avec son sujet *anges* qui est de la 3ᵉ pers. du plur.

La maîtresse fait la même question à chaque verbe, et elle rappelle à l'occasion les règles données pour les noms et les adjectifs.

Autre dictée.

Il n'y a pas deux *feuilles* qui se *ressemblent* parfaitement. — Les *graines* et les *fruits renferment* le germe des *plantes futures*. — Les *branches* des *arbres* se *divisent* en plusieurs *rameaux* qui sont de plus en plus *petits*. — Les *plantes transpirent* beaucoup et la surface *extérieure* des feuilles est le *principal* organe de cette opération. — La rose est la reine des jardins, mais elle est la plus fragile, la plus passagère de *toutes* les *fleurs*. — La beauté et la vie de la rose ne *durent* qu'un instant, *ses belles couleurs s'effacent* en un jour. — *Toutes* les *terres* ne *conviennent* pas à *toutes* les *productions*. — *Certaines plantes croissent* sur d'autres *plantes*, *elles y poussent* des *racines* et *elles* en *tirent* leur nourriture.

83ᵉ EXERCICE.

L'âne porte nos fardeaux, les abeilles composent le miel qui fait notre nourriture, tous les animaux contribuent à nos besoins ou à nos plaisirs.

L'	art. simp. au masc. sing. ann. que *âne* est dét.
âne	n. com. masc. sing. suj. de *porte*.
porte	verbe act. à la 3ᵉ pers. du sing. du prés. de l'ind. temps simp. et prim. 2ᵉ mode 1ʳᵉ conj.
nos	adj. poss. masc. plur. dét. *fardeaux*.

fardeaux,	n. com. masc. plur. comp. dir. de *porte*.
les	art. simp. au fém. plur. ann. que *abeilles* est dét.
abeilles	n. com. fém. plur. suj. de *composent*.
composent	verbe act. à la 3e pers. du plur. du prés. de l'ind. temps simp. et prim. 2e mod. 1re conj.
le	art. simp. au masc. sing. ann. que *miel* est dét.
miel	n. com. masc. sing. compl. dir. de *composent*.
qui	pron. rel. à *miel* 3e pers. du masc. sing. suj. de *fait*.
fait	verbe act. à la 3e pers. du sing. du prés. de l'ind. temps simp. et prim. 2e mod. 4e conj.
notre	adj. poss. fém. sing. dét. *nourriture*.
nourriture,	n. com. fém. sing. compl. dir. de *fait*.
tous	adj. ind. masc. plur. dét. *animaux*.
les	art. simp. au masc. plur. ann. que *animaux* est dét.
animaux	n. com. masc. plur. suj de *contribuent*.
contribuent	verbe neutre à la 3e pers. du plur. du prés. de l'ind. temps simp. et prim. 2e mod. 1re conj.
à	prép.
nos	adj. poss. masc. plur. dét. *besoins*.
besoins	n. com. masc. plur. 1er compl. ind. de *contribuent*.
ou	conj.
à	prép.
nos	adj. poss. masc. plur. dét. *plaisirs*.
plaisirs.	n. com. masc. plur. 2e compl. ind. de *contribuent*.

Les temps primitifs des verbes à conjuguer, sont :

Accepte r, *accept* ant, *ayant accepté*, *j'accept* e, *j'accepta* i ; *inonde* r, *inond* ant, *ayant inondé*, *j'inond* e, *j'inonda* i ; *ravi* r, *raviss* ant, *ayant ravi*, *je ravi* s, *je ravi* s.

84e Exercice. — Même devoir qu'au 82e Exercice.

Le bon Jésus nous *aime* bien, ses divins regards *veillent* sur nous, sa bonté nous *encourage*, elle *gagne* tous nos cœurs, elle les *enflamme*. Les anges me *conduisent* à l'étable, Marie et Joseph me *présentent* à Jésus, les bons anges le *prient* pour moi, ils lui *exposent* tous mes besoins, mes sœurs m'*accompagnent* à la crèche, le divin Enfant nous *regarde* avec tendresse, ses petites mains nous *bénissent* ; la joie *inonde* nos âmes, la vue du divin Maître les *ravit* et les *embrase* d'amour ; l'étable se *change* en paradis, elle nous *offre* les joies du ciel.

En corrigeant ce devoir, la maîtresse fait encore remarquer que le verbe s'accorde toujours avec son sujet.

Pour la correction du verbe passif *être récompensé*,

voir dans la Grammaire , page 38, le verbe passif *être aimé*.

85e EXERCICE.

Le bon Jésus aime bien les enfants sages , il donne sa bénédiction à tous leurs petits travaux , il écoute favorablement
toutes leurs prières, il les exauce toujours.

Le	art. simp. au masc. sing. ann. que *Jésus* est dét.
bon	adj. qual. masc. sing. qual. *Jésus*.
Jésus	n. prop. masc. sing. suj. de *aime*.
aime	verbe act. à la 3e pers. du sing. du prés. de l'ind. temps simp. et prim. 2e mod. 1e conj.
bien	adv. mod. *aime*.
les	art. simp. au masc. plur. ann. que *enfants* est dét.
enfants	n. com. masc. plur. compl. dir. de *aime*.
sages,	adj. qual. masc. plur. qual. *enfants*.
il	pron. pers. 3e pers. du masc. sing. suj. de *donne*.
donne	verbe act. à la 3e pers. du sing. du prés. de l'ind: temps simp. et prim. 2e mod. 1re conj.
sa	adj. poss. fém. sing. dét. *bénédiction*.
bénédiction	n. com. fém. sing. compl. dir. de *donne*.
à	prép.
tous	adj. ind. masc. plur. dét. *travaux*.
leurs	adj. poss. masc. plur. dét. *travaux*.
petits	adj qual. masc. plur. qual. *travaux*.
travaux,	n. com. masc. plur. comp. ind. de *donne*.
il	pron. pers. 3e pers. du masc. sing. suj. de *écoute*.
écoute	verbe act. à la 3e pers. du sing. du prés. de l'ind. temps simp. et prim. 2e mod. 1re conj.
favorablement	adv. mod. *écoute*.
toutes	adj. ind. fém. plur. dét. *prières*.
leurs	adj. poss. fém. plur. dét. *prières*.
prières,	n. com. fém. plur. compl. dir. de *écoute*.
il	pron. pers. 3e pers. du masc. sing. suj. de *exauce*.
les	pron. pers. 3e pers. du fém. plur. compl. dir. de *exauce*.
exauce	verbe act. à la 3e pers. du sing. du prés. de l'ind. temps simp. et prim. 2e mod. 1re conj.
toujours.	adv. mod. *exauce*.

Le verbe passif *être encouragé* se conjugue sur le verbe
être aimé, Grammaire, page 38.

Après avoir corrigé l'analyse et le verbe, la maîtresse
peut faire les dictées suivantes sur l'accord du verbe avec
son sujet et sur les autres règles connues des élèves.

Les *bois*[1] *forment*[2] un des plus *beaux*[3] *table*[4]*aux*[5] que la surface de la terre *présente*[6] à nos yeux ; *ces*[7] *belles*[8] *forêts*[9] *fournissent*[10] à l'observateur attentif bien des *sujets*[9] d'une *vive*[11] reconnaissance envers le Créateur.

Le silence de *ces*[7] *belles*[8] *retraites*[9], l'épaisseur du feuillage, la beauté et la hauteur des *arbres*[9] nous *portent*[12] au recueillement et à la méditation.

Délicieuses[13] *forêts*[9], *fontaines*[9] *jaillissantes*[8], *sauvages*[14] *rochers*[9], *heureux*[15] le cœur qui *aime*[16] *tous*[17] vos *charmes*[9].

D'abord la multitude et la diversité des *arbres*[9] *attirent*[18] mes *regards*[9]; le pin *résineux*[15] n'est pas recommandable par la beauté de *ses*[19] *feuilles*[9], *elles*[20] sont *étroites*[8] et *pointues*[8], mais *elles*[20] *conservent*[21] longtemps leur verdure. Le feuillage des *autres*[22] *arbres*[9] *a*[23] des *attraits*[9] bien plus *grands*[24]; les *feuilles*[9] *larges*[8] et *dentelées*[8] de plusieurs de *ces*[7] *arbres*[9] *forment*[25] un contraste charmant avec les *feuilles*[9] plus *étroites*[8] des *autres*[26]. Dans *quelques*[27] *pays*[1] les *forêts*[9] sont *rares*[14], dans d'*autres*[26], *elles*[20] *occupent*[21] des *terrains*[9] *immenses*[14]; ainsi le divin Créateur *dispose*[28] *toutes*[29] *choses*[9] pour le bien de *ses*[19] *créatures*[9]. Dieu seul *a*[30] soin des *forêts*[9], c'est lui qui les *plante*[31] et qui les *conserve*[31], *elles*[20] *croissent*[21] sans nos *soins*[9], *elles*[20] *réparent*[21] continuellement *leurs*[32] *pertes*[9] par de *nouveaux*[3] *rejetons,*[9] *elles*[20] *suffisent*[21] toujours à nos *besoins*[9].

Il est si important de faire bien expliquer cette dictée, que nous donnons ici les réponses que les élèves devront donner à chacune des questions de la maîtresse.

Les mots auxquels la maîtresse doit s'arrêter et demander Le pourquoi ?... sont, dans la dictée, surmontés d'un N° qui renvoie à la réponse que doit faire l'élève et que nous mettons ci-dessous. Les mots qui demandent à peu près la même explication sont surmontés des mêmes N°s.

EXERCICES

Explication de la dictée (1).

[1] bois	ce nom prend un *s* au sing. comme au plur.
[2] forment	*nt*, parce que ce verbe s'accorde avec son suj. *bois*, nom de la 3e pers. du plur.
[3] beaux	*x*, parce que les adj. en *au* prennent un *x* au lieu d'un *s* au plur. Cet adj. est au masc. plur. parce qu'il qual. *tableaux*, nom du masc. plur.
[4] tableaux	*e* avant *au* parce que ce nom a son sing. en *au* et non pas en *al*.
[5]	*x*, parce que les noms en *au* prennent un *x* au lieu d'un *s* au plur.
[6] présente	parce que ce verbe s'accorde avec son suj. *surface*, nom de la 3e pers. du sing.
[7] ces	parce que cet adj. est démonst. et non pas poss.; il démontre les *forêts* dont on parle.
[8] belles	parce que cet adj. qual. *forêts*, nom du fém. plur.
[9] forêts	*s*, parce que les noms prennent un *s* au plur.
[10] fournissent	*nt*, parce que ce verbe s'acc. avec son suj. *forêts*, nom de la 3e pers. du plur.
[11] vive	parce que les adj. terminés en *f* au masc. changent cet *f* en *ve* au fém. Cet adj. est au fém. sing. parce qu'il dét. *reconnaissance*, nom du fém. sing.
[12] portent	ce verbe est à la 3e pers. du plur. parce que son suj. est composé de plusieurs noms de la 3e pers. Ces noms sont : *silence*, *épaisseur*, *beauté*, *hauteur*.
[13] délicieuses	les adj. terminés par *x* au masc. changent *x* en *se* au fém.; cet adj. est au fém. plur.

---

(1) Cette explication pourrait être faite par écrit, en forme d'analyse, comme nous la donnons ici, si les élèves avaient assez d'orthographe pour l'écrire à peu près correctement.

	parce qu'il qual. *forêts*, nom du fém. plur.
¹⁴ sauvages	cet adj. est terminé par un *e* muet au masc.; il est ici au masc. plur. parce qu'il qual. *rochers*, nom du masc. plur.
¹⁵ heureux	cet adj. est au masc. sing. parce qu'il dét. *cœur*, nom du masc. sing.
¹⁶ aime	ce verbe s'acc. avec son suj. *qui*, mis pour *cœur*, de la 3ᵉ pers. du sing.
¹⁷ tous	s, parce que c'est un adj. ind. qui dét. *charmes*, nom du masc. plur.
¹⁸ attirent	ce verbe s'acc. avec son suj. *multitude et diversité*, noms de la 3ᵉ pers.
¹⁹ ses	s, parce que *ses* est ici adj. poss.
²⁰ elles	parce que ce pron. tient la place de *feuilles*, nom du fém. plur.
²¹ conservent	*nt*, parce que ce verbe s'acc. avec son suj. *elles*, pron. de la 3ᵉ pers. du plur.
²² autres	s, parce que c'est un adj. ind. qui dét. *arbres*, nom du masc. plur.
²³ a	parce que ce verbe s'acc. avec son suj. *feuillage*, nom de la 3ᵉ pers. du sing.
²⁴ grands	s, parce que c'est un adj. qui qual. *attraits*, nom du masc. plur.
²⁵ forment	*nt*, parce que ce verbe s'acc. avec son suj. *feuilles*, nom. de la 3ᵉ pers. du plur.
²⁶ autres	s, parce que c'est un pron. indéf. qui remplace *arbres*, nom du masc. plur.
²⁷ quelques	s, parce que c'est un adj. ind. qui dét. *pays*, nom du masc. plur.
²⁸ dispose	parce que ce verbe s'acc. avec son suj. *Créateur*, nom de la 3ᵉ pers. du sing.
²⁹ toutes	*es*, parce que c'est un adj. ind. qui dét. *choses*, nom du fém. plur.
³⁰ a	parce que ce verbe s'acc. avec son suj.

<table>
<tr><td>³¹ plante</td><td rowspan="2">*Dieu*, nom de la 3ᵉ pers. du sing. parce que ce verbe s'acc. avec son suj. *qui*, mis pour *Dieu*, pron. de la 3ᵉ pers. du sing.</td></tr>
<tr><td>³² leurs</td></tr>
</table>

³¹ plante

Dieu, nom de la 3ᵉ pers. du sing. parce que ce verbe s'acc. avec son suj. *qui*, mis pour *Dieu*, pron. de la 3ᵉ pers. du sing.

³² leurs

parce que c'est un adj. poss. qui dét. *pertes*, nom du fém. plur.

Autre dictée sur le même sujet.

L'aurore nous *découvre* une *nouvelle* création ; le ciel et la terre *changent* d'aspect ; les *objets commencent* à se distinguer ; les *ombres disparaissent*, la présence de l'aurore *ranime* la verdure, elle *répand* partout les *grâces* et la joie ; les *ombres* de la nuit nous *dérobaient* la vue de *tous* les *objets*, à présent la lumière nous *montre* toute la nature *embellie ;* l'aurore *met* sous nos yeux la terre dans tout l'appareil de sa magnificence : les *montagnes*, avec les *grands bois* qui les *couronnent ;* les *coteaux*, avec les *vignes* qui les *tapissent ;* les *campagnes*, avec les *riches moissons* qui les *couvrent ;* les *prairies*, avec les *rivières* qui les *arrosent.*

Les *premiers rayons* du jour *brillent* à travers les *feuilles* de ces *rosiers sauvages ; ils dorent* le plumage de l'alouette qui fait entendre *ses chants variés;* l'aurore *tire* l'homme du sommeil, elle l'*avertit* de se remettre au travail, source pour lui des *vrais plaisirs.* Déjà les *oiseaux* le *devancent*, *ils remplissent* l'air d'agréables *concerts ;* les *bêtes* de charge et les *troupeaux* n'*attendent* que *ses ordres* pour partir ; l'aurore *cause* sur la terre un mouvement *universel.*

Cette dictée pourrait être expliquée comme la précédente.

86ᵉ EXERCICE. — Même devoir qu'au 82ᵉ Exercice.

Les fruits que *donne* cet arbre sont excellents. — Les cols que *brode* ma sœur sont jolis. — Les récompenses que *mérite* la vertu sont grandes. — La joie que *donnent* les bonnes œuvres est pure. — Le miel que *forment* ces abeilles est délicieux. — La maison que *construisent* ces ouvriers sera haute. — La nouvelle que vous *portent* mon frère et ma sœur est intéressante. — L'affection que me *témoignent* mon père et ma mère est bien vive. — Les malheurs qu'*occasionne* la colère sont terribles. — La peine qu'*éprouvent* ces malheureux est cruelle. — Les ressources que nous *procure* ce travail sont insuffisantes. — Les affaires dont me *parle* ma sœur sont importantes. — La perte dont se *désole* votre frère est légère.

Les temps primitifs du verbe *arriver* sont :

Arrive r, *arriv* ant, *étant arrivé*, *j'arriv* e, *j'arriva* i ; il prend *être* dans ses temps composés.

Dictée.

Les pèlerins qu'*attire* le pèlerinage de sainte Anne *viennent* de tous les points de la Bretagne. — Les monuments romains que *conserve* la ville de Nîmes sont très-remarquables. — Les collines dont se *compose* la Côte-d'Or *tirent* leur nom des riches vignobles qui les *couvrent*. — Le département où se *réunissent* la Saône et le Rhône se *nomme* le département du Rhône. — La Lorraine, que *couvrent* de nombreuses forêts, *renferme* beaucoup de mines de fer. — L'endroit où se *réunissent* deux courants d'eau se *nomme* confluent. — Les meilleurs vins que *produise* la France se *trouvent* en Bourgogne, en Guyenne et en Champagne. — Les vignes que *renferme* l'Orléanais *fournissent* une grande quantité d'eau-de-vie et de vinaigre. — Les oliviers que *cultive* la Provence nous *donnent* de l'huile excellente. — Un archipel est un endroit de la mer où se *trouvent* plusieurs îles. — Le blé noir que *cultivent* les habitants de la Bretagne *forme* une partie de leur nourriture. — La ville de Pau, qu'*entourent* des rochers volcaniques, était anciennement la capitale du Velay. — Les quatre grands bassins qu'*offre* la France *doivent* leur nom aux quatre grands fleuves qui la *traversent*. — Les beautés qu'*offre* Paris *attirent* bien des curieux. — Les négociants qu'*attire* la foire de Beaucaire *viennent* de toutes les parties du monde.

87e EXERCICE. — Les élèves ont dû analyser les cinq premières phrases de l'exercice précédent.

Les fruits que donne cet arbre sont excellents. — Les cols que brode ma sœur sont jolis. — Les récompenses que mérite la vertu sont grandes. — La joie que donnent les bonnes œuvres est pure.— Le miel que forment ces abeilles est délicieux.

Les	art. simp. au masc. plur. ann. que *fruits* est dét.
fruits	n. com. masc. plur. suj. de *sont*.
que	pron. rel. à *fruits* 3e pers. du masc. plur. compl. dir. de *donne*.
donne	verbe act. à la 3e pers. du sing. du prés. de l'ind. temps simp. et prim. 2e mod. 1re conj.
cet	adj. dém. masc. sing. dét. *arbre*.
arbre	n. com. masc. sing. suj. de *donne*.
sont	verbe subst. à la 3e pers. du plur. du prés. de l'ind. temps simp. et prim. 2e mod. 4e conj.
excellents.	adj. qual. masc. plur. qual. *fruits*.
Les	art. simp. au masc. plur. ann. que *cols* est dét.
cols	n. com. masc. plur. suj. de *sont*.
que	pron. rel. à *cols* à la 3e pers. du masc. plur. compl. dir. de *brode*.
brode	verbe act. à la 3e pers. du sing. du prés. de l'ind. temps simp. et prim. 2e mod. 1re conj.
ma	adj. poss. fém. sing. dét. *sœur*.
sœur	n. com. fém. sing. suj. de *brode*.
sont	verbe subst. à la 3e pers. du plur. du prés. de l'ind. temps simp. et prim. 2e mod. 4e conj.
jolis.	adj. qual. masc. plur. qual. *cols*.
Les	art. simp. au fém. p. ann. que *récompenses* est dét.
récompenses	n. com. fém. plur. suj. de *sont*.
que	pron. rel. à *récompenses* 3e pers. du fém. plur. compl. dir. de *mérite*.
mérite	verbe act. à la 3e pers. du sing. du prés. de l'ind. temps simp. et prim. 2e mod. 1re conj.
la	art. simp. au fém. sing. ann. que *vertu* est dét.
vertu	n. com. fém. sing. suj. de *mérite*.
sont	verbe subst. à la 3e pers. du plur. du prés. de l'ind. temps simp. et prim. 2e mod. 4e conj.
grandes.	adj. qual. fém. plur. qual. *récompenses*.
La	art. simp. au fém. sing. ann. que *joie* est dét.
joie	n. com. fém. sing. suj. de *est*.
que	pron. rel. à *joie* 3e pers. du fém. sing. compl. dir. de *donnent*.
donnent	verbe act. à la 3e pers. du plur. du prés. de l'ind. temps simp. et prim. 2e mod. 1re conj.
les	art. simp. au fém. plur. ann. que *œuvres* est dét.
bonnes	adj. qual. fém. plur. qual. *œuvres*.
œuvres	n. com. fém. plur. suj. de *donnent*.
est	verbe subst. à la 3e pers. du sing. du prés. de l'ind. temps simp. et prim. 2e mod. 4e conj.
pure.	adj. qual. fém. sing. qual. *joie*.
Le	art. simp. au masc. sing. ann. que *miel* est dét.

miel	n. com. masc. sing. suj. de *est*.
que	pron. rel. à *miel* 3e pers. du masc. sing. compl. dir. de *forment*.
forment	verbe act. à la 3e pers. du plur. du prés. de l'ind. temps simp. et prim. 2e mod. 1re conj.
ces	adj. dém. fém. plur. dét. *abeilles*.
abeilles	n. com. fém. plur. suj. de *forment*.
est	verbe subst. à la 3e pers. du sing. du prés. de l'ind. temps simp. et prim. 2e mod. 4e conj.
délicieux.	adj. qual. masc. sing. qual. *miel*.

Les temps primitifs du verbe *entrer* sont :

Entre r, *entr* ant, *étant entré*, *j'entr* e, *j'entra* i ; il prend *être* dans ses temps composés.

88e EXERCICE. — Les élèves ont dû mettre à l'impératif tous les verbes de cet exercice, en faisant accorder chaque verbe avec son sujet sous-entendu.

Si tu *désires* être heureuse, *pratique* la vertu, *aime* le travail, *utilise* tous tes moments, *écoute* les leçons de ta mère, *pardonne* facilement à tes frères, *oublie* leurs torts, *montre* toujours un visage serein. — Mes enfants, *priez* Dieu fervemment, *aimez*-le de tout votre cœur et ne vous *écartez* jamais de ses saints commandements. — *Ecoutons* les avis de nos maîtresses et *profitons* de toutes leurs leçons.

QUESTIONS. — *Pourquoi* un s *à* désires ? — Parce que la seconde personne du singulier du présent de l'indicatif doit être terminée par un s (1).

Pourquoi pratique *sans* s ? — Parce que la seconde personne du singulier de l'impératif est toujours semblable à la première du présent de l'indicatif, et que l'on écrit *je pratique* sans s.

Pour la correction du verbe pronominal *se laver*, voir le verbe pronominal *se flatter*, Grammaire, page 42.

---

(1) La maîtresse peut faire remarquer aux élèves que les verbes prennent toujours un s à la seconde personne du singulier de tous leurs temps, excepté à la seconde personne du singulier de l'impératif, lorsque dans le même verbe, il n'y a pas d's à la 1re personne du singulier du présent de l'indicatif.

89e EXERCICE. — Les élèves ont dû analyser la première phrase de l'exercice précédent.

Si tu désires être heureuse, pratique la vertu, aime le travail, utilise tous tes moments, écoute les leçons de ta mère, pardonne facilement à tes frères, oublie leurs torts, montre toujours un visage serein.

Si	conj.
tu	pron. pers. 2e pers. du fém. sing. suj. de *désires*.
désires	verbe actif à la 2e pers. du sing. du prés. de l'ind. temps simp. et primit., 2e mode, 1re conj.
être	verbe subst. au prés. de l'inf. temps simp. et primit., 1er mode, 4e conj., compl. dir. de *désires*.
heureuse	adj. qual. fém. sing. qual. *tu*.
(toi) pratique	verbe actif à la 2e pers. du sing. de l'imp., temps simp. et pers. dér. de la 1re pers. du sing. du prés. de l'ind., 4e mode, 1re conj.
la	art. simp. au fém. sing. ann. que *vertu* est dét.
vertu	n. com. fém. simp. compl. dir. de *pratique*.
(toi) aime	verbe actif à la 2e pers. du sing. de l'impér., temps simp. et pers. dér. de la 1re pers. du sing. du prés. de l'ind., 4e mode, 1re conj.
le	art. simp. au masc. sing. ann. que *travail* est dét.
travail	n. com. masc. sing. compl. dir. de *aime*.
(toi) utilise	verbe actif à la 2e pers. du sing. de l'impér. temps simp. et pers. dér. de la 1re pers. du sing. du prés. de l'ind., 4e mode, 1re conj.
tous	adj. ind. masc. plur. dét. *moments*.
tes	adj. poss. masc. plur. dét. *moments*.
moments	n. com. masc. plur. compl. dir. de *utilise*.
(toi) écoute	verbe act. à la 2e pers. du sing. de l'imp. temps simp. et pers. dér. de la 1re pers. du sing. du prés. de l'ind. 4e mod. 1re conj.
les	art. simp. au fém. plur. ann. que *leçons* est dét.
leçons	n. com. fém. plur. compl. dir. de *écoute*.
de	prép.
ta	adj. poss. fém. sing. dét. *mère*.
mère	n. com. fém. sing. compl. ind. de *leçons*.
(toi) pardonne	verbe act. pris neutralement à la 2e pers. du sing. de l'imp. temps simp. et pers. dér. de la 1re pers. du sing. du prés. de l'ind. 4e mod. 1re conj.
facilement	adv. mod. *pardonne*.
à	prép.
tes	adj. poss. masc. plur. dét. *frères*.
frères	n. com. masc. plur. compl. ind. de *pardonne*.

(toi) oublie	verbe act. à la 2ᵉ pers. du sing. de l'impér. temps simp. et pers. dér. de la 1ʳᵉ pers. du sing. du prés. de l'ind. 4ᵉ mod. 1ʳᵉ conj.
leurs	adj. poss. masc. plur. dét. *torts*.
torts	n. com. masc. plur. compl. dir. de *oublie*.
(toi) montre	verbe act. à la 2ᵉ pers. du sing. de l'impér. temps simp. et pers. dér. de la 1ʳᵉ pers. du sing. du prés. de l'ind. 4ᵉ mod. 1ʳᵉ conj.
toujours	adv. mod. *montre*.
un	adj. ind. masc. sing. dét. *visage*.
visage	n. com. masc. sing. compl. dir. de *montre*.
serein.	adj. qual. masc. sing. qual. *visage*.

Le verbe *tonner*, étant impersonnel, n'a, à chacun de ses temps, comme le verbe *falloir* (Grammaire, p. 44), que la troisième personne du singulier, et comme il est de la 1ʳᵉ conjugaison, il a les mêmes terminaisons que le verbe *aimer*.

90ᵉ Exercice. — Les élèves ont dû mettre tous les verbes au présent de l'indicatif, et faire accorder chaque verbe avec son sujet.

C'est moi qui *lis* et c'est toi qui *écris*. — C'est nous qui *parlons*, c'est vous qui nous *écoutez*. — C'est toi qui m'*encourages*, c'est toi qui me *consoles*.—Ce sont vos avis qui nous *guident*.— C'est toi qui *travailles*, c'est Dieu qui *récompense*. — Toi qui *aimes* Marie, *montre*-lui ton amour en imitant ses vertus. — Ce sont nos anges qui nous *gardent*. — C'est toi qui *as* toute ma confiance, c'est toi qui *es* mon secours dans toutes mes douleurs.

Questions. — *Pourquoi* lis? — Parce que ce verbe s'accorde avec son sujet *qui*, mis pour *moi*, pronom de la première personne du singulier.

Pourquoi écris?— Parce que ce verbe s'accorde avec son sujet *qui*, mis pour *toi*, pronom de la deuxième personne du singulier.

Mêmes questions pour tous les autres verbes.

Pour la correction des verbes pronominaux *s'emparer*

5

et *s'anéantir*, voir le verbe pronominal *se flatter*, (Grammaire, p. 42.) Le premier de ces verbes, étant de la première conjugaison, a les mêmes terminaisons que le verbe *aimer*, et *s'anéantir*, étant de la seconde, a les mêmes terminaisons que le verbe *finir*.

Dictée sur l'accord du verbe avec son sujet et sur d'autres règles connues.

Qui *est* semblable à toi, ô Eternel ! la splendeur, la majesté et la gloire t'*environnent ;* ô toi, qui *es* le principe et la vie de *tous* les *êtres*, tu t'*enveloppes* de lumière comme d'un vêtement.

Etre infini, des millions de *créatures* te *louent* et t'*adorent*, comment *pourrais*-je rester insensible et muet?

C'est toi qui *es* la source de toute lumière, c'est toi qui *pares* le ciel de *ses vives couleurs* et qui en *imprimes* la sensation dans mon âme. Oh ! je me *réjouis* de ce que tu *es* mon père, comme tu l'*es* de toute la nature.

Heureux enfant de Dieu, *ouvre* ton cœur à la joie, *contemple* avec bonheur et reconnaissance *toutes* les *beautés* que la nature *offre* à tes *regards* dans *ces beaux jours* du *printemps ;* déjà le *joyeux* laboureur *calcule* avec ses fils les *bénédictions* que lui *prépare* l'avenir. L'homme *plante*, mais qui *arrose ?* C'est toi, aimable Providence, qui *envoies* à nos *champs* les *rayons* du soleil et les *pluies bienfaisantes*. Etre tout-puissant et tout sage, si ta bonté se *manifeste* ainsi dès cette vie, *quels seront* donc *ces plaisirs, quelle sera* cette félicité que tu *réserves* dans les *demeures éternelles*, à *ceux* qui se *réjouissent* en toi ?

91e EXERCICE. — L'élève a dû copier les phrases suivantes en ajoutant la terminaison aux temps simples.

L'été est *fini*. — Jésus *chérit* et *bénit* les enfants sages. — Le retour d'un pécheur *réjouit* l'Eglise. — Hier ma sœur *finit* promptement son devoir, je désirais qu'elle *finît* aussi le mien. — Vos parents ont *pourvu* à tous vos besoins. — Dieu *pourvut* à la subsistance des Israélites dans le désert.—Je désirerais que mon frère *pourvût* aux frais de notre voyage. — Hier Louise *étudia* son catéchisme et elle le *sut;* je désirais qu'elle l'*étudiât* et qu'elle le *sût* encore aujourd'hui, mais elle ne l'*a* pas très-bien *su.*

QUESTIONS. — *Pourquoi* fini? — Parce que c'est le participe passé du verbe *finir.*

Pourquoi chérit? — Parce que c'est un verbe de la seconde conjugaison à la troisième personne du singulier du présent de l'indicatif.

Même réponse pour *bénit, réjouit.*

Pourquoi finit? — Parce que c'est un verbe de la seconde conjugaison à la troisième personne du singulier du passé déterminé.

Pourquoi qu'elle finît? — Parce que ce verbe est à l'imparfait du subjonctif.

Mêmes questions pour les autres verbes.

Les élèves ne connaissant point encore les règles qui déterminent l'emploi des temps du subjonctif, il est nécessaire, dans ces commencements, de leur donner quelque moyen facile pour distinguer ces temps de ceux de l'indicatif. Ici, la maîtresse peut leur dire de considérer si elles mettraient au pluriel *finirent* ou *finissent,* en disant par exemple :

Hier mes sœurs *finirent* promptement leur devoir, je désirais qu'elles *finissent* aussi le mien.

Le goût seul leur fera sentir que le premier verbe doit être au passé déterminé : *finit,* et le second à l'imparfait du subjonctif : qu'elle *finît.*

Les temps primitifs des verbes à conjuguer sont :

Supporte r , *support* ant , *ayant supporté, je support* e , *je sup-*

*porta*i ; *langui*r; *languiss*ant, *ayant langui, je langui*s, *je langui*s.

Dictée.

Dieu *punit* sévèrement les murmures ; il a *puni*, dans le désert, ceux de Marie, sœur de Moïse. — Dieu a *voulu* que saint Joseph *fût* pauvre, et qu'il *pourvût*, par son travail, aux besoins de Jésus et de Marie. — Notre corps, *sorti* de la poussière, retournera dans la poussière. — Jacob *servit* son oncle Laban pendant sept ans, après lesquels il *épousa* Lia ; mais il *fallut* qu'il le *servît* encore pendant sept autres années pour que Laban lui *permît* enfin d'épouser Rachel. — Loth, *averti* par les anges de la prochaine destruction de Sodome, *quitta* cette ville avec sa famille. — Jésus *sortit* de Jérusalem en portant sa croix. — Un ange *avertit* Loth de la destruction de Sodome. — Notre corps est *sorti* de la poussière par la volonté de Dieu.

Autre dictée.

Saint Joseph *partit* pour l'Égypte au milieu de la nuit afin d'obéir promptement aux ordres du ciel. — Samson, *trahi* par sa femme Dalila, *tomba* au pouvoir des Philistins et leur *servit* de jouet. — Notre-Seigneur s'est *anéanti* en prenant la forme d'esclave ; il a *obéi* jusqu'à la mort de la croix.—Notre-Seigneur a dit qu'il fallait que le Christ *souffrît* et qu'il *entrât* ainsi dans sa gloire. — Judas *trahit* son maître par un baiser. — Saint Paul, dans une de ses épîtres, *dit* qu'il *accomplit* dans sa chair ce qui manque à la passion de Jésus-Christ. — Quand Judas eut *trahi* son bon Maître, le désespoir *s'empara* de lui. — Marie *chérit* les personnes qui lui témoignent leur amour en imitant ses vertus.

92ᵉ Exercice.

Les accroissements du chêne sont fort lents, le bois de cet arbre est très-dur, on l'emploie à des ouvrages de menuiserie et de sculpture qui bravent le pouvoir du temps.

Les	art. simp. au masc. plur. ann. que *accroissements* est dét.
accroissements	n. com. masc. plur. suj. de *sont*.
du	art. comp. mis pour *de le*.

de	prép.
le	art. simp. au masc. sing. ann. que *chêne* est dét.
chêne	n. com. masc. sing. compl. ind. de *accroissements*.
sont	verbe subst. à la 3e pers. du plur. du prés. de l'ind. temps simp. et prim. 2e mod. 4e conj.
fort	adv. mod. *lents*.
lents,	adj. qual. masc. plur. qual. *accroissements*.
le	art. simp. au masc. sing. ann. que *bois* est dét.
bois	n. com. masc. sing. suj. de est.
de	prép.
cet	adj. dém. masc. sing. dét. *arbre*.
arbre	n. com. masc. sing. compl. ind. de *bois*.
est	verbe subst. à la 3e pers. du sing. du prés. de l'ind. temps simp. et prim. 2e mod. 4e conj.
très	adv. mod. *dur*.
dur,	adj. qual. masc. sing. qual. *bois*.
on	pron. ind. 3e pers. du masc. sing. suj. de *emploie*.
l'	pron. pers. 3e pers. du m. s. compl. dir. de *emploie*.
emploie	verbe act. à la 3e pers. du sing. du prés. de l'ind. temps simp. et prim. 2e mod. 1re conj.
à	prép.
des	art. comp. mis pour *de les*.
de	prép.
les	art. simp. au masc. plur. ann. que *ouvrages* est dét.
ouvrages	n. com. masc. plur. compl. ind. de *emploie*.
de	prép.
menuiserie	n. com. fém. sing. 1er compl. ind. de *ouvrages*.
et	conj.
de	prép.
sculpture	n. com. fém. sing. 2e compl. ind. de *ouvrages*.
qui	pron. rel. à *ouvrages* 3e pers. du masc. plur. suj. de *bravent*.
bravent	verbe act. à la 3e pers. du plur. du prés. de l'ind. temps simp. et prim. 2e mod. 1re conj.
le	art. simp. au masc. sing. ann. que *pouvoir* est dét.
pouvoir	n. com. masc. sing. compl. dir. de *bravent*.
du	art. comp. mis pour *de le*.
de	prép.
le	art. simp. au masc. sing. ann. que *temps* est dét.
temps.	n. com. masc. sing. compl. ind. de *pouvoir*.

Les temps primitifs des verbes à conjuguer sont :

Ose r, *os* ant, *ayant osé, j'os* e, *j'osa* i ; *fourni* r, *fourniss* ant, *ayant fourni, je fourni* s, *je fourni* s.

93e Exercice. — Les élèves ont dû mettre au futur tous les verbes des phrases suivantes :

Nous *écouterons* vos avis et nous les *pratiquerons*. — Elles *étudieront* leurs leçons et elles les *réciteront*. — Nous *aimerons* toujours tendrement nos chers parents , nous les *respecterons* toujours, nous leur *obéirons* toujours. — Plusieurs de nos amies *arriveront* ici ce soir , elles *passeront* la soirée ici , nous les *amuserons* bien. — Nous *soulagerons* les malheureux et ils nous *béniront*. — Nous *invoquerons* souvent Marie et nous *réciterons* avec joie et piété des prières en son honneur. — Nous *supporterons* chrétiennement et pour l'amour du bon Dieu les peines de cette vie, et elles nous *mériteront* un bonheur éternel. — Nous nous *appliquerons* constamment à tous nos devoirs.

QUESTIONS. — *Pourquoi* écouterons? — Parce que ce verbe s'accorde avec son sujet *nous*, qui est de la première personne du pluriel.

Pourquoi étudieront ? — Parce que ce verbe s'accorde avec son sujet *elles*, pronom de la troisième personne du pluriel.

Mêmes questions pour tous les autres verbes.

Les temps primitifs des verbes à conjuguer sont :

Imite r, *imit* ant, *ayant imité, j'imit* e, *j'imita* i ; *habite* r, *habit* ant, *ayant habité, j'habit* e, *j'habita* i.

94ᵉ EXERCICE.

Bien souvent Dieu repousse,
Du pied les hautes tours ;
Mais dans le nid de mousse
Où chante une voix douce
Il regarde toujours.

Bien	adv. mod. *souvent*,
souvent	adv. mod. *repousse*.
Dieu	n. prop. masc sing. suj. de *repousse*.
repousse,	verbe act. à la 3ᵉ pers. du sing. du prés. de l'ind. temps simp. et prim. 2ᵉ mod. 1ʳᵉ conj.
Du	art. comp. mis pour *de le*.
de	prép.
le	art. simp. au masc. sing. ann. que *pied* est dét.
pied	n. com. masc. sing. compl. circonst. de *repousse*.
les	art. simp. au fém. plur. ann. que *tours* est dét.

hautes	adj. qual. fém. plur. qual. *tours*.
tours;	n. com. fém. plur. compl. dir. de *repousse*.
Mais	conj.
dans	prép.
le	art. simp. au masc. sing. ann. que *nid* est dét.
nid	n. com. masc. sing. compl. circonst. de *regarde*.
de	prép.
mousse	n. com. fém. sing. compl. ind. de *nid*.
Où	adv. mod. *chante*.
chante	verbe act. pris neut. à la 3e pers. du sing. du prés. de l'ind. temps simp. et prim. 2e mod. 1re conj.
une	adj. ind. fém. sing. dét. *voix*.
voix	n. com. fém. sing. suj. de *chante*.
douce	adj. qual. fém. sing. qual. *voix*.
Il	pron. pers. 3e pers. du masc. sing. suj. de *regarde*.
regarde	verbe act. pris neut. à la 3e pers. du sing. du prés. de l'ind. temps simp. et prim. 2e mod. 1re conj.
toujours.	adv. mod. *regarde*.

Les temps primitifs des verbes à conjuguer sont :

Contrarie r, *contrari* ant, *ayant contrarié*, *je contrari* e, *je contraria* i; *agrée* r, *agré* ant, *ayant agréé*, *j'agré* e, *j'agréa* i; *apprécie* r, *appréci* ant, *ayant apprécié*, *j'appréci* e, *j'apprécia* i; *se récrée* r, *se récré* ant, *s'étant récréé*, *je me récré* e, *je me récréa* i.

95e Exercice. — *Gramm.* N° 81. — Les élèves ont dû mettre chacun des verbes suivants au présent de l'indicatif, à l'imparfait de l'indicatif ou au futur simple, selon le temps qu'exige la phrase.

Hier vous me *contrariiez* à chaque instant, aujourd'hui vous *contrariez* votre sœur; si vous continuez ainsi, bientôt vous *contrarierez* tout le monde.

L'année dernière, nous *agréions* vos vœux avec plaisir, cette année nous les *agréons* plus joyeusement encore et toujours nous les *agréerons* avec bonheur.

Autrefois nous n'*appréciions* pas le bienfait de l'éducation, maintenant nous l'*apprécions* un peu, mais dans quelques années nous l'*apprécierons* à sa juste valeur.

Autrefois je me *récréais* avec peu de chose; maintenant je

me *récrée* plus difficilement et bientôt je me *récréerai* plus rarement encore.

QUESTIONS. — *Pourquoi* contrariiez? — Parce que dans tous les verbes terminés au participe présent par *iant*, il doit se trouver deux *ii* aux deux premières personnes du pluriel de l'imparfait de l'indicatif et du présent du subjonctif, parce que ces temps empruntent le radical du participe présent, qui, dans ces verbes, est terminé par *i*, et que les terminaisons de ces personnes commencent par un *i*.

Pourquoi contrariez? — Parce que ce verbe est au présent de l'indicatif et que les deux premières personnes du pluriel de ce temps n'ont point d'*i* à la terminaison.

Pourquoi contrarierez, *e* avant l'*r* de la terminaison? — Parce que ce verbe est au futur simple, et que ce temps emprunte le radical de l'infinitif présent, auquel il y a toujours un *e* dans les verbes de la première conjugaison.

Mêmes questions pour tous les autres verbes.

Les temps primitifs des verbes à conjuguer sont :

Oublie r, *oubli* ant, *ayant oublié*, *j'oubli* e, *j'oublia* i ; *crée* r, *cré* ant, *ayant crée*, *je cré* e, *je créa* i ; *diminue* r, *diminu* ant, *ayant diminué*, *je diminu* e, *je diminua* i ; *supplée* r, *supplé* ant, *ayant supplée*, *je supplé* e, *je suppléa* i.

Dictée.

Les hommes *aimeraient* Dieu et le *prieraient* davantage s'ils *pensaient* souvent à ses nombreux bienfaits et au besoin continuel qu'ils ont de sa grâce. — Si nous avions la vraie charité nous *oublierions* bien vite les offenses, et nous *prierions* pour ceux qui nous font de la peine. — Vous vous *récréerez* plus par la vue des malheureux que vous *soulagerez* que vous ne vous *récréeriez* par la vue des meubles somptueux que vous pourriez acheter. — Si vous *priiez* plus fervemment, vous *étudieriez* plus courageusement. — Il ne faut pas que vous *sacrifiiez* jamais vos devoirs à vos plaisirs. — Jamais l'esprit et la routine ne *supplée-*

ront au bon sens ni au savoir. — Si vous *priez* pour les âmes du purgatoire, elles ne vous *oublieront* jamais, et, quand elles *seront* au ciel, elles *prieront* pour vous. — L'eau de toute cette neige qui *couvre* nos champs s'*insinuera* dans le sol et lui *donnera* une salutaire humidité. — Le Seigneur *agréerait* les vœux que nous lui *offrons* si nous le *priions* avec plus de confiance. — Vous *multiplierez* vos plaisirs en multipliant vos bonnes œuvres. — Bientôt les rayons bienfaisants du soleil *vivifieront* notre terre. — Plus vous *étudierez* la nature et ses merveilles, plus vous *trouverez* de vrais plaisirs dans cette étude.

En corrigeant cette dictée, ainsi que les suivantes, la maîtresse peut, à l'occasion, rappeler les règles du pluriel des noms et des adjectifs en même temps que l'orthographe des verbes.

Autre dictée.

Tous ces petits oiseaux *crieront* vers le Seigneur et il *multipliera* pour eux les vermisseaux et les chenilles qui leur *servent* de nourriture ; ainsi tout *sert* dans la nature, et jamais nous ne *nierons* l'utilité des moindres êtres quand même nous *ignorerions* les raisons pour lesquelles Dieu nous les *donne*.

Toutes les mers, tous les lacs, tous les fleuves sont tributaires des hommes ; bientôt les harengs *arriveront* sur nos côtes et par eux Dieu *distribuera* aux pauvres comme aux riches un aliment sain et peu coûteux.

Les eaux de la mer se *déplacent*, mais la masse entière *reste* la même ; ainsi, lors même que les eaux *diminueraient* en hauteur dans plusieurs contrées, la totalité ne *diminuerait* pas pour cela sur le globe terrestre.

Avec quelle bonté le Créateur *approprie* les fruits à chaque saison et à chaque climat ! Dans les ardeurs brûlantes de l'été, nous avons besoin de potions telles que ce Dieu de bonté nous les *offre* dans des fruits aussi salutaires qu'agréables, et il nous les *donne* en si grande abondance que les pauvres peuvent en

5*

jouir aussi bien que les riches. De quels biens Dieu ne me comble-t-il pas ! Combien d'occasions n'ai-je pas chaque jour de le bénir ! Que de bienfaits dont je n'*apprécierai* jamais toute l'importance !

Dictée de récapitulation sur toutes les difficultés précédentes depuis le commencement de l'étude du verbe.

Etudie Dieu dans ses œuvres. — *Obéis* si tu veux qu'on t'*obéisse* un jour. — Nous *unirons* nos souffrances à celles du Sauveur, et dans toutes nos afflictions, nous *crierons* vers ce divin Maître. — Vous *contribuerez* à la gloire de Marie quand vous *pourvoirez* à l'ornement de ses autels. — *Avoue* tes fautes comme tu *avoues* tes souffrances. — Le Seigneur *punit* autrefois le monde par un déluge universel. — Il fallait que Noé *pourvût* à la subsistance de tous les animaux renfermés dans l'arche. — Après le déluge, l'homme *oublia* encore son Créateur et *obéit* de nouveau à ses passions. — Dieu *écrivit* ses commandements sur deux tables de pierre afin que le peuple hébreu les *accomplît* fidèlement. — Cette dame *habituera* ses enfants à pourvoir aux besoins des malheureux. — Nous *suivrons* toujours les avis de nos maîtresses, nous ne les *oublierons* jamais. — Il faut que nous *oubliions* les torts de nos frères comme nous voulons que Dieu *oublie* les nôtres. — Dieu *créerait* à l'instant des milliers de mondes si tel était son bon plaisir.

Explication.

Étudie	parce que la 2e pers. du sing. de l'impératif est toujours terminée comme la 1re du prés. de l'ind. et que l'on écrit j'*étudie*.
obéis	*s*, parce qu'on écrit j'*obéis* avec un *s*.
obéisse	parce que ce verbe s'acc. avec son suj. *on*, pron. de la 3e pers. du sing.
unirons	*s*, parce que ce verbe s'acc. avec son suj. *nous*, pron. de la 1re pers. du plur.
crierons	*s*, parce que ce verbe s'acc. avec son suj. *nous*, pron. de la 1re pers. du plur.

	e avant l'*r*, parce que ce verbe est au fut. simp. et que ce temps prend le radical du prés. de l'inf. auquel il y a toujours un *e* avant l'*r* dans les verbes de la 1re conj.
contribuerez	même explication.
pourvoirez	point d'*e* avant l'*r*, quoique ce verbe soit au fut. simp., parce qu'il n'est pas de la 1re conj.
avoue	parce que comme il n'y a point d's à la 1re pers. du sing. du prés. de l'ind., il ne doit point y en avoir à la 2e pers. du sing. de l'impératif.
avoués	*s*, parce que ce verbe est à la 2e pers. du sing. du prés. de l'ind.
punit	*t*, parce que c'est un verbe de la 2e conj., qui est à la 3e pers. du sing. du passé dét.
pourvût	un accent circonflexe, parce que ce verbe est à la 3e pers. du sing. de l'imparf. du subj.
oublia	parce que ce verbe est à la 3e pers. du sing. du passé dét.
obéit	*t*, parce que c'est un verbe de la 2e conj. à la 3e pers. du sing. du passé dét.
écrivit	*t*, parce que c'est un verbe de la 4e conj. à la 3e pers. du sing. du passé dét.
accomplît	*ît*, parce que ce verbe est à la 3e pers. du sing. de l'imp. du subj.
habituera	*e* avant l'*r*, parce que c'est un verbe de la 1re conj. au fut. simp.
suivrons	pas d'*e* muet avant l'*r*, parce que ce verbe n'est pas de la 1re conj.
	s à la terminaison, parce que ce verbe a pour suj. *nous*, pron. de la 1re pers. du plur.
oublierons	*e* avant l'*r*, parce que c'est un verbe

	de la 1re conjugaison au futur simple.
	s à la terminaison, parce que ce verbe a pour suj. *nous*, pron. de la 1re pers. du plur.
oublions	deux *i*, parce que les verbes qui ont le part. prés. term. par *iant*, prennent deux i aux deux 1res pers. du plur. du prés. du subj.
oublie	parce que ce verbe s'acc. avec son suj. *Dieu*, nom de la 3e pers. du sing.
créerait	un *e* muet avant l'*r*, parce que, au prés. de l'inf., le radical de ce verbe est *crée*.

96e EXERCICE.

Dieu est notre père. — Les anges sont nos protecteurs et nos guides. — Vous êtes ma sœur et mon amie.

Dieu	n. prop. masc. sing. suj. de *est*.
est	verbe subst. à la 3e pers. du sing. du prés. de l'ind. temps simp. et prim. 2^e mod. 4e conj.
notre	adj. poss. masc. sing. dét. *père*.
père.	n. com. masc. sing. attribut de *Dieu*.
Les	art. simp. au masc. plur. ann. que *anges* est dét.
anges	n. com. masc. plur. suj. de *sont*.
sont	verbe subst. à la 3e pers. du plur. du prés. de l'ind. temps simp. et prim. 2^e mod. 4e conj.
nos	adj. poss. masc. plur. dét. *protecteurs*.
protecteurs	n. com. masc. plur. 1er attribut de *anges*.
et	conj.
nos	adj. poss. masc. plur. dét. *guides*.
guides.	n. com. masc. plur. 2e attribut de *anges*.
Vous	pron. pers. 2e pers. du fém. plur. suj. de *êtes*.
êtes	verbe subst. à la 2e pers. du plur. du prés. de l'ind. temps simp. et prim. 2^e mod. 4e conj.
ma	adj. poss. fém. sing. dét. *sœur*.
sœur	n. com. fém. sing. 1er attribut de *vous*.
et	conj.
mon	adj. poss. fém. sing. dét. *amie*.
amie.	n. com. fém. sing. 2e attribut de *vous*.

Les temps primitifs des verbes à conjuguer sont :

Employe r, *employ* ant, *ayant employé, j'emploi* e, *j'employa* i ; *nettoye* r, *nettoy* ant, *ayant nettoyé, je nettoi* e, *je nettoya* i ; *essaye* r, *essay* ant, *ayant essayé, j'essay* e, *j'essaya* i ; *raye* r, *ray* ant, *ayant rayé, je ray* e, *je raya* i.

Les deux premiers de ces verbes changent l'*y* en *i* devant un *e* muet, les deux derniers étant terminés en *ayer* conservent l'*y* dans toute leur conjugaison.

97e EXERCICE. — Les élèves ont dû d'abord mettre à la première personne du pluriel de l'imparfait de l'indicatif tous les verbes qui sont à la première personne du singulier de ce même temps dans le livre à leur usage, puis mettre ces mêmes verbes à la deuxième personne du singulier du présent de l'indicatif.

Nous *essayions* inutilement de combattre nos défauts lorsque nous ne nous *appuyions* que sur nos propres forces. — Nous *rayions* mal notre cahier parce que nous ne *voyions* pas clair. — Nous *employions* bien utilement notre temps lorsque nous *balayions* et *nettoyions* toute la maison. — Nous *fuyions* cette jeune fille parce que nous la *croyions* légère. — Nous *employions* toutes les forces de notre âme, et nous *déployions* un grand courage pendant que nous *essuyions* tant de rebuts. — Nous *payions* exactement nos dettes, et nous ne *renvoyions* jamais les pauvres sans leur donner quelques secours.

Pourquoi essayions? — Parce que les verbes terminés au participe présent par *yant* prennent un *i* après l'*y* aux deux premières personnes du pluriel de .'mparfait de l'indicatif.

Même question pour tous les autres verbes.

Tu *essayes* inutilement de combattre tes défauts lorsque tu ne t'*appuies* que sur tes propres forces. — Tu *rayes* mal ton cahier parce que tu ne *vois* pas clair. — Tu *emploies* bien utilement ton temps lorsque tu *balayes* et *nettoies* toute la maison. — Tu *fuis* cette jeune fille parce que tu la *crois* légère. — Tu *emploies* toutes les forces de ton âme, et tu *déploies* un grand courage pendant que tu *essuies* tant de rebuts. — Tu *payes* exactement tes dettes, et tu ne *renvoies* jamais les pauvres sans leur donner quelques secours.

QUESTIONS. — *Pourquoi* essayes? — Parce que les verbes en *ayer* conservent l'*y* dans toute leur conjugaison.

Pourquoi appuies? — Parce que les verbes en *yer*, à l'exception des verbes en *ayer* et en *eyer*, changent l'*y* en *i* devant un *e* muet.

Les temps primitifs des verbes à conjuguer sont :

Appuye r, *appuy* ant, *ayant appuyé, j'appui* e, *j'appuya* i ; *bégaye* r, *bégay* ant, *ayant bégayé, je bégay* e, *je bégaya* i ; *essuye* r, *essuy* ant, *ayant essuyé, j'essui* e, *j'essuya* i ; *tutoye* r, *tutoy* ant, *ayant tutoyé, je tutoi* e, *je tutoya* i.

Dictée.

Dieu veut que nous *employions* au soulagement de nos semblables les richesses qu'il nous *donne.* — Nous *bégayions* à peine le doux nom de Marie que déjà nous l'*aimions* comme notre mère. — *Essuyons* les larmes du pauvre et un jour le Seigneur *essuiera* les nôtres. — Lorsque autrefois vous ne vous *appuyiez* que sur vos propres forces, qu'avez-vous fait de bien? — *Employons* les bienfaits pour nous venger de nos ennemis. — Si nous *croyions* fermement au tendre amour que Dieu a pour nous, si nous nous *appuyions* sur sa bonté toute puissante, nous aurions plus de force pour supporter les croix qu'il nous *envoie.* — *Broie* avec soin les couleurs que tu *emploies* pour ce tableau. — Ne *tutoie* jamais les servantes et ne les *rudoie* jamais. — Un jour au ciel, Dieu nous *payera* au centuple ce que nous *donnons* aux pauvres pour son amour. — Il ne faut pas que vous *croyiez* facilement le mal que l'on vous *rapporte* du prochain. — *Fuyez* à l'aspect du péché comme vous *fuiriez* à la vue d'un serpent.

98e EXERCICE.

Marie est notre mère ; elle chérit tous ses enfants ; elle accueille avec bonté ceux qui implorent son secours ; nos prières montent vers son trône et ses regards maternels veillent toujours sur ceux par qui elle est invoquée.

Marie	n. prop. fém. sing. suj. de *est*.
est	verbe subst. à la 3e pers. du sing. du prés. de l'ind. temps simp. et prim. 2e mod. 4e conj.
notre	adj. poss. fém. sing. dét. *mère*.
mère;	n. com. fém. sing. attribut de *Marie*.
elle	pron. pers. 3e pers. du fém. sing. suj. de *chérit*.
chérit	verbe act. à la 3e pers. du sing. du prés. de l'ind. temps simp. et prim. 2e mod. 2e conj.
tous	adj. ind. masc. plur. dét. *enfants*.
ses	adj. poss. masc. plur. dét. *enfants*.
enfants;	n. com. masc. plur. compl. dir. de *chérit*.
elle	pron. pers. 3e pers. du fém. sing. suj. de *accueille*.
accueille	verbe act. à la 3e pers. du sing. du prés. de l'ind. temps simp. et prim. 2e mod. 2e conj.
avec	prép.
bonté	n. com. fém. sing. compl. circonst. de *accueille*.
ceux	pron. dém. 3e pers. du masc. plur. compl. dir. de *accueille*.
qui	pron. rel. à *ceux* 3e pers. du masc. plur. suj. de *implorent*.
implorent	verbe act. à la 3e pers. du plur. du prés. de l'ind. temps simp. et prim. 2e mod. 1re conj.
son	adj. poss. masc. sing. dét. *secours*.
secours;	n. com. masc. sing. compl. dir. de *implorent*.
nos	adj. poss. fém. plur. dét. *prières*.
prières	n. com. fém. plur. suj. de *montent*.
montent	verbe neut. à la 3e pers. du plur. du prés. de l'ind. temps simp. et prim. 2e mod. 1re conj.
vers	prép.
son	adj. poss. masc. sing. dét. *trône*.
trône	n. com. masc. sing. compl. circonst. de *montent*.
et	conj.
ses	adj. poss. masc. plur. dét. *regards*.
regards	n. com. masc. plur. suj. de *veillent*.
maternels	adj. qual. masc. plur. qual. *regards*.
veillent	verbe neut. à la 3e pers. du plur. du prés. de l'ind. temps simp. et prim. 2e mod. 1re conj.
toujours	adv. mod. *veillent*.
sur	prép.
ceux	pron. dém. 3e pers. du m. p. compl. ind. de *veillent*.
par	prép.
qui	pron. rel. à *ceux* 3e pers. du masc. plur. compl. ind. de *est invoquée*.
elle	pron. pers. 3e pers. du f. sing. suj. de *est invoquée*.
est (1)	verbe auxil. *être* à la 3e pers. du sing. du prés. de l'ind. temps simp. et prim. 2e mod. 4e conj.
invoquée.	participe passé passif (ce participe forme avec l'auxiliaire *être* le verbe passif *être invoquée*.)

---

(1) Ce qu'on appelle en français verbe passif n'étant que le participe passé d'un verbe actif conjugué passivement avec l'auxiliaire *être*, nous analyserons désormais séparément l'auxiliaire et le participe.

Les temps primitifs des verbes à conjuguer sont :

Engage r, *engage* ant, *ayant engagé, j'engag* e, *j'engagea* i ; *dirige* r, *dirige* ant, *ayant dirigé, je dirig* e, *je dirigea* i ; *songe* r, *songe* ant, *ayant songé, je song* e, *je songea* i ; *renonce* r, *renonç* ant, *ayant renoncé, je renonc* e, *je renonça* i.

99e EXERCICE. — Les élèves ont dû mettre à la première personne du pluriel les verbes qui sont à la deuxième personne dans le livre à leur usage.

Nous *renonçons* à nos bons desseins, nous nous *décourageons* facilement, et nous nous *engageons* dans une mauvaise voie. — Nous *commençons* à aimer nos devoirs et nous nous *efforçons* de les remplir. — Nous ne *songeons* point à l'éternité, et nous *renonçons* aux joies célestes quand nous nous *engageons* dans le sentier du vice et que nous *négligeons* tous nos devoirs. — Nous *voyageons* agréablement et nous nous *dirigeons* vers un pays délicieux. — Nous *annonçons* une triste nouvelle. — Souvent nous *plaçons* mal notre confiance.

QUESTIONS. — *Pourquoi* renonçons ç? Parce que les verbes en *cer* prennent une cédille sous le *ç* devant *a* et *o*, pour conserver à la lettre *c* le même son qu'à l'infinitif.

Pourquoi décourageons? — Parce que les verbes en *ger* prennent un *e* après le *g* devant *a* et *o*, pour conserver à la lettre *g* le même son qu'à l'infinitif.

Les temps primitifs des verbes à conjuguer sont :

Charge r, *charge* ant, *ayant chargé, je charg* e, *je chargea* i ; *place* r, *plaç* ant, *ayant placé, je plac* e, *je plaça* i ; *lance* r, *lanç* ant, *ayant lancé, je lanc* e, *je lança* i ; *partage* r, *partage* ant, *ayant partagé, je partag* e, *je partagea* i.

Dictée.

Songeons avant tout à sauver notre âme et pour cela *renonçons* à tout ce qui pourrait nous exposer à la perdre. — *Abrégeons* le récit de ce qui peut affliger nos semblables. — Les anciens *ordonnaient* qu'on *plongeât* les parricides dans la mer ; on les *enfermait* dans un sac de cuir que l'on *chargeait* de pierres. — Esaü *vendit* son droit d'aînesse à son frère Jacob, puis il *mangea* et *but* sans s'inquiéter de la perte qu'il venait de faire. — Au lieu de chercher le bonheur où il est en effet, l'homme s'en *éloigne* chaque jour en le *plaçant* dans des biens qui n'en ont que l'apparence.—Ève *mangea* du fruit défendu et *engagea* Adam à en manger aussi. — Les troupes ennemies se *dirigeaient* sur la France ; elles *ravageaient* tous les pays par où les généraux les *forçaient* de passer ; ceux-ci *plaçaient* leur camp au milieu des plus riches prairies et ils *affligeaient* les peuples par l'excès des impôts. — Nous *relançâmes* un chevreuil et nos chiens s'*efforçaient* de l'atteindre, mais il s'*enfonça* dans les bois et leur *échappa*. — On *double* son bonheur en le *partageant* avec un ami.

Dictée de récapitulation sur toutes les règles connues.

C'est par le Seigneur notre Dieu qu'*existent* [1] le plus petit insecte et le plus monstrueux éléphant.— Nous qui *aimons* [2] le Seigneur, nous *découvrons* [3] partout des traces de son *éternelle* [4] sagesse et de sa bonté *infinie* [5]. — Enfant de Dieu, *étudie* [6] les œuvres de ton Créateur et bientôt tu *t'écrie'ras* [8] : *toutes* [9] les voies du Seigneur sont miséricorde pour ceux qui *gardent* [10] *ses* [11] préceptes. — Quand *reviendront* [12] *ces* [13] belles matinées où les premières fleurs nous *invitaient* [14] à parcourir les jardins et les champs. — Homme présomptueux, toi qui *oses* [15] blâmer les lois de la nature, *déplace* [16] seulement *quelques* [17] roues de la grande machine du monde, et tu *reconnaîtras* [8] bientôt combien les vues de son auteur sont au-dessus de ta *prétendue* [5] sagesse. — Ah ! faites, Seigneur, que nous *étudiions* [18] chaque jour avec un nouveau plaisir les prodiges de votre puissance, faites que jamais nous *n'oubliions* [18] vos bienfaits. — Vous ne vous *ennuieriez* [19-7] pas aussi souvent si vous *employiez* [20] plus utilement votre temps. — Que de merveilles *auxquelles* [21] nous ne sommes pas *attentifs* [22] parce qu'*elles* [23] se *reproduisent* [24] souvent. — Marie *agréera* [25] toujours les vœux des enfants qui *chercheront* [26] à lui plaire par l'imitation de *ses* [11] vertus. — Par notre bon exemple, *engageons* [27-28] nos compagnes à faire le bien et *plaçons* [29-28] notre bonheur dans la paix d'une bonne conscience.

Explication.

[1] existent	*nt*, parce que ce verbe ayant un suj. composé de deux noms de la 3e pers. : *insecte* et *éléphant*, doit être mis à la 3e pers. du plur.
[2] aimons	*ns*, parce que ce verbe s'acc. avec son suj. *qui*, mis pour *nous*, pron. de la 1re pers. du plur.
[3] découvrons	*ns*, parce que ce verbe s'acc. avec son suj. *nous*, pron. de la 1re pers. du plur.
[4] éternelle	*ll*, parce que les adj. en *el* doublent l'*l* avant de prendre l'*e* muet du fém. ; cet adj. est au fém. sing., parce qu'il qual. *sagesse*, nom du fém. sing.
[5] infinie	*e*, parce que cet adj. qual. *bonté*, nom du fém. sing.
[6] étudie	point d'*s*, parce que c'est un verbe de la 1re conj. à la 2e pers. du sing. de l'impérat.
[7] écrieras	[7] *e* avant l'*r*, parce que c'est un verbe de la 1re conj. au fut. simp.
[8]	*ras* [8], parce que ce verbe est à la 2e pers. du sing.
[9] toutes	parce que c'est un adj. indéf. qui dét. *voies*, nom du fém. plur.
[10] gardent	*nt*, parce que ce verbe s'acc. avec son suj. *qui*, mis pour *ceux*, pron. de la 3e pers. du pl.
[11] ses	parce que *ses* indique ici une idée de possession.
[12] reviendront	*nt*, parce que ce verbe s'acc. avec son suj.

matinées, nom de la 3e pers. du plur.

13 ces — parce que *ces* indique ici la démonstration.

14 invitaient — *ent*, parce que ce verbe s'acc. avec son suj. *fleurs*, nom de la 3e pers. du plur.

15 oses — *s*, parce que ce verbe s'acc. avec son suj. *qui*, mis pour *toi*, pron. de la 2e pers. du sing.

16 déplace — point d'*s*, parce que c'est un verbe de la 1re conj. à la 2e pers. du s. de l'impér.

17 quelques — *s*, parce que c'est un adj. indéf. qui dét. *roues*, nom du fém. plur.

18 étudiions — deux *i*, parce que ce verbe est à la 1re pers. du plur. du prés. du subj., et que ce temps emprunte le radical du part. prés., auquel il y a un *i* dans le verbe *étudier*.

19 ennuieriez — *i* avant l'*e*, parce que les verbes en *yer* changent l'*y* en *i* devant un *e* muet.

20 employiez — *i* après l'*y*, parce que les verbes terminés au part. prés. par *iant* ou *yant*, prennent un *i* après l'*y* aux deux 1res pers. du plur. de l'imparf. de l'ind.

21 auxquelles — parce que ce pron. rel. a pour antécédent *merveilles*, nom du fém. plur.

22 attentifs — *s*, parce que cet adj. qual. *nous*, pron. du masc. plur.

23 elles — au fém. plur., parce que ce pron. tient la place de *merveilles*, nom du fém. plur.

24 reproduisent — *nt*, parce que ce verbe s'acc. avec son suj. *elles*, pron. de la 3e pers. du plur.

25 agréera — un *e* muet après l'*e* fermé, parce qu'au prés. de l'inf. le radical de ce verbe est *agrée*.

26 chercheront — *nt*, parce que ce verbe s'acc. avec son suj. *qui*, mis pour *enfants*, pron. de la 3e pers. du plur.

[27] engageons	*e* après le *g*, parce que les verbes en *ger* prennent un *e* muet après le *g* devant *a* et *o* pour adoucir la prononciation.
[28]	*ns*, parce que ce verbe est à la 1re pers. du plur. de l'imp.
[29]_[28] plaçons	*ç*, parce que les verbes en *cer* prennent une cédille sous le *c* devant *a* et *o*.

100e Exercice.

Le ciel est notre patrie ; dans ce bienheureux séjour nous nous reposerons de tous nos travaux ; nous goûterons les fruits de tous les sacrifices que l'amour de Dieu nous aura fait faire. Ce Dieu si bon nous récompensera magnifiquement de tous les efforts que nous aurons faits pour lui plaire.

Le	art. simp. au masc. sing. ann. que *ciel* est dét.
ciel	n. com. masc. sing. suj. de *est*.
est	verbe subst. à la 3e pers. du sing. du prés. de l'ind. temps simp. et primit., 2e mode, 4e conj.
notre	adj. poss. fém. sing. dét. *patrie*.
patrie ;	n. com. fém. sing. attribut de *ciel*.
dans	prép.
ce	adj. dém. masc. sing. dét. *séjour*.
bienheureux	adj. qual. masc. sing. qual. *séjour*.
séjour	n. com. masc. sing. comp. circonst. de *reposerons*.
nous	pron. pers. 1re pers. du masc. plur. suj. de *reposerons*.
nous	pron. pers. 1re pers. du masc. plur. compl. dir. de *reposerons*.
reposerons	verbe pron. actif à la 1re pers. du plur. du fut. simp. temps simp. et dér. du prés. de l'inf., 2e mode, 1re conj.
de	prép.
tous	adj. ind. masc. plur. dét. *travaux*.
nos	adj. poss. masc. plur. dét. *travaux*.
travaux ;	n. com. masc. plur. compl. ind. de *reposerons*.
nous	pron. pers. 1re pers. du masc. plur. suj. de *goûterons*.
goûterons	verbe actif à la 1re pers. du plur. du fut. simp., temps simp. et dér. du prés. de l'inf., 2e mode, 1re conj.
les	art. simp. au masc. plur. ann. que *fruits* est dét.
fruits	n. com. masc. plur. compl. dir. de *goûterons*.
de	prép.
tous	adj. ind. masc. plur. dét. *sacrifices*.
les	art. simp. au masc. plur. ann. que *sacrifices* est dét.
sacrifices	n. com. masc. plur. compl. ind. de *fruits*.

que	pron. rel. à *sacrifices*, 3e pers. du masc. plur. comp. dir. de *aura fait faire* (1).
l'	art. simp. au masc. sing. ann. que *amour* est dét.
amour	n. com. masc. sing. suj. de *aura fait*.
de	prép.
Dieu	n. prop. masc. sing. compl. ind. de *amour*.
nous	pron. pers. 1re pers. du masc. plur. compl. ind. de *aura fait faire*.
aura fait	verbe actif à la 3e pers. du sing. du fut. antérieur, temps comp. et dér. du part. passé, 2e mode, 4e conj.
faire.	verbe act. au prés. de l'inf., temps simp. et primit., 1er mode, 4e conj., compl. dir. de *aura fait*.
Ce	adj. dém. masc. sing. dét. *Dieu*.
Dieu	n. prop. masc. sing. suj. de *récompensera*.
si	adv. mod. *bon* (2).
bon	adj. qual. masc. sing. qual. *Dieu*.
nous	pron. pers. 1re pers. du masc. plur., compl. dir. de *récompensera*.
récompensera	verbe act. à la 3e pers. du sing. du fut. simp., temps simp. et dér. du prés. de l'inf., 2e mode, 1re conj.
magnifiquement	adv. mod. *récompensera*.
de	prép.
tous	adj. ind. masc. plur. dét. *efforts*.
les	art. simp. au masc. plur. ann. que *efforts* est dét.
efforts	n. com. masc. plur. compl. ind. de *récompensera*.
que	pron. rel. à *efforts*, 3e pers. du masc. plur., compl. dir. de *aurons faits*.
nous	pron. pers. 1re pers. du masc. plur. suj. de *aurons faits*.
aurons faits	verbe actif à la 1re pers. du plur. du fut. antér., temps comp. et dér. du part. passé, 2e mode, 4e conj.
pour	prép.
lui	pron. pers. 3e pers. du masc. sing. compl. ind. de *plaire*.
plaire.	verbe neutre au prés. de l'inf. temps simp., et prim., 1er mode, 4e conj., comp. circonst. de *aurons faits*.

Les temps primitifs des verbes à conjuguer sont :

Espére r, *espér* ant, *ayant espéré, j'espèr* e, *j'espéra* i ; *préfér* er, *préfér* ant, *ayant préféré, je préfèr* e, *je préféra* i ; *élever* r, *élev* ant, *ayant élevé, j'élèv* e, *j'éleva* i ; *amene* r, *amen* ant, *ayant amené, j'amèn* e, *j'amena* i.

---

(1) Lorsque le verbe *faire* est suivi d'un autre verbe à l'infinitif, comme ici *fait faire*, les compléments appartiennent aux deux verbes.

(2) *Si* est ordinairement conjonction, mais il est adverbe quand il signifie *tellement*, et qu'il modifie un verbe, un adjectif ou un autre adverbe.

101ᵉ EXERCICE. — Les élèves ont dû mettre à la 2ᵉ personne du singulier de l'impératif les verbes qui, dans le livre à leur usage, sont de la 1ʳᵉ personne du pluriel, et mettre à la 1ʳᵉ personne du pluriel du même temps ceux qui sont au singulier.

Espère en Dieu et rien ne te manquera. — *Préférons* toujours l'utile à l'agréable. — *Élève* souvent ton âme vers Dieu. — *Amène* à Jésus tous ces petits enfants. — *Semons* des fleurs dans notre parterre. — *Cède* aux emportés pour le bien de la paix. — *Régnons* avant tout sur nos passions. — *Répète* souvent le doux nom de Marie. — *Pénétrons* notre cœur des saintes lois de Dieu. — *Procède* en tout avec ordre. — N'*alléguons* pas de prétextes frivoles pour nous dispenser d'un devoir. — *Règle* toutes tes démarches avec prudence et sagesse.

QUESTIONS. — *Pourquoi* espère? — Parce que les verbes en *er*, qui ont la syllabe finale de l'infinitif précédée d'un *é* fermé, comme *espérer*, changent cet *é* fermé en *è* ouvert devant une syllabe muette; ici *re* est une syllabe muette.

Pourquoi préférons? — Parce que les verbes en *er*, qui ont la syllabe finale de l'infinitif précédée d'un *é* fermé, comme *préférer*, ne changent cet *é* fermé en *è* ouvert que devant une syllabe muette; ici *rons* n'est pas une syllabe muette.

Mêmes questions pour tous les autres verbes.

Les temps primitifs des verbes à conjuguer, sont :

Allége r, *allége* ant, *ayant allégé*, *j'allég* e, *j'allégea* i; *abrége* r, *abrége* ant, *ayant abrégé*, *j'abrég* e, *j'abrégea* i; *protége* r, *protége* ant, *ayant protégé*, *je protég* e, *je protégea* i.

Ces verbes étant en *éger* conservent l'accent aigu.

Dictée.

La rosée qui s'*élève* de la terre *contribue* à la nourriture des feuilles. — La beauté et la vie de la rose ne *durent* qu'un instant : *considère* cette fleur, aimable jeunesse, tu lui *ressembles* par la beauté, tu lui *ressembleras* par la courte durée. — *Préférons* le devoir au plaisir. — Je *préfère* Dieu à tout. — Veux-tu jouir des richesses que tu *possèdes*, *partage*-les avec les malheureux. — Les pensées du sage *précèdent* ses actions et celles de l'insensé sont à la suite de ses entreprises. — Ne te *glorifie* pas pour le lendemain, car tu ne sais pas ce qu'*amènera* le jour à venir. — Le cœur pur *pénètre* jusque dans le ciel. — Le sage *préfère* le soin de son âme à tout autre soin. — L'homme considère les actions, mais Dieu *pèse* l'intention. — J'*espère* en Dieu et je l'aime de tout mon cœur. — Marie *protége* ceux qui l'*invoquent* avec confiance, elle *intercède* pour eux auprès de Dieu. — Nous *abrégerons* les peines des âmes du purgatoire par nos prières et nos bonnes œuvres; elles *prieront* pour nous et nous *protégeront* quand elles *seront* en possession de la gloire du ciel. — Vous *allégerez* vos peines en les confiant à un ami fidèle.

102ᵉ Exercice.

Si vous supprimez les vermisseaux et les chenilles, vous ôtez la vie aux oiseaux; ils n'ont point d'autre lait pendant leur enfance; ils adressent alors leurs cris au Seigneur et le Seigneur multiplie pour eux une nourriture qui convient parfaitement à leur extrême délicatesse.

Si	conj.
vous	pron. pers. 2e pers. du m. plur. suj. de *supprimez*.
supprimez	verbe actif à la 2e pers. du plur. du prés. de l'ind. temps simp. et prim. 2e mod. 1re conj.
les	art. simp. au m. pl. ann. que *vermisseaux* est dét.
vermisseaux	n. com. masc. plur. 1er compl. dir. de *supprimez*.
et	conj.
les	art. simp. au fém. plur. ann. que *chenilles* est dét.
chenilles,	n. com. fém. plur. 2e compl. dir. de *supprimez*.
vous	pron. pers. 2e pers. du masc. plur. suj. de *ôtez*.
ôtez	verbe act. à la 2e pers. du plur. du prés. de l'ind. temps simp. et prim. 2e mod. 1re conj.
la	art. simp. au fém. sing. ann. que *vie* est dét.
vie	n. com. fém. sing. compl. dir. de *ôtez*.
aux	art. comp. mis pour *à les*.
à	prép.
les	art. simp. au masc. plur. ann. que *oiseaux* est dét.
oiseaux;	n. com. masc. plur. comp. ind. de *ôtez*.
ils	pron. pers. 3e pers. du masc. plur. suj. de *ont*.

ne point	loc. adv. mod. *ont.*
ont	verbe act. à la 3ᵉ pers. du plur. du prés. de l'ind. temps simp. et prim. 2ᵉ mod. 3ᵉ conj.
d'	prép.
autre	adj. ind. masc. sing. dét. *lait.*
lait	n. com. masc. sing. compl. dir. de *ont.*
pendant	prép.
leur	adj. poss. fém. sing. dét. *enfance.*
enfance	n. com. fém. sing. compl. circonst. de *ont.*
ils	pron. pers. 3ᵉ pers. du masc. plur. suj. de *adressent.*
adressent	verbe act. à la 3ᵉ pers. du plur. du prés. de l'ind. temps simpl. et prim. 2ᵉ mod. 1ʳᵉ conj.
alors	adv. mod. *adressent.*
leurs	adj. poss. masc. plur. dét. *cris.*
cris	n. com. masc. plur. compl. dir. de *adressent.*
au	art. comp. mis pour *à le.*
à	prép.
le	art. simp. au masc. sing. ann. que *Seigneur* est dét.
Seigneur	n. prop. masc. sing. compl. ind. de *adressent.*
et	conj.
le	art. simp. au masc. sing. ann. que *Seigneur* est dét.
Seigneur	n. prop. masc. sing. suj. de *multiplie.*
multiplie	verbe act. à la 3ᵉ pers. du sing. du prés. de l'ind. temps. simp. et prim. 2ᵉ mod. 1ʳᵉ conj.
pour	prép.
eux	pron. pers. 3ᵉ pers. du masc. plur. compl. circonst. de *multiplie.*
une	adj. ind. fém. sing. dét. *nourriture.*
nourriture	n. com. fém. sing. compl. dir. de *multiplie.*
qui	pron. rel. à *nourriture* 3ᵉ pers. du fém. sing. suj. de *convient.*
convient	verbe neut. à la 3ᵉ pers. du sing. du prés. de l'ind. temps simp. et prim. 2ᵉ mod. 2ᵉ conj.
parfaitement	adv. mod. *convient.*
à	prép.
leur	adj. poss. fém. sing. dét. *délicatesse.*
extrême	adj. qual. fém. sing. qual. *délicatesse.*
délicatesse.	n. com. fém. sing. compl. ind. de *convient.*

Les temps primitifs des verbes à conjuguer sont :

Renouvele r, *renouvel* ant, *ayant renouvelé, je renouvell* e, *je renouvela* i ; *amoncele* r, *amoncel* ant, *ayant amoncelé, j'amoncell* e, *j'amoncela* i ; *jete* r, *jet* ant, *ayant jeté, je jett* e, *je jeta* i ; *interpréte* r, *interprét* ant, *ayant interprété, j'interprèt* e, *j'interpréta* i.

103ᵉ Exercice. — Les élèves ont dû mettre au pluriel tous les verbes qui, dans le livre à leur usage, étaient au singulier, et au singulier ceux qui étaient au pluriel.

Rappelle-toi sans cesse les bienfaits du Seigneur. — *Renouvelons* souvent nos bonnes résolutions. — *Rejette* loin de toi la pensée du mal.— Ne *chancelons* jamais dans la voie de la vertu. — *Appelle* souvent Marie à ton secours. — *Cachetons* mieux toutes nos lettres. — N'*amoncelle* pas d'injustes trésors.— *Jette* au feu tous les mauvais livres.— Ne *révélons* jamais le secret d'autrui. — Ne *décachetons* jamais ces lettres. — N'*empiète* pas sur le terrain d'autrui. — N'*interprète* pas en mal les paroles de tes frères. — Ne nous *inquiétons* pas trop de l'avenir.

QUESTIONS. — *Pourquoi deux* ll *à* rappelle? — Parce que les verbes en *eler* doublent l'*l* devant une syllabe muette ; ici *le* est une syllabe muette.

Pourquoi un seul l *à* renouvelons? — Parce que les verbes en *eler* ne doublent l'*l* que devant une syllabe muette ; ici *lons* n'est pas une syllabe muette.

Mêmes questions pour tous les autres verbes.

Les temps primitifs des verbes conjugués sont :

Appele r, *appel* ant, *ayant appelé*, *j'appell* e, *j'appela* i ; *ra-chete* r, *rachet* ant, *ayant racheté*, *je rachett* e, *je racheta* i ; *re-céle* r, *recél* ant, *ayant recélé*, *je recèl* e, *je recéla* i ; *végéte* r, *vé-gét* ant, *ayant végété*, *je végèt* e, *je végéta* i ; *révéle* r, *révél* ant, *ayant révélé*, *je révèl* e, *je révéla* i.

Dictée.

Si les vents orageux des tentations s'*élèvent* en vous, *jetez*-vous dans les bras de Marie, *appelez*-la à votre secours et elle vous *protégera*. — Nous nous *rappellerons* toujours avec bon-heur l'heureux jour de notre première communion. — La terre et l'eau ne *recèlent* que les biens qui ne sont pas nécessaires ; le ciel vous est ouvert, vous n'y *cherchez* pas Dieu et vous *fouillez* les entrailles de la terre pour en arracher l'or et les pierres précieuses. — Le Seigneur ne *rejettera* jamais un cœur contrit et humilié. — Dieu *appela* les mondes et ils *accoururent* dans l'espace. — Les discours des flatteurs *recèlent* un subtil poison.

6

— Il faut souvent *renouveler* ses bonnes résolutions. — Les Trinitaires *rachetaient* les chrétiens esclaves. — Les étoiles, qui *étincellent* avec un si doux éclat, *élèvent* notre âme vers le Créateur. — J'*espère* en Dieu et je me *jette* avec confiance entre ses bras. — Nous *rachetterons* nos péchés par une sincère pénitence. — Marie, *protégez*-moi, *intercédez* pour moi, *enseignez*-moi à *préférer* Dieu à tout. — L'Église catholique seule est universelle, seule elle *appelle* dans le sein même de l'unité tous les hommes, et les *convie* au banquet divin de la vérité. — La mort *révèle* les secrets du cœur. — Que d'hommes, comme les plantes, *végètent* sur cette terre.

Dictée de récapitulation.

La religion est une chaîne qui *unit* le ciel à la terre. — L'athée *nie* Dieu en sa présence. — La foi *commence* où *finit* l'orgueil. — O religion divine, toi seule n'*abandonnes* jamais tes enfants ; tu les *adoptes* dès le berceau, tu *affermis* leurs pas dans le chemin épineux de la vie, tu *rappelles* ceux qui s'*égarent*, tu *cherches* ceux qui te *fuient* ; tu *es* la mère, le soutien, le dernier asile de l'homme, tu *calmes* ses maux et tu *adoucis* l'amertume de sa dernière heure. — Si tu *cultives* une racine amère, n'*espère* pas goûter un fruit doux. — Toi qui *jouis* d'un doux sommeil, *pense* à ceux que la douleur *empêche* de dormir. — Toi qui *es* opulent, *songe* à celui que la misère *accable*. — Que l'homme *considère* son existence, qu'il se *rappelle* son néant et alors il *avouera* qu'il *existe* un être supérieur à lui, de qui il tient tout ce qu'il *possède*. — *Efforçons*-nous de devenir vertueux et *ménageons* précieusement le temps qui nous *reste* à vivre. — Celui qui s'*appuie* sur la créature *tombera* avec un appui si fragile. — La religion veut que nous *sacrifiions* nos ressentiments à la charité. — On *obtient* le fer blanc en *plongeant* une lame de fer dans de l'étain fondu. — Tout dans la nature *célèbre* les bienfaits de Dieu, *confesse* son existence, le *remercie* et le *bénit*. — *Garde*-toi, mon frère, de te réjouir lorsque tu *passes* sur la tombe de ton ennemi, *jette* plutôt un regard silencieux sur celle qui s'*entrouvre* déjà pour te recevoir. — Mon fils, ne t'*aigris* point contre la volonté du Seigneur, car le Seigneur *châtie* celui qu'il *aime*, comme un père le fils qu'il *chérit*. — On *appelle* étoupe la partie la plus grossière de la filasse. — *Songeons* souvent à nos fins dernières. — Nulle part la végétation ne *déploie* une plus grande magnificence qu'en Asie.

104e EXERCICE.

La divine Providence s'occupe des moindres insectes ; on est surpris lorsqu'on examine les organes qu'elle leur a donnés pour vivre, et les outils avec lesquels ils travaillent ; les uns savent filer, et ils ont deux quenouilles et des doigts pour façonner leur fil ; d'autres ourdissent des toiles et des filets, et ils sont pourvus de pelotons et de navettes ; ceux-ci travaillent en cire ; ceux-là construisent en bois, et ils ont reçu deux serpes pour faire leurs abattis.

La	art. simp. au fém. sing. ann. que *Providence* est dét.
divine	adj. qual. fém. sing. qual. *Providence*.
Providence	n. prop. fém. sing. suj. de *s'occupe*.
s'	pron. pers. 3e pers. du fém. sing. compl. dir. de *occupe*
occupe	verbe pron. act. à la 3e pers. du sing. du prés. de l'ind. temps simp. et prim. 2e mod. 1re conj.
des	art. comp. mis pour *de les*.
de	prép.
les	art. simp. au masc. plur. ann. que *insectes* est dét.
moindres	adj. qual. masc. plur. qual. *insectes*.
insectes	n. com. masc. plur. compl. indir. de *occupe*.
on	pron. ind. 3e pers. du masc. sing. suj. de *est*.
est	verbe auxil. *être* à la 3e pers. du sing. du prés. de l'ind. temps simp. et prim. 2e mod. 4e conj.
surpris	partic. passé passif. (Ce participe forme avec l'auxiliaire *être* le verbe passif *être surpris*).
lorsqu'	conj.
on	pron. ind. 3e pers. du masc. sing. suj. de *examine*.
examine	verbe act. à la 3e pers. du sing. du prés. de l'ind. temps simp. et prim. 2e mod. 1re conj.
les	art. simp. au masc. plur. ann. que *organes* est dét.
organes	n. com. masc. plur. 1er compl. dir. de *examine*.
qu'	pron. rel. à *organes* 3e pers. du masc. plur. compl. dir. de *a donnés*.
elle	pron. pers. 3e pers. du fém. sing., suj. de *a données*.
leur	pron. pers. 3e pers. du masc. plur. compl. ind. de *a donnés*.

a donnés	verbe act. à la 3e pers. du sing. du passé indéterm. temps comp. et dér. du paticipe passé 2e mod. 1re conj.
pour	prép.
vivre	verbe neut. au prés. de l'inf. temps simp. et prim. 1er mod. 4e conj. compl. circonst. de *a donnés*.
et	conj.
les	art. simp. au masc. plur. ann. que *outils* est dét.
outils	n. com. masc. plur. 2e compl. dir. de *examine*.
avec	prép.
lesquels	pron. rel. à *outils* 3e pers. du masc. plur. compl. circonst. de *travaillent*.
ils	pron. pers. 3e pers. du m. plur. suj. de *travaillent*.
travaillent	verbe neut. à la 3e pers. du plur. du prés. de l'ind. temps simp. et prim. 2e mod. 1re conj.
les uns	pron. ind. 3e pers. du masc. plur. suj. de *savent*.
savent	verbe act. à la 3e pers. du plur. du prés. de l'ind. temps simp. et prim. 2e mod. 3e conj.
filer	verbe neut. au prés. de l'inf. temps simp. et prim. 1er mod. 1re conj. compl. dir. de *savent*.
et	conj.
ils	pron. pers. 3e pers. du masc. plur. suj. de *ont*.
ont	verbe act. à la 3e pers. du plur. du prés. de l'ind. temps simp. et prim. 2e mod. 3e conj.
deux	adj. num. card. fém. plur. dét. *quenouilles*.
quenouilles	n. com. fém. plur. 1er compl. dir. de *ont*.
et	conj.
des	art. comp. mis pour *de les*.
de	prép.
les	art. simp. au masc. plur. ann. que *doigts* est dét.
doigts	n. com. masc. plur. 2e compl. dir. de *ont*.
pour	prép.
façonner	verbe act. au prés. de l'inf. temps simp. et prim. 1er mod. 1re conj. compl. circonst. de *ont*.
leur	adj. poss. masc. sing. dét. *fil*.
fil	n. com. masc. sing. compl. dir. de *façonner*.
d'	prép.
autres	pron. ind. 3e pers. du masc. plur. suj. de *ourdissent*.
ourdissent	verbe act. à la 3e pers. du plur. du prés. de l'ind. temps simp. et prim. 2e mod. 2e conj.
des	art. comp. mis pour *de les*.
de	prép.
les	art. simp. au fém. plur. ann. que *toiles* est dét.
toiles	n. com. fém. plur. 1er compl. dir. de *ourdissent*.
et	conj.
des	art. comp. mis pour *de les*.
de	prép.
les	art. simp. au masc. plur. ann. que *filets* est dét.
filets	n. com. masc. plur. 2e compl. dir. de *ourdissent*.
et	conj.
ils	pron. pers. 3e pers. du masc. plur. suj. de *sont*.
sont	verbe auxil. *être* à la 3e pers. du plur. du prés. de l'ind. temps simp. et prim. 2e mod. 4e conj.

pourvus	partic. passé passif, masc. plur.
de	prép.
pelotons	n. com. masc. plur. 1er compl. ind. de *sont pourvus*.
et	conj.
de	prép.
navettes	n. com. fém. plur. 2e compl. ind. de *sont pourvus*.
ceux-ci	pron. dém. 3e pers. du m. plur. suj. de *travaillent*.
travaillent	verbe neut. à la 3e pers. du plur. du prés. de l'ind. temps simp. et prim. 2e mod. 1re conj.
en	prép.
cire	n. com. fém. sing. compl. circonst. de *travaillent*.
ceux-là	pron. dém. 3e pers. du m. p. suj. de *construisent*.
construisent	verbe act. pris neutralement à la 3e pers. du plur. du prés. de l'ind. temps simp. et prim. 2e mod. 4e conj.
en	prép.
bois	n. com. masc. sing. compl. circonst. de *construisent*.
et	conj.
ils	pron. pers. 3e pers. du masc. plur. suj. de *ont reçu*.
ont reçu	verbe act. à la 3e pers. du plur. du passé indéter. temps comp. et dér. du participe passé 2e mod. 3e conj.
deux	adj. num. card. fém. plur. dét. *serpes*.
serpes	n. com. fém. plur. compl. dir. de *ont reçu*.
pour	prép.
faire	verbe act. au prés. de l'inf. temps simp. et prim. 1er mod. 4e conj. compl. circonst. de *ont reçu*.
leurs	adj. poss. masc. plur. dét. *abattis*.
abattis.	n. com. masc. plur. compl. dir. de *faire*.

Les temps primitifs des verbes à conjuguer sont :

Haï r, *haïss* ant, *ayant haï, je haï* s, *je haï* s ; *béni* r, *béniss* ant, *ayant béni et ayant bénit, je béni* s, *je béni* s; *fleuri* r, *fleuriss* ant *et floriss* ant, *ayant fleuri, je fleuri* s, *je fleuri* s.

105e EXERCICE. — *Gram*. N° 82. — Les élèves ont dû mettre cette phrase : *Tu hais la dissimulation*, à l'imparfait de l'indicatif, au futur simple, à l'impératif, au présent du subjonctif et à l'imparfait du subjonctif en conservant toujours la seconde personne du singulier.

Tu *haïssais* la dissimulation.—Tu *haïras* la dissimulation.—*Hais* la dissimulation. — Que tu *haïsses* la dissimulation.—Que tu *haïsses* la dissimulation.

QUESTIONS. — *Pourquoi un* tréma à haïssais? — Parce que le verbe *haïr* prend un tréma sur l'*i* dans toute sa conjugaison,

excepté au singulier du présent de l'indicatif et à la deuxième
personne du singulier de l'impératif.

Pourquoi hais *sans* tréma? — Parce que *hais* est à la deuxième
personne du singulier de l'impératif.

2° Les élèves ont dû ajouter un *t* au participe passé du verbe
bénir, selon la règle.

Un laurier *bénit* par notre curé. — Un enfant *béni* par son
père. — Un pays *béni* du ciel. — Un chapelet *bénit* par le pape.
— Un maître *béni* de tous ses serviteurs. — Un pain *bénit* par
le prêtre.

QUESTIONS. — *Pourquoi un t à* un laurier bénit?—Parce que
bénit signifie ici consacré par une cérémonie religieuse.

Pourquoi béni *à* un enfant béni? — Parce que, dans ce cas,
béni ne signifie pas consacré par une cérémonie religieuse.

3° Les élèves ont dû mettre le verbe fleurir à l'imparfait
de l'indicatif dans les phrases suivantes :

Nos beaux arbres *fleurissaient* pendant l'été. — Ces violettes
fleurissaient dans la prairie. — La religion *florissait* dans ce
royaume. — Les sciences *florissaient* sous ce prince.

QUESTIONS. — *Pourquoi* fleurissaient? — Parce que le verbe
fleurir n'est point employé ici dans le sens de prospérer.

Pourquoi la religion florissait?—Parce que le verbe *fleurir* est
employé ici dans le sens de prospérer.

Les temps primitifs des verbes à conjuguer sont :

Devoi r, *dev* ant, *ayant dû, je doi* s, *je du* s ; *apercevoi* r, *aper-
cev* ant, *ayant aperçu, j'aperçoi* s, *j'aperçu* s ; *recevoi* r, *recev* ant,
ayant reçu, je reçoi s, *je reçu* s ; *concevoi* r, *concev* ant, *ayant
conçu, je conçoi* s, *je conçu* s ; *craind* re, *craign* ant, *ayant craint,
je crain* s, *je craigni* s ; *peind* re, *peign* ant, *ayant peint, je pein* s,
je peigni s ; *atteind* re, *atteign* ant, *ayant atteint, j'attein* s, *j'at-
teigni* s.

106e EXERCICE. — *Gram.* Nos 83 et 84. — 1° Les élèves

ont dû mettre au futur simple les verbes des trois premières phrases de cet exercice, et au présent du conditionnel ceux des trois phrases suivantes :

Je *devrai* mon salut à vos bons avis. — J'*apercevrai* avec joie ma ville natale. — Je *concevrai* une légère espérance. — Je *recevrais* le prix de mes travaux. — Je *percevrais* une faible rétribution. — Je *redevrais* une légère somme.

2° Les élèves ont dû mettre les verbes des phrases suivantes d'abord à la deuxième personne du singulier du présent de l'indicatif, puis à la troisième personne du singulier de ce même temps.

Tu *crains* Dieu seul. — Tu *peins* avec goût. Tu *atteins* sûrement ton but. — Tu *feins* une joie extrême. — Tu *enfreins* le commandement d'un bon père. — Tu *plains* tous les malheureux. — Tu *ceins* ton front d'une couronne d'or. — Tu *éteins* toutes les bougies. — Il *craint* Dieu seul. — Il *peint* avec goût. — Il *atteint* sûrement son but. — Il *feint* une joie extrême. — Il *enfreint* le commandement d'un bon père. — Il *plaint* tous les malheureux. — Il *ceint* son front d'une couronne d'or. — Il *éteint* toutes les bougies.

Pour la correction des verbes *finir* et *achever*, voir dans la Grammaire, page 48, le verbe *terminer* conjugué interrogativement.

107e Exercice. — *Gram.* N° 85. — Les élèves ont dû mettre les phrases suivantes à l'interrogatif, d'abord à la première personne du singulier, puis à la troisième personne.

Aimé-je et *respecté*-je mes chers parents? — *Puis*-je et *dois*-je sauver mon âme? — *Ai*-je *désiré* une récompense, et l'*ai*-je *obtenue*? — *Aurai*-je bientôt *terminé* mes études et *reverrai*-je alors mes chers parents? — *Est*-ce que je *crains* et que je *fuis* les mauvaises compagnies? — *Est*-ce que je *dors* et que je *joue* bien? — *Aime-t*-il et *respecte-t*-il ses chers parents? — *Peut*-il et *doit*-il sauver son âme? — *A-t*-il *désiré* une récompense et l'*a-t*-il *obtenue*?—*Aura-t*-il bientôt *terminé* ses études et *reverra-t*-il alors ses chers parents? — *Craint*-il et *fuit*-il les mauvaises compagnies? — *Dort*-il et *joue-t*-il bien?

Pour la correction des verbes *offenser* et *accomplir*, conjugués interrogativement, voir le verbe *terminer*, Grammaire, page 48.

108e Exercice.

Le pain est nécessaire à la table du prince et au repas du berger; l'infirme et le convalescent, l'homme qui se porte bien, se restaurent par son usage. On finit par se dégoûter des mets qui flattent le palais; mais le pain cause toujours une nouvelle jouissance.

Le	art. simp. au masc. sing. ann. que *pain* est dét.
pain	n. com. masc. sing. suj. de *est*.
est	verbe subst. à la 3e pers. du prés. de l'ind. temps simp. et primit., 2e mode, 4e conj.
nécessaire	adj. qual. masc. sing. qual. *pain*.
à	prép.
la	art. simp. au fém. sing. ann. que *table* est dét.
table	n. com. fém. sing. 1er compl. ind. de *nécessaire*.
du	art. comp. mis pour *de le*.
de	prép.
le	art. simp. au masc. sing. ann. que *prince* est dét.
prince	n. com. masc. sing. compl. ind. de *table*.
et	conj.
au	art. comp. mis pour *à le*.
à	prép.
le	art. simp. au masc. sing. ann. que *repas* est dét.
repas	n. com. masc. sing. 2e compl. ind. de *nécessaire*.
du	art. comp. mis pour *de le*.
de	prép.
le	art. simp. au masc. sing. ann. que *berger* est dét.
berger;	n. com. masc. sing. compl. ind. de *repas*.
l'	art. simp. au masc. sing. ann. que *infirme* est dét.
infirme	n. com. masc. sing. 1er suj. de se *restaurent*.
et	conj.
le	art. simp. au masc. sing. ann. que *convalescent* est dét.
convalescent;	n. com. masc. sing., 2e suj. de se *restaurent*.
l'	art. simp. au masc. sing. ann. que *homme* est dét.
homme	n. com. masc. sing. 3e suj. de se *restaurent*.

qui	pron. rel. à *homme*, 3e pers. du masc. sing. suj. de *se porte*.
se	pron. pers. 3e pers. du m. s. compl. dir. de *porte*.
porte	verbe pron. act. à la 3e pers. du sing. du prés. de l'ind., temps simp. et primit., 2e mode, 1re conj.
bien	adv. mod. *se porte*.
se	pron. pers. 3e pers. du masc. plur., compl. dir. de *restaurent*.
restaurent	verbe pron. act. à la 3e pers. du plur. du prés. de l'ind., temps simp. et primit., 2e mode, 1re conj.
par	prép.
son	adj. poss. masc. sing. dét. *usage*.
usage.	n. com. masc. sing. comp. ind. de *se restaurent*.
On	pron. ind. 3e pers. du masc. sing., suj. de *finit*.
finit	verbe act. pris neut. à la 3e pers. du sing. du prés. de l'ind., temps simp. et primit., 2e mod., 2e conj.
par	prép.
se	pron. pers. 3e pers. du masc. sing. compl. dir. de *dégoûter*.
dégoûter	verbe pron. act. au prés. de l'inf., temps simp. et prim., 1er mode, 1re conj., compl. ind. de *finit*.
des	art. comp. mis pour *de les*.
de	prép.
les	art. simp. masc. plur. ann. que *mets* est dét.
mets	n. com. masc. plur. compl. ind. de se *dégoûter*.
qui	pron. rel. à *mets*, 3e pers. du masc. plur., suj. de *flattent*.
flattent	verbe act. à la 3e pers. du plur. du prés. de l'ind., temps simp. et primit., 2e mode, 1re conj.
le	art. simp. au masc. sing. ann. que *palais* est dét.
palais,	n. com. masc. sing. compl. dir. de *flattent*.
mais	conj.
le	art. simp. au masc. sing. ann. que *pain* est dét.
pain	n. com. masc. sing. suj. de *cause*.
cause	verbe act. à la 3e pers. du sing. du prés. de l'ind., temps simp. et prim., 2e mode, 1re conj.
toujours	adv. mod. *cause*.
une	adj. ind. fém. sing. dét. *jouissance*.
nouvelle	adj. qual. fém. sing. qual. *jouissance*.
jouissance.	n. com. fém. sing. compl. dir. de *cause*.

CHAPITRE SIXIÈME.

DU PARTICIPE PASSÉ.

Les maîtresses comprendront facilement combien il est nécessaire de placer l'étude du participe passé avant toutes les autres règles de syntaxe contenues dans notre grammaire.

6*

Rien d'ailleurs ne s'oppose à ce que les élèves apprennent maintenant l'accord des participes, puisqu'elles connaissent bien les sujets et les différents compléments des verbes.

Quant à l'étude des verbes irréguliers, elle doit marcher avec celle des participes passés, et c'est pour cela que l'on donne quelques-uns de ces verbes à conjuguer après chaque exercice; les temps simples présentant seuls des difficultés, la maîtresse pourra désormais ne faire conjuguer tous ces verbes qu'aux temps simples.

Dans tous les exercices sur le participe passé, les élèves ont dû ajouter, selon les règles, l'accord aux participes.

109ᵉ Exercice. — *Gram.* Nᵒˢ 204, 205 et 206. — Après avoir fait étudier le nᵒ 204, le nᵒ 205 et le nᵒ 206 de la Grammaire, la maîtresse a donné à faire le 109ᵉ exercice dont voici le corrigé :

Un homme *instruit*. — Une femme *instruite*. — Ce champ est *ensemencé*. — Ces terres sont *ensemencées*. — Un pays *civilisé*. — Des contrées *civilisées*. — Ce royaûme est *situé* au nord. — Ces villes sont *situées* au nord. — Cette rose a été *cueillie*. — Ces œillets ont été *cueillis*. — Ce livre était bien *connu*. — Ces histoires étaient bien *connues*.

Questions. — *Pourquoi* instruit? — Parce que c'est un participe adjectif qui qualifie *homme*, nom du masculier singulier.

Pourquoi instruite? — Parce que c'est un participe adjectif qui qualifie *femme*, nom du féminin singulier.

Pourquoi ensemencé? — Parce que c'est un participe conjugué avec l'auxiliaire être, qui doit s'accorder avec le sujet *champ*, nom du masculin singulier.

Pourquoi ensemencées? — Parce que c'est un participe conjugué avec l'auxiliaire être qui doit s'accorder avec le sujet *terres*, nom du féminin pluriel.

Pour la correction des verbes *aller, envoyer, acquérir, bouillir* et *courir*, voir la Grammaire, page 50.

Dictée sur les participes sans auxiliaire, et sur les participes conjugués avec l'auxiliaire être.

Cette dictée doit rappeler en même temps le pluriel des verbes et même l'accord des adjectifs.

Les Européens sont les plus *civilisés*, les plus *instruits* de tous les peuples.

L'Europe est la seule partie de la terre qui soit partout *cultivée*, partout *couverte* de villes et de villages ; ses habitants *possèdent* plusieurs contrées dans les trois autres parties du monde.

L'Asie est la plus grande et la plus remarquable des trois parties de notre continent ; les régions *situées* dans l'intérieur de l'Asie, qui sont *privées* des souffles rafraîchissants de la mer et *arrosées* de peu de rivières, *éprouvent* une chaleur très-grande ou un froid excessif. Aujourd'hui encore, ces régions ne sont *habitées* que par des peuples qui, le matin, *abattent* leurs villes et leurs villages, les *emportent* fort loin et les *reconstruisent* le soir en moins d'une heure. La partie septentrionale de l'Asie est *remplie* de forêts, de lacs et de marais, et elle n'a jamais été régulièrement *habitée* ; mais les contrées orientales, les contrées occidentales et surtout les méridionales, sont les plus délicieuses de la terre.

L'Afrique est *située* presque entièrement sous la zone torride ; elle *offre* de vastes déserts, des montagnes d'une hauteur prodigieuse et des monstres de toute espèce. On y *trouve* peu d'états bien *gouvernés* ; l'intérieur de l'Afrique est peu *connu*.

Ce n'est que depuis quelques siècles que l'Amérique a été *découverte* par les Européens ; elle est *divisée* en deux continents *séparés* par un isthme fort étroit. Le froid qui *règne* dans la partie septentrionale et son éloignement des contrées *habitées*, sont cause qu'on ne la *connaît* pas entièrement ; mais on a tout lieu de croire que les naturels des pays *ignorés* ne sont point *civilisés*.

110ᵉ Exercice. — Participes accompagnés de l'auxiliaire *être*.

Doués des facultés les plus·excellentes et *comblés* des bienfaits de la nature, les hommes pensent rarement à la source d'où leur sont *venus* tous ces biens. — *Livrés* à eux-mêmes, les jeunes gens deviennent souvent victimes de leur inexpérience. — *Destinées* à fendre les airs, les ailes de l'aigle sont d'une grandeur prodigieuse. — Le premier jour fut *créée* la lumière et le quatrième jour seulement furent *formés* le soleil, la lune et les étoiles. — Dans mon petit parterre sont *réunies* les plus jolies fleurs, et chaque matin j'aime à contempler leurs calices où sont *cachées* quelques gouttes de rosée. — Dieu promit à l'homme un Sauveur par qui serait *écrasée* la puissance du démon. — C'est à Bayonne que fut *inventée* la baïonnette.

Questions. — *Pourquoi* doués *et* comblés ? — Parce que ces participes adjectifs qualifient *hommes*, nom du masculin pluriel.

Pourquoi venus ? — Parce que c'est un participe passé conjugué avec l'auxiliaire *être*, qui s'accorde avec son sujet *biens*, nom du masculin pluriel.

Pour la correction des verbes *cueillir*, *dormir* et *faillir*, voir la Grammaire, pages 50 et 51. *Accueillir* et *recueillir* se conjuguent comme *cueillir*.

Dictée sur les règles connues.

Quelque *embaumés* que *soient* nos parterres pendant la journée, il *semble* que les fleurs s'*étudient* à conserver ce qu'elles ont de plus odoriférant pour le soir et le matin. — Par combien de plaisirs purs et doux sont *compensées* les peines du cultivateur vigilant : le ciel *azuré* est son dais, la terre *tapissée* de fleurs est son plancher, l'air qui *circule* autour de lui n'est point *corrompu* par les exhalaisons *empoisonnées* des villes, une foule d'objets agréables sont *réunis* sous ses yeux. — Au ciel sont *réunies* toutes les joies et de ce bienheureux séjour sont *bannies* toutes les peines. — Dans l'intérieur de la terre sont *renfermés* les métaux, les pierres et une infinité d'autres matières que nous *mettons* sans cesse en œuvre pour nous procurer des demeures saines et commodes ; tous ces matériaux sont *logés* sous une voûte assez mince pour être *percée* au besoin, et pour permettre à l'homme de descendre dans l'immense souterrain qui *renferme* les provisions *destinées* à son usage. — Dans l'espace qui se *déroule* à nos regards pendant une belle nuit, sont *semés* des milliards de corps célestes dont chacun l'emporte plusieurs millions de fois peut-être sur le soleil qui nous *éclaire*. — Le Seigneur *dit* à Abraham : Je *multiplierai* ta postérité et en toi *seront bénies* toutes les nations de la terre.

111e Exercice. — *Gram.* N° 207. — Participes accompagnés de l'auxiliaire *avoir*.

Dieu a *créé* le monde. — L'univers est l'ensemble de tous les corps que Dieu a *créés*. — Ces petites abeilles ont *travaillé* pour nous, elles nous ont *préparé* un miel délicieux. — La cire que les abeilles ont *recueillie* nous éclaire maintenant. — Les Français ont *remporté* de grandes victoires. — Les victoires que les Français ont *remportées* sont nombreuses. — Ma bonne mère a souvent *visité* les pauvres, elle a *consolé* les affligés, elle a *secouru* bien des malheureux. — Les pauvres que ma mère a *visités*, les affligés qu'elle a *consolés*, enfin tous les malheureux qu'elle a *secourus* prieront pour le repos de son âme. — Jésus-Christ a *aimé* les hommes jusqu'à mourir pour eux. — Les hommes que Jésus-Christ a tant *aimés* oublient souvent son amour.

Questions. — *Pourquoi* a créé ? — Ce participe étant conjugué avec l'axiliaire *avoir* doit rester invariable, parce qu'il est suivi et non précédé de son complément direct *monde*.

Pourquoi créés ? — Ce participe étant conjugué avec l'auxiliaire *avoir*, doit s'accorder avec son complément direct *que*, pronom relatif à *corps*, nom du masculin pluriel, parce que ce complément direct précède le participe.

Pourquoi travaillé ? — Ce participe étant conjugué avec l'auxiliaire *avoir* doit rester invariable, parce que *travailler* étant un verbe neutre, ne peut avoir de complément direct.

Pour la correction des verbes *fuir*, *gésir*, *mentir*, *mourir*, *offrir* et *ouvrir*, voir la Grammaire, page 51.

Dictée sur les verbes et les participes.

Dans une ruche on voit presque toujours la reine *entourée* de beaucoup d'abeilles qui ne sont *occupées* qu'à lui être utiles. — Les naturalistes ont d'abord *donné* le nom de reptiles à tous les animaux qui *rampent* ; mais bientôt on a *étendu* ce nom à d'autres animaux qui, ayant les pieds très-courts, *semblent* marcher sur le ventre.—La vue des oiseaux *peut* devenir utile et même bien édifiante pour l'homme qui *s'habitue* à remonter vers le Dieu qui les a *créés* : heureux si nous *faisions* un pareil usage de ces aimables créatures. — Dieu n'a pas seulement *chargé* les plantes de nous procurer des plaisirs, il a *voulu* encore qu'elles *fissent* la partie la plus saine et la plus agréable de notre nourriture. — *Voyez* comme ces épis *chargés* de grains *diffèrent* de ceux qui en sont *dépourvus* : ceux-ci *s'élèvent* et *dominent* sur tout le champ, tandis que les autres *plient* sous leur propre poids. — La vigne, avec son bois sec et informe, me *rappelle* ces personnes qui, toutes *destituées* qu'elles sont de l'éclat des dignités humaines, font compter leurs jours par autant de bienfaits. — *Jetez* les yeux sur Notre-Seigneur Jésus-Christ : il a voulu paraître dans un état abject, et cependant il a *porté* des fruits qui ont *été* le salut de la terre.

112e Exercice. — Les élèves ont dû copier ces phrases et l'explication ci-dessous.

Je vous *ai donné*[1] des devoirs et vous les *avez finis*[2]. — C'est moi qui[3] *ai commencé*[4] cette broderie et c'est toi qui l'*as*[5] *achevée.*[6] —C'est moi qui[7] *ai commis*[8] cette faute et c'est toi qui l'*as*[5] *réparée*[9]. — Je me souviens des lieux que j'*ai visités*[10] et des personnes que j'*ai vues*[11].—Il faut que vous *payiez*[12] les dettes que vous avez *contractées*[13].—*Aie*[14] la bonté, chère amie, de m'envoyer les dessins que tu *as copiés* [15], je les *copierai* [16] à mon tour. — C'est toi, âme pécheresse, qui *as* [17] *causé* [18] lès douleurs que Jésus *a endurées* [19] sur le calvaire. — *Renouvelle* [20-21] chaque matin les bonnes résolutions que tu *as formées* [22]. — Cette jeune fille est *aimée* [23] et *admirée* [23] parce qu'elle *possède* [24] des vertus et des qualités bien aimables. — Julie *partageait* [25] tous ses bonbons avec les jeunes compagnes dont elle était *entourée* [26]. — Un enfant *béni* [27-28] du ciel est toujours heureux.

Explication.

[1] donné	parce que c'est un part. conj. avec l'auxil. *avoir* qui reste invar. étant suivi et non précédé de son compl. dir. *devoirs*.
[2] finis	*s* parce que c'est un part. conj. avec l'auxil. *avoir* qui s'acc. avec son compl. dir. *les*, pron. mis pour *devoirs*, qui le précède et qui est du masc. plur.
[3] ai	c'est le verbe *avoir* à la 1re pers. du sing. parce que son suj. *qui*, mis pour *moi*, est de la 1re pers. du sing.
[4] commencé	ce part. étant conj. avec l'auxil. *avoir*, reste invar. parce que son compl. dir. *broderie* le suit.
[5] as	parce que ce verbe s'acc. avec son suj. *qui*, mis pour *toi*, pron. de la 2e pers. du sing.
[6] achevée	*ée* parce que ce part. s'acc. avec son compl. dir. *l'*, mis pour *broderie*, qui le précède et qui est du fém. sing.
[7] ai	parce que ce verbe s'acc. avec son suj. *qui*, mis pour *moi*, pron. de la 1re pers. du sing.
[8] commis	ce part. doit rester invar., parce que, conjugué avec l'auxil. *avoir*, il est suivi de son compl. dir. *faute*. Le participe *commis* est terminé par *s* au sing. comme au plur. parce que, au fém., il fait *commise*.

[9] réparée — *ée*, parce que ce part. étant accomp. de l'auxil. *avoir*, doit s'acc. avec son compl. dir. *l'*, mis pour *faute*, qui le précède et qui est du fém. sing.

[10] visités — *és*, parce que ce part. étant accomp. de l'auxil. *avoir*, doit s'acc. avec son compl. dir. *que*, pron. mis pour *lieux*, qui le précède et qui est du masc. plur.

[11] vues — *es*, parce que ce part. étant conj. avec l'auxil. *avoir*, s'acc. avec son compl. dir. *que*, mis pour *personnes*, qui le précède et qui est du fém. plur.

[12] payiez — *i* après l'*y*, parce que les verbes en *yer* prennent toujours un *i* après l'*y* aux deux 1res pers. du plur. du prés. du subj.

[13] contractées — *ées*, parce que ce part. étant conj. avec l'auxil. *avoir*, s'acc. avec son compl. dir. *que*, mis pour *dettes*, qui le précède et qui est du fém. plur.

[14] Aie — parce que c'est le verbe *avoir* à la 2e pers. du sing. de l'impér.

[15] copiés — *és*, parce que c'est un part. conj. avec l'auxil. *avoir*, qui s'acc. avec son compl. dir. *que*, mis pour *dessins*, qui le précède et qui est du masc. plur.

[16] copierai — *e* avant *r*, parce que les verbes de la 1re conj. prennent un *e* avant l'*r* au futur simp., ce temps empruntant le radical du prés. de l'infinitif.

[17] as — *s*, parce que ce verbe s'acc. avec son suj. *qui*, mis pour *toi*, pron. de la 2e pers.

[18] causé — ce part. étant conj. avec l'auxil. *avoir*, doit rester invar., étant suivi de son compl. dir. *douleurs*.

[19] endurées	*ées*, parce que ce part. étant conj. avec l'auxil. *avoir*, doit s'acc. avec son compl. dir. *que*, mis pour *douleurs*, qui le précède et qui est du fém. plur.
[20-21] renouvelle	*ll*, parce que les verbes en *eler* doublent l'*l* devant un *e* muet.
[21]	point d'*s*, parce que c'est un verbe à l'impér., et que, dans ce même verbe, il n'y a point d'*s* à la 1re pers. du sing. du prés. de l'ind.
[22] formées	*ées*, parce que ce part. étant conj. avec l'auxil. *avoir*, doit s'acc. avec son comp. dir. *que*, mis pour *résolutions*, qui le précède et qui est du fém. plur.
[23] aimée [23] admirée	*ée*, parce que ces part. étant accompagnés de l'auxil. *être*, s'acc. avec leur suj. *jeune fille*, qui est du fém. sing.
[24] possède	*è*, parce que les verbes qui ont la syllabe finale de l'inf. précédée d'un *é* fermé, comme *posséder*, changent cet *é* fermé en *è* ouvert devant une syllabe muette; ici *de* est une syllabe muette.
[25] partageait	parce que les verbes en *ger* prennent un *e* devant *a* et *o*, pour conserver au *g* le même son qu'à l'infinitif.
[26] entourée	*ée*, parce que ce part. étant accomp. de l'auxil. *être*, doit s'acc. avec son sujet *elle*, mis pour *Julie*, pron. du fém. sing.
[27-28] béni	au masc. sing., parce que ce part. adj. qual. *enfant*. nom du masc. sing.
[28]	pas de *t*, parce que *béni* ne signifie pas ici consacré par une cérémonie religieuse.

Cet exercice étant une simple copie, la maîtresse s'assure seulement qu'elle a été faite avec soin. Désormais, après chaque dictée, la maîtresse pourra nommer un certain nombre de mots qu'elle fera surmonter d'un N°, et que les élèves expliqueront par écrit, comme elles ont appris à le faire dans ce 112e Exercice. Les mots qui peuvent être donnés à expliquer sont toujours écrits en *italique*.

Pour la correction des verbes *partir*, *sentir*, *sortir*, *tenir*, *s'abstenir*, *tressaillir* et *venir*, voir la Grammaire, p. 51. *S'abstenir* se conjugue comme *tenir*.

Dictée sur les verbes et les participes.

La nature entière, si sagement *arrangée* pour mes besoins et pour mes plaisirs, *rendrait* témoignage contre moi, si je *négligeais* d'admirer les œuvres du Très-Haut. — La surface de la terre, cette couche extérieure sur laquelle *marchent* l'homme et les animaux, *est livrée* à un changement continuel. — La mort des justes et leur résurrection ne *sauraient* mieux être *comparées* qu'à la métamorphose des chenilles en papillons. — Vallons charmants, prairies délicieuses, vos tapis *émaillés* de fleurs m'*annonceront* toujours la main qui vous *fertilise*. — L'Etre infiniment sage a *prévu* les divers besoins de ses créatures, suivant les temps et les lieux où elles se *trouvent*. — Le cèdre qui s'*élève* avec majesté sur la cime du Liban, et la ronce qui *croît* à ses pieds sont *nourris* des mêmes sucs et *arrosés* des mêmes eaux. — Avec quelle sagesse et quelle bonté, ô mon Dieu, vous avez *disposé* toutes vos œuvres; il n'est aucun mois de l'année qui ne soit *marqué* par vos bienfaits. Oh! quand les preuves de votre bonté sont si *variées* et si nombreuses, *puis*-je les voir avec indifférence! Etre tout-puissant et infini, à la vue de cette multitude d'objets *formés* d'une manière si admirable, je vous *adore* et je m'*écrie* : Ah! qu'elles sont grandes, la sagesse, la puissance et la bonté de mon Créateur !

Deuxième dictée.

(Même sujet.)

Non, ma chère Anna, je n'ai point *oublié* les promesses que je t'ai *faites*, je me les *rappelle* et je me les *rappellerai* toujours avec bonheur.

La tendre affection que tu m'*as témoignée*, les soins que tu m'*as prodigués* pendant les trois mois que j'ai *passés* à Tours ne s'*effaceront* jamais de mon cœur.

Que j'étais heureuse, chère amie, lorsque nous *parcourions* ensemble ces belles campagnes si différentes des nôtres ; nous *oubliions* les heures alors, et maintenant elles sont *devenues* pour moi longues comme des semaines.

Ce matin, en me rendant seule à la messe de la paroisse, je *songeais* au plaisir que nous *goûtions* en traversant les vignes et les plaines pour nous rendre à cette chère petite chapelle, où nous *priions* de si grand cœur l'une pour l'autre. Oh ! soyons encore *unies*, chère Anna, dans le cœur de notre tendre Mère, *prions* toujours ensemble ; tu veux bien, n'est-ce pas, que chaque matin, à sept heures, nous *oubliions* ainsi que nous sommes à cinquante lieues l'une de l'autre.

Je suis bien sûre, chère amie, que tu ne *manqueras* pas au rendez-vous, et quant à moi, je te *promets* d'y être toujours *rendue* à l'avance.

Troisième dictée.
(Même sujet.)

Qu'il y a longtemps que je ne t'ai *vue*, chère Caroline, que de semaines j'ai *passées* loin de toi ! Enfin nous nous *rapprochons* de Lille, et bientôt, chère amie, nous *serons réunies* pour plusieurs mois. Que de pays nous avons *traversés* ! Que de villes nous avons *visitées* ! Je suis *fatiguée* de tant de voyages, jamais je n'ai tant *désiré* la solitude et le repos. J'ai *vu* les plus belles choses du monde, mais rien ne m'a *causé* la joie que j'*éprouve* en parcourant nos belles campagnes avec toi. J'ai *entendu* de ravissants concerts, mais combien je *préfère* ces morceaux simples et doux que nous *jouons* ensemble pour réjouir nos bons parents. Rien, chère Caroline, rien ne m'a *procuré* de vraies jouissances, parce que j'étais *isolée* de tout ce que j'aime. Maintenant le bonheur *inonde* mon âme, tout me *ravit* parce que chaque pas me *rapproche* de ma mère et de toi.

Que de jolies choses tu m'as *envoyées*, chère Louise, comment te *remercierai*-je de tant de bonté? J'ai *lu* et *relu* cent fois ta charmante lettre, et chaque fois je l'ai *trouvée* plus aimable. Non-seulement tu m'as *donné* les plus agréables choses, mais encore les plus utiles, et avec tout cela c'est toi qui me *remercies* comme si je te faisais une grâce d'accepter ce que tu *m'offres* si affectueusement. Que je *reconnais* bien là ton cœur, chère Louise, tu *oublies* toujours tes bienfaits pour ne songer qu'au plaisir que tu *goûtes* en *obligeant* tes amies.

113e EXERCICE.

L'aurore met sous nos yeux le globe avec toute sa magnificence; elle nous montre les montagnes, les coteaux et les plaines ; mille oiseaux louent le Créateur, et l'aurore cause sur la terre un mouvement universel.

L'	art. simp. au fém. sing. anr. que *aurore* est dét.
aurore.	n. com. fém sing. suj. de *met*.
met	verbe act. à la 3e pers. du sing. du prés. de l'ind. temps simp. et prim. 2e mod. 4e conj.
sous	prép.
nos	adj. poss. masc. plur. dét. *yeux*.
yeux	n. com. masc. plur. compl. circonst. de *met*.
le	art. simp. au masc. sing. ann. que *globe* est dét.
globe	n. com. masc. sing. compl. dir. de *met*.
avec	prép.
toute	adj. ind. fém. sing. dét. *magnificence*.
sa	adj. poss. fém. sing. dét. *magnificence*.
magnificence	n. com. fém. sing. compl. circonst. de *met*.
elle	pron. pers. 3e pers. du fém. sing. suj. de *montre*.
nous	pron. pers. 1re pers. du masc. plur. compl. ind. de *montre*.
montre	verbe act. à la 3e pers. du sing. du prés. de l'ind. temps simp. et prim. 2e mod. 1re conj.
les	art. simp. au fém. pl. ann. que *montagnes* est dét.
montagnes	n. com. fém. plur. 1er compl. dir. de *montre*.
les	art. simp. au masc. plur. ann. que *coteaux* est dét.
coteaux	n. com. masc. plur. 2e compl. dir. de *montre*.
et	conj.
les	art. simp. au fém. plur. ann. que *plaines* est dét.
plaines	n. com. fém. plur. 3e compl. dir. de *montre*.
mille	adj. num. card. masc. plur. dét. *oiseaux*.

oiseaux	n. com. masc. plur. suj. de *louent*.
louent	verbe act. à la 3e pers. du plur. du prés. de l'ind. temps simp. et prim. 2e mod. 1re conj.
le	art. simp. au masc. sing. ann. que *Créateur* est dét.
Créateur	n. prop. masc. sing. compl. dir. de *louent*.
et	conj.
l'	art. simp. au fém. sing. ann. que *aurore* est dét.
aurore	n. com. fém. sing. suj. de *cause*.
cause	verbe act. à la 3e pers. du sing. du prés. de l'ind. temps simp. et prim. 2e mod. 1re conj.
sur	prép.
la	art. simp. au fém. sing. ann. que *terre* est dét.
terre	n. com. fém. sing. compl. circonst. de *cause*.
un	adj. ind. masc. sing. dét. *mouvement*.
mouvement	n. com. masc. sing. compl. dir. de *cause*.
universel.	adj. qual. masc. sing. qual. *mouvement*.

Pour la correction des verbes *vétir*, *apercevoir*, *choir*, *déchoir*, *échoir*, *falloir* et *mouvoir*, voir la Grammaire, pages 52 et 53.

Dictée sur les verbes et les participes.

(Il est important de recommencer chacune des dictées suivantes, jusqu'à ce que les élèves les écrivent à peu près correctement.)

Le premier homme *créé* dans l'innocence ayant *abusé* de sa liberté et *encouru* la disgrâce de Dieu, avait *perdu* pour lui et pour ses descendants tous les droits à la félicité ; il était *devenu* l'esclave du démon et avait *attiré* sur la terre tous les maux qui l'ont *inondée*.

Dieu, qui de toute éternité avait *prévu* cette malheureuse chute, avait aussi de toute éternité *résolu* de la réparer ; mais comme nulle créature ne *pouvait* pleinement satisfaire à la justice divine, à cause de la disproportion infinie qu'il y a entre la satisfaction *bornée* d'une créature coupable et la majesté infinie d'un Dieu *offensé*, ce Père des miséricordes avait *résolu* l'incarnation de la seconde personne de la Sainte-Trinité, qui, en se faisant homme, *pouvait* seule satisfaire dignement à la justice divine.

Ce grand mystère de l'Incarnation étant au-dessus de l'esprit humain, Dieu a bien *voulu* nous le rendre croyable par des marques sensibles et *proportionnées* à notre intelligence : ces marques sont les prophéties et les miracles.

A peine le premier homme *eut*-il *péché*, que Dieu lui *promit* un Sauveur, par qui *serait écrasée* la puissance du démon qui *l'avait séduit*, et quand quelques siècles furent *écoulés*, quand l'inondation générale *eut renouvelé* la face de la terre, Dieu *renouvela* à Abraham les promesses qu'il avait *faites* à Adam : En votre postérité, *dit* le Seigneur, *seront bénis* tous les peuples.

Deuxième dictée.

(Même sujet.)

Tous les prophètes ont *annoncé* le Messie, il n'en est aucun qui n'*ait étalé* quelques traits frappants de sa vie, de sa mort, de sa résurrection. David *donne* dans ses psaumes l'histoire du Messie.

Là sont clairement *annoncés* la venue du Rédempteur et l'établissement de son église. On peut dire que tout ce que le roi-prophète a *raconté* des mauvais traitements qu'il a *endurés* de la part de Saül et de son propre fils est une allégorie continuelle des souffrances que notre divin Sauveur a *endurées* pour nous. David *dit* dans le psaume 21e : Ils m'ont *percé* les pieds et les mains, ils ont *compté* tous mes os, ils ont *partagé* à mes yeux mes vêtements et ils ont *jeté* ma robe au sort. Il est clair que rien de tout cela ne convenait au roi-prophète, mais que tout ce psaume *doit* s'entendre à la lettre de Jésus-Christ.

Il n'est pas jusqu'à la ville où *devait* naître le Sauveur qui n'*ait été nommée;* le prophète Michée a *dit:* et vous, Bethléem d'Ephrat, vous êtes petite entre les villes de Juda, et c'est de vous cependant que *sortira* celui qui *règnera* dans Israël.

Tout l'ancien testament est une perpétuelle allégorie des mystères *contenus* dans le nouveau, et c'est ainsi que le Saint-Esprit a *voulu* familiariser, pour ainsi dire, l'esprit humain avec une vérité contre laquelle la raison se *révolte* si elle n'est pas *éclairée* et *guidée* par la foi.

Troisième dictée.

(Même sujet.)

La sainte Vierge, dès le premier moment de sa vie, fut *douée* de tous les dons du Saint-Esprit, et la plus belle âme qui *ait* jamais *été créée* avant celle de Jésus-Christ, ce *fut* celle de Marie.

A cette âme *privilégiée* fut *destiné* un corps plein de beauté qu'à juste titre on *pouvait* appeler le chef-d'œuvre du Tout-Puissant. Dès le premier moment que cette âme sans tache *fut unie* à ce beau corps, elle *commença* à aimer Dieu plus que tous les séraphins.

Marie a *reçu* autant de grâces qu'en peut recevoir une pure créature ; aussi saint Jean Chrysostôme *appelle-t*-il Marie le trésor de toutes les grâces ; la grâce est *distribuée* aux saints avec mesure, mais toute la plénitude en *a été donnée* à Marie.

Ce *fut* à Nazareth, ville de Galilée, où saint Joachim et sainte Anne *étaient établis* que naquit la très-sainte Vierge. Le ciel ne *vit* jamais naître une fille plus noble, plus *accomplie*, plus sainte, *dit* saint Bernardin ; *issue* de David et de tant d'autres rois qu'elle *comptait* parmi ses ancêtres, elle avait *hérité* de toute leur gloire ; *douée* des hautes qualités qu'elle avait *reçues* de Dieu, elle était le chef-d'œuvre de tous les siècles.

Plusieurs saints Pères *croient* que Joachim et Anne, *avertis* par un ange qu'ils auraient une fille malgré leur grand âge, avaient été en même temps *instruits* que cette bienheureuse fille *serait* la mère du Messie.

La grâce avait *prévenu* la naissance de Marie, l'usage de la raison prévint aussi l'âge où cette raison se *développe* dans les autres enfants.

Quatrième dictée.

(Même sujet.)

Marie, après sa présentation, *fut admise* au nombre des filles *consacrées* au Seigneur. Les belles qualités dont elle était *douée* lui *gagnèrent* bientôt le cœur et l'estime des pieuses maîtresses *chargées* de l'élever ; jamais personne n'*eut* un plus sublime don de contemplation ; elle avait *reçu* toutes les prérogatives, tous les dons naturels qui *avaient été accordés* à Ève et à Adam.

Dès que la sainte Vierge *eut* quinze ans *accomplis*, elle *épousa* Joseph, que la divine Providence avait *destiné* à être le père nourricier du Sauveur.

Quelque temps après, l'ange Gabriel *fut envoyé* à Marie, pour lui annoncer que le Verbe divin, *résolu* de se faire homme, l'avait *choisie* pour être sa mère.

Quoique la sainte Vierge et saint Joseph *fussent établis* à Nazareth, ils furent *obligés* d'aller à Bethléem, où les prophètes avaient *prédit* que le Messie devait naître. Marie et Joseph étant *arrivés* à Bethléem, *trouvèrent* toutes les hôtelleries *occupées* par ceux qui y *étaient venus* de toutes parts. N'ayant point *trouvé* de logement à cause de tous les étrangers que l'édit du prince y avait *attirés*, la sainte Vierge et saint Joseph furent *inspirés* de se retirer dans une caverne *creusée* dans le roc. Ce *fut* là que la plus pure des Vierges *mit* au monde ce Messie si long-temps *désiré* en qui s'*accomplissaient* les prophéties.

Quarante jours après la naissance du Sauveur, temps qu'ils avaient *passé* à Bethléem un peu moins mal *logés* que dans l'étable, Marie et Joseph *retournèrent* à Jérusalem.

Jésus ayant *atteint* l'âge de douze ans, Marie et Joseph furent *inspirés* de le mener à Jérusalem à la fête de Pâques. La solennité étant *finie*, comme c'était l'usage que ceux qui *étaient* de la même ville *marchassent partagés* en plusieurs bandes, le Sauveur *laissa* partir la sainte Vierge et saint Joseph qui ne s'*aperçurent* de son absence que le soir. Quelque *persuadée* que *fût* la sainte Vierge que tout était sagesse dans la conduite de son fils, elle *fut* sensiblement *affligée* de cette perte ; elle s'*empressa* avec saint Joseph de retourner à Jérusalem, et ayant *trouvé* Jésus dans le temple, elle lui *dit* : Mon fils, pourquoi en avez-vous *usé* ainsi envers nous ?

114e EXERCICE.

Ta douce main sèche nos larmes,
Ton nom si doux guérit nos maux,
Et nous trouvons encor des charmes
A te prier sur des tombeaux.
C'est toi qui gardes l'innocence,
Dans l'âme des petits enfants,
Et qui conserves l'espérance
Dans les cœurs flétris par les ans.

Ta	adj. poss. fém. sing. dét. *main.*
douce	adj. qual. fém. sing. qual. *main.*
main	n. com. fém. sing. suj. de *sèche.*
sèche	verbe act. à la 3e pers. du sing. du prés. de l'ind. temps simp. et prim., 2e mode, 1re conj.
nos	adj. poss. fém. plur. dét. *larmes.*
larmes,	n. com. fém. plur. compl. dir. de *sèche.*
ton	adj. poss. masc. sing. dét. *nom.*
nom	n. com. masc. sing. suj. de *guérit.*
si	adv. mod. *doux.*
doux	adj. qual. masc. sing. qual. *nom.*
guérit	verbe act. à la 3e pers. du sing. du prés. de l'ind., temps simp. et prim., 2e mode, 2e conj.
nos	adj. poss. masc. plur. dét. *maux.*
maux,	n. com. masc. plur. compl. dir. de *guérit.*
et	conj.
nous	pron. pers. 1re pers. du masc. plur. suj. de *trouvons.*
trouvons	verbe act. à la 1re pers. du plur. du prés. de l'ind., temps simp. et prim., 2e mode, 1re conj.
encor	adv. mod. *trouvons.*
des	art. comp. mis pour *de les.*
de	prép.
les	art. simp. au masc. plur. ann. que *charmes* est dét.
charmes	n. com. masc. plur. compl. dir. de *trouvons.*
à	prép.
te	pron. pers. 2e pers. du fém. sing. compl. dir. de *prier.*
prier	verbe act. au prés. de l'inf. temps simp. et prim., 1er mode, 1re conj., compl. indir. de *trouvons.*
sur	prép.
des	art. comp. mis pour *de les.*
de	prép.
les	art. simp. au masc. plur. ann. que *tombeaux* est dét.
tombeaux.	n. com. masc. plur. compl. circonst. de *prier.*
C'	pron. dém. 3e pers. du sing., sujet de *est.*
est	verbe subst. à la 3e pers. du sing. du prés. de l'ind. temps simp. et prim., 2e mod., 4e conj.
toi	pron. pers. 2e pers. du fém. sing., attribut de *toi.*
qui	pron. rel. à *toi*, 2e pers. du fém. sing. suj. de *gardes.*

gardes	verbe act. à la 2e pers. du sing. du prés. de l'ind., temps simp. et prim., 2e mode, 1re conj.
l'	art. simp. au fém. sing. ann. que *innocence* est dét.
innocence	n. com. fém. sing. compl. dir. de *gardes*.
dans	prép.
l'	art. simp. au fém. sing. ann. que *âme* est dét.
âme	n. com. fém. sing. compl. circonst. de *gardes*.
des	art. comp. mis pour *de les*.
de	prép.
les	art. simp. au masc. plur. ann. que *enfants* est dét.
petits	adj. qual. masc. plur. qual. *enfants*.
enfants	n. com. masc. plur. compl. ind. de *âme*.
et	conj.
qui	pron. rel. à *toi*, 2e pers. du fém. sing., suj. de *conserves*.
conserves	verbe act. à la 2e pers. du sing. du prés. de l'ind., temps simp. et prim., 2e mode, 1re conj.
l'	art. simp. au fém. sing. ann. que *espérance* est dét.
espérance	n. com. fém. sing. compl. dir. de *conserves*.
dans	prép.
les	art. simp. au masc. plur. ann. que *cœurs* est dét.
cœurs	n. com. masc. plur. compl. circonst. de *conserves*.
flétris	part. adj. masc. plur. qual. *cœurs*.
par	prép.
les	art. simp. au masc. plur. ann. que *ans* est dét.
ans.	n. com. masc. plur. compl. ind. de *flétris*.

Pour la correction des verbes *pleuvoir*, *pouvoir*, *prévaloir*, *s'asseoir*, *valoir*, *voir* et *vouloir*, voir la Grammaire, pages 53 et 54.

Première dictée sur les verbes irréguliers et les autres règles connues.

A la fin du monde, le Seigneur *enverra* ses anges pour assembler ses élus des quatre coins du monde. — La Loire, après un cours d'environ cent myriamètres, *va* se jeter dans l'Océan Atlantique, au-dessous de Paimbœuf. — Civita-Vecchia est le port où *débarquent* d'ordinaire les voyageurs qui *vont* de France à Rome. — Si quelqu'un *garde* ma parole, *dit* Jésus-Christ, il ne *mourra* point. — Si vous faites part aux pauvres des richesses que Dieu vous a *données*, vous *acquerrez* des trésors pour le ciel. — La piété et la justice *florissaient* sous le règne de saint Louis. — Les arts ont longtemps *fleuri* à Athènes. — Les enfants vertueux sont *bénis* du Seigneur. — Nos médailles ont été *bénites* par un saint missionnaire. — Ceux qui *mourront* en état de grâce *seront* éternellement heureux, et ceux qui *mourront* en état de péché mortel *seront* malheureux pour l'éternité.—Si le monde vous *hait*, *disait* Notre-Seigneur à ses disciples, *sachez* qu'il m'a *haï* avant vous. — *Fuyez* l'impie, car son haleine *tue*, mais ne le *haïssez* pas, car qui *sait* si déjà Dieu n'a pas *touché* son cœur.— Marie est *bénie* entre toutes les femmes. — Les agnus Dei sont *bénits* par notre saint Père le Pape. — Les astres se *meuvent* dans l'espace par la toute-puissance de Dieu. — Tout le monde *dit* : Je *voudrais* bien me sauver, mais il en est peu qui le *veuillent* véritablement.

Si je *sème* ici dans les pleurs,
Au ciel je *cueillerai* des fleurs.

Deuxième dictée.

Le voyageur chrétien, surtout s'il s'*arrête* à la superficie des choses, *pourra* bien trouver à Rome plus d'un objet à blâmer ; il *verra* avec peine le peu de propreté des rues, le peu d'industrie des habitants, le peu de culture des campagnes ; mais, malgré tout, il admirera Rome, et, quelque part qu'il *aille*, Rome sera la première dans ses souvenirs et dans son amour. — Venise *florissait* il y a quelques siècles, mais aujourd'hui elle est *déchue* de son ancienne splendeur. — Un plaisant *mit* cette épitaphe sur le tombeau d'un médecin : *Ci-gît* par qui les autres *gisent*. — Seigneur, pendant que par une pieuse imitation, mon corps *parcourra* les stations que j'ai sous les yeux, c'est à Jérusalem, c'est au Calvaire que *sera* mon âme ; elle vous y *verra* tel que vous étiez au jour de vos ineffables douleurs. — Notre-Seigneur *promit* à ses apôtres qu'ils s'*assiéraient* un jour sur des trônes pour juger les douze tribus d'Israël. — En *haïssant* le vice, nous nous *fortifions* dans l'amour de la vertu. — La Turquie, où *florissaient* autrefois le commerce, les lettres et les sciences, n'est plus maintenant qu'un pays *désolé* par la servitude. — La fameuse muraille de la Chine est assez large pour que six chevaux *puissent* y passer de front. — Les drapeaux de Clovis furent *bénits* par l'évêque saint Remi. — *Bénis* soient les rois qui ont été les pères de leurs peuples. — Si pendant la vie tu *as méprisé* les avis de ton bon ange, en vain à l'heure de la mort *requerras*-tu son assistance.

> Un jour au ciel le Sauveur que j'*implore*
> Me *recevra*, j'en ai le sûr espoir ;
> Je le *verrai*, mais qu'il est loin encore
> Le jour heureux où je *pourrai* le voir.

Troisième dictée.

Récapitulation sur toutes les règles connues.

Tout[1] dans la nature nous *ramène*[2-3] vers un Être infiniment puissant et bon, *tout* nous *fournit*[4] sans cesse de nouveaux sujets d'admiration. *Environnés*[5] de tant de merveilles, ne [6]*bénirons*-nous pas le Dieu qui les *opère*[7-8]? ne [9-6]*sanctifierons*-nous pas les plaisirs que nous *procurent*[10] *ses*[11] œuvres, en remontant de la créature à celui qui l'*a formée*[12]?

C'est pour toi, ô homme, que la nature entière *agit*[13] et *travaille*[14]! mille créatures *contribuent*[15] à te nourrir, à te loger, à te vêtir. Si Dieu t'*a donné*[16] tant de besoins, c'est pour te procurer plus de sensations agréables ; c'est afin que rien ne te *manquât*[17], et que tu te *trouvasses*[18] dans l'abondance, que les choses qui sont *nécessaires*[19] aux animaux, sont ordinairement *celles*[20] dont tu ne *saurais*[21] faire usage. *Toutes*[22] les espèces d'animaux qui *peuvent*[23] nous être *utiles*[24] ne se *conservent*[25] qu'auprès de nous, les autres animaux les *détruisent*[25]; aussi n'en *existe-t-*il[26] presque point dans les bois.

Ce n'est point seulement à la subsistance de l'homme que Dieu a *pourvu*[27] avec tant de bonté ; il a encore *daigné*[28] lui procurer mille plaisirs. C'est pour l'homme que *chantent*[29] l'alouette et le rossignol et que nos jardins et nos champs sont *émaillés*[30] de fleurs.

Mortel *privilégié*[31], comment [32] *pourras*-tu payer à ton céleste bienfaiteur un digne tribut de reconnaissance. *Réfléchis*[35] souvent sur la libéralité de ton Dieu et sur la prédilection dont il t'*honore* [34]. *Jette* [35-36] tes regards sur tout ce qui t'*environne* [37] et que ton âme soit *pénétrée* [38] de la plus vive gratitude. Toi à qui le Créateur *donna* [39] un cœur pour l'aimer et un esprit pour le connaître, [40-56] *élève*-toi de la plante à la brute, de la brute à l'homme et de l'homme aux esprits célestes, puis t'*élançant* [41] vers l'Être infiniment parfait, *mesure* [56], si tu le *peux* [42], sa grandeur et *essaye* [45], si tu *oses* [44], de sonder la profondeur de *ses* [11] conseils.

Explication.

[1] Tout	ce mot est ici pron. indéf. du masc. sing., parce qu'il désigne d'une manière vague et générale les choses dont il tient la place.
[2-5] ramène	è parce que les verbes en *er*, qui ont la syllabe finale de l'inf. précédée d'un *e* muet, comme *ramener*, changent cet *e* muet en *è* ouvert devant une syllabe muette. Ici *ne* est une syllabe muette.
[3]	*ne*, parce que ce verbe s'acc. avec son suj. *tout*, pron. de la 3e pers. du sing.
[4] fournit	*t*, parce que ce verbe étant de la 2e conj. prend un *t* à la 3e pers. du sing. du prés. de l'ind.
[5] environnés	*és*, parce que ce part. adj. qual. *nous* pron. du masc. plur.
[6] bénirons	*ns*, parce que ce verbe s'acc. avec son suj. *nous*, pron. de la 1re pers. du plur.
[7-8] opère	è, parce que les verbes en *er*, qui ont la syllabe finale de l'inf. précédée d'un *é* fermé comme *opérer*, changent cet *é* fermé en *è* ouvert devant une syllabe muette. Ici *re* est une syllabe muette.
[8]	*re*, parce que ce verbe s'acc. avec son suj. *qui*, mis pour *Dieu*, pron. de la 3e pers. du sing.

9 sanctifierons — *e* avant l'*r*, parce que les verbes de la 1re conj. prennent toujours un *e* avant l'*r* au futur simple, ce temps empruntant le radical du prés. de l'inf.

10 procurent — *nt*, parce que ce verbe s'acc. avec son suj. *œuvres*, nom de la 3e pers. du plur.

11 ses — *ses*, est ici adj. poss., parce qu'il ajoute une idée de possession au nom *œuvres* qu'il détermine.

12 formée — *ée*, parce que c'est un part. conj. avec l'auxil. *avoir*, qui s'acc. avec son compl. dir. *l'*, mis pour *créature*, du fém. sing.

13 agit — *t*, parce que c'est un verbe de la 2e conj. à la 3e pers. du sing. du prés. de l'ind.

14 travaille — *e*, parce que c'est un verbe de la 1re conj. à la 3e pers. du sing. du prés. de l'ind.

15 contribuent — *nt*, parce que ce verbe s'acc. avec son suj. *créatures*, nom de la 3e pers. du plur.

16 donné — *é*, parce que c'est un part. conj. avec l'auxil. *avoir*, qui doit rester invar., étant suivi de son compl. dir. *besoins*.

17 manquât — *ât*, parce que ce verbe est à la 3e pers. du sing. de l'imp. du subj.

18 trouvasses — *s*, parce que ce verbe s'acc. avec son suj. *tu*, pron. de la 2e pers. du sing.

19 nécessaires — *s*, parce que cet adj. qual. *choses*, nom du fém. plur.

20 celles — au fém. plur. parce que ce pron. démonst. tient la place de *choses*, nom du fém. plur.

21 saurais — *s*, parce que ce verbe s'acc. avec son suj. *tu*, pron. de la 2e pers. du sing.

22 toutes — au fém. plur., parce que cet adj. indéf. détermine *espèces*, nom du fém. plur.

23 peuvent — *nt*, parce que ce verbe ayant pour suj. *qui*,

pron. mis pour *espèces*, doit être à la 3ᵉ
pers. du plur.

²⁴ **utiles** — au fém. plur., parce que cet adj. qual. *espèces*, nom du fém. plur.

²⁵ **conservent** — *nt*, parce que ce verbe s'acc. avec son suj.
espèces nom de la 3ᵉ pers. du plur.

²⁶ **existe-t-il** — à la 3ᵉ pers. du sing., parce que ce verbe
étant ici accidentellement impers., ne
peut s'employer qu'à cette pers. ; *t* pour
adoucir la prononciation.

²⁷ **pourvu** — ce part. étant conj. avec l'auxil. *avoir* doit
rester invar., parce que *pourvoir* étant
verbe neutre, ne peut avoir de compl. dir.

²⁸ **daigné** — ce part. étant conj. avec l'auxil. *avoir* doit
rester invar., parce que le compl. dir.
procurer est placé après le verbe.

²⁹ **chantent** — *nt*, parce que ce verbe ayant pour suj.
alouette et *rossignol* est à la 3ᵉ pers. du
plur.

³⁰ **émaillés** — au masc. plur., parce que ce part. adj. qual.
jardins et *champs*, noms du masc. plur.

³¹ **privilégié** — au masc. sing., parce que ce part. adj.
qual. *mortel*, nom du masc. sing.

³² **pourras** — *s*, parce que ce verbe s'acc. avec son suj.
tu, pron. de la 2ᵉ pers. du sing.

³³ **réfléchis** — *s*, quoique ce verbe soit à l'impér., parce
que, dans ce même verbe, il y a un *s* à la
1ʳᵉ pers. du sing. du prés. de l'ind.

³⁴ **honore** — *e*, parce que c'est un verbe de la 1ʳᵉ conj.
qui s'acc. avec son suj. *il*, pron. de la 3ᵉ
pers. du sing.

³⁵⁻³⁶ **jette** — deux *t*, parce que les verbes en *eter* doublent
le *t* devant une syllabe muette. Ici *te* est
une syllabe muette.

[36]	point d's, parce que ce verbe est à la 2e pers. du sing. de l'impér.
[37] environne	e, parce que ce verbe est à la 3e pers. du sing. du prés. de l'ind.
[38] pénétrée	ée, parce que ce part. étant conj. avec l'auxil. *être*, doit s'acc. avec son suj. *âme*, nom du fém. sing.
[39] donna	a, parce que ce verbe est à la 3e pers. du sing. du passé déterminé.
[40] élève	è, parce que les verbes en *er*, qui ont la syllabe finale de l'inf. précédée d'un *e* muet, comme *élever*, changent cet *e* muet en *è* ouvert devant une syllabe muette. Ici *ve* est une syllabe muette.
[41] élançant	ç, parce que les verbes en *cer* prennent une cédille devant *a* et *o* pour adoucir la prononciation.
[42] peux	x, parce que c'est le verbe *pouvoir* à la 2e pers. du sing. du prés. de l'ind.
[43] essaye	y, parce que les verbes en *ayer* conservent l'*y* devant un *e* muet.
[44] oses	s, parce que ce verbe est à la 2e pers. du sing. du prés. de l'ind.

Autre dictée de récapitulation.

Au tombeau de mon Sauveur.

Quel[1] silence ! *quelle*[2] consternation ! *quelle*[2] obscurité m'*environnent*[3] ! *quelle*[2] profonde et auguste nuit *couvre*[4] la terre de *ses*[5] ombres ! *elle*[6] *pèse*[7-4] sur la nature *interdite*[8] dont les vastes campagnes *gisent*[9] *étendues*[10] sans mouvement et sans voix. Le silence du trépas *règne*[11-4] *seul*[12] sur la tremblante nature, dont le deuil *apprend*[13] à l'univers que celui qui *repose*[14] dans cette tombe est son Auteur et son Maître. Je n'*entends*[15] ici que les battements de mon cœur et les gémissements de mon âme *éplorée* [16]. Jésus, l'objet de mon amour, est *renfermé* [17] dans ce sépulcre solitaire, *taillé* [18] dans la roche sauvage : Corps adorable, *permets* [19] que je t'*arrose* [20] de mes larmes. *Quelle* [2] pâleur *décolore* [4] ce visage où naguère se *peignaient* [21] avec tant de charmes une grandeur toute divine, le calme des cieux et le sourire du pardon ! *ses* [5] paupières sont *baissées* [22] ; *ses* [5] yeux si doux d'où ne *sortaient* [23] que des regards de tendresse sont maintenant *éteints* [24], sa bouche divine est *scellée* [25] du sceau du trépas ; *ses* [5] lèvres adorables d'où *coulait* [26] la parole de vie sont *livides* [27] et *desséchées* [28] ; *ses* [5] mains qui *répandaient* [29] partout des bienfaits sont *percées* [30] et *couvertes* [30] de sang. O Jésus, le plus beau des enfants des hommes ! qui a *osé* [31] froisser vos membres adorables et déchirer cette chair divine dont j'*inonde* [20] les meurtrissures d'un torrent de larmes ? *Approche* [32], pécheur, *viens* [33] contempler toutes *ces* [34] plaies, *viens* [33] voir si tu ne *connaîtras* [35] pas *quel* [36] est celui qui a *porté* [31] les coups. Tu *pâlis* [37] et *recules* [37] !... *approche* [32] de plus près... *mets* [38] ta main sur ce cadavre sanglant et *ose* [32] jurer que tu n'*es* [39] pas le meurtrier. Mais *quel* [1] trouble s'*élève* [7-4] au fond de mon âme !... Grand Dieu, suis-je donc le coupable !.... Puis-je sans expirer de douleur entendre la voix du sang de Jésus qui me *répète* [11-4] sans cesse : Oui, c'est toi qui par la main des bourreaux m'*as* [40] *flagellé* [41], *meurtri* [41], *déchiré* [41], *couronné* [41] d'épines. O mon âme, *humilie* [32]-toi dans la poussière et n'*oublie* [32] jamais ce que tu *as* [40] *coûté* [42] à ton Sauveur.

Explication.

[1] Quel	au masc. sing., parce que c'est un adj. ind. qui déterm. *silence*, nom du masc. sing.
[2] quelle	au fém. sing. parce que c'est un adj. ind. qui dét. *consternation*, nom du fém. sing.
[3] environnent	*nt*, parce que ce verbe s'acc. avec son suj. *silence*, *consternation*, *obscurité*, qui est de la 3e pers. du plur., étant composé de plusieurs noms de la 3e pers.

7*

[4] couvre — *e*, parce que ce verbe s'acc. avec son suj. *nuit*, nom de la 3ᵉ pers. du sing.

[5] ses — *ses* est ici adj. poss. parce qu'il ajoute une idée de possession au nom *ombres* qu'il dét.

[6] elle — au fém. sing., parce que ce pron. pers. tient ici la place de *nuit*, nom du fém. sing.

[7] pèse — *è*, parce que les verbes en *er* qui ont la syllabe finale de l'inf. précédée d'un *e* muet, comme *peser*, changent cet *e* muet en *è* ouvert devant une syllabe muette.

[8] interdite — au fém. sing., parce que ce part. adj. qual. *nature*, nom du fém. sing.

[9] gisent — *nt*, parce que ce verbe s'acc. avec son suj. *campagnes*, nom de la 3ᵉ pers. du plur.

[10] étendues — *es*, parce que ce part. adj. qual. *campagnes*, nom du fém. plur.

[11] règne — *è*, parce que les verbes en *er* qui ont la syllabe finale de l'inf. précédée d'un *é* fermé comme *régner*, changent cet *é* fermé en *è* ouvert devant une syllabe muette.

[12] seul — au masc. sing., parce que c'est un adj. qui qual. *silence*, nom du masc. sing.

[13] apprend — *d*, parce que c'est un verbe de la 4ᵉ conj. qui s'acc. avec son suj. *deuil*, nom de la 3ᵉ pers. du sing.

[14] repose — *e*, parce que ce verbe s'acc. avec son suj. *qui*, mis pour *celui*, pron. de la 3ᵉ pers. du sing.

[15] entends — *s*, parce que c'est un verbe de la 4ᵉ conjug. qui s'acc. avec son suj. *je*, pron. de la 1ʳᵉ pers. du sing.

[16] éplorée — *ée*, parce que ce part. adj. qual. *âme*, nom du fém. sing.

[17] renfermé — au masc. sing., parce que c'est un part.

accomp. de l'auxil. *être*, qui s'acc. avec son suj. *Jésus*.

18 taillé au masc. sing., parce que ce part. adj. qual. *sépulcre*.

19 permets s, quoique ce verbe soit à la 2ᵉ pers. du sing. de l'impératif, parce que, dans ce même verbe, il y a un *s* à la 1ʳᵉ pers. du sing. du prés. de l'ind.

20 arrose e, parce que ce verbe s'acc. avec son suj. *je* pron. de la 1ʳᵉ pers. du sing.

21 peignaient *nt*, parce que ce verbe s'acc. avec son suj. *grandeur*, *calme* et *sourire* qui est de la 3ᵉ pers. du plur. étant composé de plusieurs noms de la 3ᵉ pers.

22 baissées *ées*, parce que c'est un part. conj. avec l'auxil. *être* qui s'acc. avec son suj. *paupières*, nom du fém. plur.

23 sortaient *nt*, parce que ce verbe s'acc. avec son suj. *regards*, nom de la 3ᵉ pers. du plur.

24 éteints s, parce que c'est un part. conj. avec l'auxil. *être*, qui s'acc. avec son suj. *yeux*, nom du masc. plur.

25 scellée ée, parce que c'est un part. accomp. de l'auxil. *être*, qui s'acc. avec son suj. *bouche*, nom du fém. sing.

26 coulait *ait*, parce que c'est un verbe à la 3ᵉ pers. du sing. de l'imparfait de l'ind.

27 livides au fém. plur. parce que cet adj. qual. *lèvres*, nom du fém. plur.

28 desséchées *ées*, parce que c'est un part. accomp. de de l'auxil. *être*, qui s'acc. avec son suj. *lèvres*, nom du fém. plur.

29 répandaient *nt*, parce que ce verbe s'acc. avec son suj. *qui*, mis pour *mains*, de la 3ᵉ pers. du plur.

³⁰ **percées** — *ées*, parce que c'est un part. accomp. de l'auxil. *être*, qui s'acc. avec son suj. *mains*, nom du fém. plur.

³¹ **osé** — c'est un part. conj. avec l'auxil. *avoir*, qui reste invar., parce que son compl. dir. *froisser*, le suit.

³² **approche** — *e*, parce que ce verbe est à la 2ᵉ pers. du sing. de l'impératif.

³³ **viens** — *s*, quoique ce verbe soit à l'impératif, parce que dans ce même verbe, il y a un *s* à la 1ʳᵉ personne du singulier du prés. de l'ind.

³⁴ **ces** — parce que *ces* est ici adj. démonst.

³⁵ **connaîtras** — *s*, parce que ce verbe s'acc. avec son suj. *tu*, pron. de la 2ᵉ pers. du sing.

³⁶ **quel** — au masc. sing., parce que c'est un adj. ind. qui se rapporte à *celui*.

³⁷ **pâlis** — *s*, parce que ce verbe s'acc. avec son suj. *tu*, pron. de la 2ᵉ pers. du sing.

³⁸ **mets** — *s*, à la 2ᵉ pers. du sing. de l'impératif, parce que dans ce verbe, il y a un *s* à la 1ʳᵉ pers. du sing. du prés. de l'ind.

³⁹ **es** — parce que ce verbe s'acc. avec son suj. *tu*, pron. de la 2ᵉ pers. du sing.

⁴⁰ **as** — *s*, parce que ce verbe s'acc. avec son suj. *qui*, mis pour *toi*, pron. de la 2ᵉ pers. du sing.

⁴¹ **flagellé** — *é*, parce que c'est un part. accomp. de l'auxil. *avoir*, qui s'acc. avec son compl. dir. *m'*, mis pour *Jésus*.

⁴² **coûté** — *é*, parce que c'est un part. conj. avec l'auxil. *avoir*, qui s'acc. avec son compl. dir. *que*, mis pour *ce*, pron. du masculin singulier.

115e EXERCICE. — *Gram.* N° 207 2° 3° 4° 5°. — Participes des verbes accidentellement pronominaux.

Nos compagnes se sont *préparées* à la première communion. — Nos compagnes se sont *préparé* de douces jouissances. — Louise s'est *lavé* le visage.—Louise s'est bien *lavée* aujourd'hui. — Ces dames se sont *consacrées* au service des pauvres. — Ces dames se sont *procuré* des plaisirs bien purs.—Mes frères se sont *couverts* de lauriers.—Mes frères se sont *couvert* la tête.—Mes compagnes se sont *attiré* des reproches. — Ces demoiselles se sont *attirées* les unes les autres. — Ma petite sœur s'est *coupée* avec mon couteau neuf.— Ma petite sœur s'est *coupé* le doigt ce matin.

QUESTIONS. — *Pourquoi* préparées au féminin pluriel?—Parce que ce participe étant conjugué avec l'auxiliaire *être*, mis pour *avoir*, doit s'accorder avec son complément direct *se*, mis pour *compagnes*, placé avant le verbe.

Pourquoi préparé invariable? — Parce que ce participe étant conjugué avec l'auxiliaire *être*, mis pour *avoir*, doit rester invariable, le complément direct *jouissances* étant placé après le verbe.

Pour la correction des verbes *absoudre*, *battre*, *boire*, *braire*, *bruire* et *circoncire*, voir la Grammaire, page 54 et page 55.

Dictée sur les participes des verbes pronominaux et autres déjà vus.

Les Français se sont *rendus* célèbres par les victoires qu'ils ont *remportées*.—Les peuples n'ont pas toujours *observé* les lois qu'ils s'étaient *imposées*. — Le fer a été *inventé* et bientôt les hommes se sont *armés* les uns contre les autres, se sont *livré* des combats et se sont *abandonnés* à toutes sortes de fureurs. — Cette dame s'est toujours *plu* à répandre des bienfaits ; elle s'est *attiré* l'estime de tous ceux qui l'ont *connue*. — Plusieurs saints se sont *livrés* à des austérités incroyables ; c'est qu'ils ont *cru* n'en pouvoir jamais trop faire pour éviter les maux éternels. — Les élèves de cette classe se sont *fait* des objections, puis elles se sont *répondu*

sur les difficultés qu'elles s'étaient *proposées.* — Toutes les élèves se sont *réunies*, pour acheter des vêtements convenables à
ces pauvres petites filles que Notre-Seigneur a *daigné* admettre
à sa table sainte ; toutes les élèves aussi se sont *disputé* la gloire
et le plaisir de travailler à ces modestes vêtements. — La
France, autrefois *nommée* Gaule, se serait toujours *maintenue*
dans son indépendance, si ses habitants se fussent *unis* pour
repousser les Germains qui s'étaient *avancés* sur son territoire ;
mais les différents peuples qui *habitaient* la Gaule se sont *divisés*,
et se sont *suscité* des guerres pendant lesquelles les étrangers
ont *envahi* leur contrée et les ont *rendus* esclaves.

116e Exercice.

Nos compagnes se sont préparées à la première communion.
— Nos compagnes se sont préparé de douces jouissances. —
Louise s'est lavé le visage. — Louise s'est bien lavée aujour-
d'hui. — Ces dames se sont consacrées au service des pauvres.
— Ces dames se sont procuré des plaisirs bien purs.

Nos	adj. poss. fém. plur. dét. *compagnes.*
compagnes	n. com. fém. plur. suj. de *se sont préparées.*
se	pron. pers. 3e pers. du fém. plur., compl. dir. de *sont préparées.*
sont préparées	verbe pronomin. act. à la 3e pers. du plur. du passé indét. temps composé et dér. du part. passé, 2e mode, 1re conj.
à	prép.
la	art. simp. au fém. sing. ann. que *communion* est dét.
première	adj. numéral ord. fém. sing. dét. *communion.*
communion.	n. com. fém. sing. compl. ind. de *se sont préparées.*
Nos	adj. poss. fém. plur. dét. *compagnes.*
compagnes	n. com. fém. plur. suj. de *sont préparé.*
se	pron. pers. 3e pers. du fém. plur., compl. ind. de *sont préparé.*
sont préparé	verbe pronom. act. à la 3e pers. du plur. du passé ind., temps comp. et dér. du part. passé, 2e mode, 1re conj.
de	prép.
douces	adj. qual. fém. plur. qual. *jouissances.*
jouissances.	n. com. fém. plur. compl. dir. de *se sont préparé.*
Louise	n. prop. fém. sing. suj. de *s'est lavé.*
s'	pron. pers. 3e pers. du fém. sing., compl. ind. de *est lavé.*
est lavé	verbe pronom. act. à la 3e pers. du sing. du passé

	ind., temps composé et dér. du part. passé, 2e mode, 1re conj.
le	art. simp. au masc. sing. ann. que *visage* est dét.
visage.	n. com. masc. sing. compl. dir. de *s'est lavé.*
Louise	n. prop. fém. sing. suj. de *s'est lavée.*
s'	pron. pers. 3e pers. du f. s. compl. dir. de *est lavée.*
est lavée	verbe pronom. act. à la 3e pers. du sing. du passé ind., temps composé et dér. du part. passé, 2e mode, 1re conj.
bien	adv. mod. *s'est lavée.*
aujourd'hui.	adv. mod. *s'est lavée.*
Ces	adj. démonst. fém. plur. dét. *dames.*
dames	n. com. fém. plur. suj. de *se sont consacrées.*
se	pron. pers. 3e pers. du fém. plur. compl. dir. de *sont consacrées.*
sont consacrées	verbe pronom. act. à la 3e pers. du plur. du passé, indét., 2e mode, 1re conj.
au	art. comp. mis pour *à le.*
à	prép.
le	art. simp. au masc. sing. ann. que *service* est dét.
service	n. com. masc. sing. compl. ind. de *se sont consacrées.*
des	art. comp. mis pour *de les.*
de	prép.
les	art. simp. au masc. plur. ann. que *pauvres* est dét.
pauvres.	n. com. masc. plur. compl. ind. de *service.*
Ces	adj. dém. fém. plur. dét. *dames.*
dames	n. com. fém. plur. suj. de *se sont procuré.*
se	pron. pers. 3e pers. du fém. plur. compl. ind. de *sont procuré.*
sont procuré	verbe pronom. act. à la 3e pers. du plur. du passé ind. temps comp. et dér. du part. passé, 2e mode, 1re conj.
des	art. comp. mis pour *de les.*
de	prép.
les	art. simp. au masc. plur. ann. que *plaisirs* est dét.
plaisirs	n. com. masc. plur. compl. dir. de *se sont procuré.*
bien	adv. mod. *purs.*
purs.	adj. qual. masc. plur. qual. *plaisirs.*

Pour la correction des verbes *clore*, *conclure*, *confire*, *coudre*, *croire* et *croître*, voir la Grammaire, page 55.

Dictée sur les participes passés des verbes accidentellement pronominaux et sur les difficultés des exercices précédents.

Les femmes se sont *illustrées* au siége de Beauvais, sous la conduite de Jeanne Hachette. — Les ministres de la religion se sont *présentés* devant Coriolan, ils se sont *prosternés* à ses pieds sans pouvoir adoucir ce cœur implacable en faveur de Rome, sa patrie. — La sainte Vierge Marie s'est *humiliée* devant le Seigneur, lorsque l'ange lui a *annoncé* qu'elle était *destinée* à devenir la mère de Dieu. — Les Vendéens se sont *illustrés* dans la guerre qu'ils ont *soutenue* à la fin du siècle dernier, pour la religion et la liberté.— Madame de Sévigné s'est *illustrée* par les charmantes lettres qu'elle a *écrites*. — Les apôtres se sont *dispersés* dans tous les pays du monde, et ont *annoncé* la bonne nouvelle de l'Évangile à tous les peuples. — La semaine Sainte est ainsi *appelée* à cause des grands et saints mystères qui s'y sont *opérés*, et des fruits de sainteté que nous devons y produire. — Les Angles et les Saxons se sont *rendus* maîtres d'une partie de la Grande-Bretagne et l'ont *nommée* Angleterre; ils ont *forcé* les Bretons à se retirer dans le pays de Galles et dans la province de France qui, de leur nom, a été *appelée* Bretagne. — Les disciples d'Élie se sont *perpétués* sur le mont Carmel, dans les saints religieux auxquels cette montagne a *donné* son nom. — La religion catholique, surtout depuis un demi-siècle, s'est *étendue* en Angleterre de manière à faire espérer que cette contrée pourra redevenir digne du nom de l'île des Saints. — Les princes chrétiens qui s'étaient *retirés* dans les montagnes des Asturies, *chassèrent* les Maures de l'Espagne. — Les Suisses se sont toujours *montrés* courageux défenseurs de la liberté.

Cette dictée et les suivantes sont trop difficiles et trop importantes pour n'être pas dictées deux et même trois fois si les élèves avaient fait beaucoup de fautes. Il est aussi très-important de faire expliquer à chaque fois toutes les règles connues des élèves ou au moins tous les participes. La maîtresse peut consulter pour l'explication des différents participes, l'explication détaillée du 118ᵉ exercice, page 112.

Deuxième dictée.

Adam et Eve se sont *perdus* par la désobéissance et Notre-Seigneur nous a *sauvés* par son obéissance.— Les grands événements qui se sont *passés* avant la dispersion des enfants de Noé se sont *conservés* dans la mémoire de tous les peuples ; toutes les choses dont les hommes étaient *instruits* pendant qu'ils étaient *unis* par le lien d'une même langue n'ont jamais été entièrement *oubliées*, mais ce qui est *arrivé* depuis la dispersion des hommes n'a pas été universellement *connu*. — Pendant le déluge, les eaux se sont *élevées* jusqu'à quinze coudées au dessus des plus hautes montagnes ; l'arche de Noé s'est *élevée* au-dessus des eaux, et, après le déluge, elle s'est *arrêtée* sur le mont Ararat, en Arménie. — Après le déluge, les descendants de Noé se sont tellement *multipliés*, qu'ils ne pouvaient plus demeurer ensemble ; alors ils se sont *séparés* : Japhet et toute sa postérité ont *peuplé* l'Europe et l'Asie Septentrionale ; Sem et ses descendants se sont *étendus* en Asie vers l'Orient, et la famille de Cham s'est *établie* en Afrique. — En s'éloignant de leur origine, les hommes ont *oublié* leur Créateur ; ils ont *adoré* le soleil, la lune, les animaux et les images que l'on nomme idoles. Alors Dieu s'est *choisi* un peuple pour conserver la vraie religion et donner naissance au Messie. Abraham, de la race de Sem, fut le chef de cette nation. — Jacob et Esaü se sont *réconciliés* et se sont *juré* une amitié éternelle. — Lorsque les Israélites se sont *écartés* des lois du Seigneur, il les a *abandonnés* et *livrés* à leurs ennemis, mais aussitôt qu'ils se sont *convertis* et qu'ils sont *revenus* à lui, le Seigneur a *écouté* leurs cris et les a *rendus* vainqueurs. — David et Jonathas se sont *témoigné* la plus vive amitié ; ils s'en sont *donné* constamment les marques les plus sincères. — Judas Machabée et ses frères se sont *montrés* courageux jusqu'à l'héroïsme ; aussi se sont-ils *attiré* l'amour et la confiance de toute leur nation.

Troisième dictée.

En nous accordant les richesses de la terre, Dieu a *perpétué* son présent par la commission qu'il a *donnée* aux fleurs de renouveler les plantes dont elles *rendent* les graines fécondes.

Les fleurs ont été *revêtues* des formes les plus gracieuses afin de nous réjouir et de nous élever jusqu'à leur divin Auteur. On dirait qu'elles ont *reçu* l'ordre de naître sous nos pas : nous les avons *admirées* dans nos parterres et nous les avons *retrouvées* dans nos prairies et dans nos bois. Elles se sont *succédé* les unes aux autres sans interruption pendant le printemps, l'été et l'automne, et pendant l'hiver même elles se sont parfois *montrées* à nos regards *attristés*. La Sagesse divine qui s'est *jouée* dans la distribution des couleurs dont les fleurs sont *parées*, a *mis* de nouveaux agréments dans la figure et dans l'air qu'elle a *donnés* à chacune d'elles. Qu'elles sont belles les couleurs qui sont *réunies* sous nos yeux dans un parterre ! Que leur mélange est gracieux et *diversifié* ! Mais ce qui est surtout admirable, c'est la simplicité de ce bel ouvrage du Créateur. Les éléments les plus communs ont *pris* sous la main divine les formes les plus belles et les plus *variées*. L'eau et l'air se sont *insinués* dans les canaux des plantes, ils se sont *filtrés* dans une suite de tuyaux transparents, et cela seul a *opéré* les beautés que nous avons *admirées* dans le règne végétal.

117ᵉ Exercice. — *Gram.* n° 207. 6°, 7°. — Participes passés des verbes essentiellement pronominaux et des verbes accidentellement pronominaux.

Nous nous sommes *souvenues* des privations que nos parents se sont *imposées* pour nous. — Les premiers hommes se sont *suffi* à eux-mêmes. — Tous les saints se sont *réjouis* dans les souffrances. — Inutilement les empereurs païens se sont *efforcés* d'anéantir la religion chrétienne. — Nous nous sommes *mises* à l'étude résolument, et bientôt nous nous sommes *aperçues* qu'il s'y trouve une multitude d'agréments dont nous né nous étions pas même *doutées*. — Dieu nous pardonnera nos fautes quand nous nous en serons *repenties*. — Dans la partie supérieure de la Judée se trouve Nazareth où s'est *accomplie* l'incarnation de la Sagesse éternelle. — Quatre mille ans se sont *écoulés* depuis la faute d'Adam jusqu'à la naissance du Sauveur du monde. — Pendant le printemps, mille fleurs se sont *épanouies* dans nos parterres et la nature semble s'être *épuisée* pour embellir cette saison. — Jeanne d'Arc *délivra* plusieurs villes de France dont les Anglais s'étaient *emparés.* — C'est en Asie que se sont *formées* les premières nations, c'est là que se sont *passés* les plus grands événements, c'est de là que la religion s'est *répandue* dans les autres contrées.

QUESTIONS. — *Pourquoi* souvenues *au féminin pluriel ?* — Parce que dans les verbes essentiellement pronominaux, le participe passé s'accorde toujours avec le sujet du verbe.

D'autres disent : Le participe passé des verbes essentiellement pronominaux s'accorde toujours avec le second pronom. Cette explication ne change rien à l'accord, le second pronom étant toujours du même genre et du même nombre que le premier.

Pourquoi imposées *au féminin pluriel ?* — Parce que ce participe étant conjugué avec l'auxiliaire *être*, mis pour *avoir*, doit s'accorder avec son complément direct *que*, mis pour *privations*, placé avant le verbe.

Pourquoi suffi *invariable ?* — Parce que ce participe étant conjugué avec l'auxiliaire *être*, mis pour *avoir*, doit rester invariable ; *suffire* étant verbe neutre, ne peut avoir de complément direct.

Pour la correction des verbes *dire, redire, dédire, contredire, interdire, médire, prédire*, voir la Grammaire, page 55.

Dictée sur les participes passés des verbes pronominaux.

Les grandes congrégations de Citeaux et de Cluny se sont *répandues* dans toute la France dès le commencement du XIIe siècle ; à cette même époque les ordres religieux se sont prodigieusement *multipliés*, et une foule de nouveaux ordres se sont *élevés* pour satisfaire tous les besoins de la société.

Les Chartreux se sont *ensevelis* dans la solitude et se sont surtout *occupés* de la contemplation des choses célestes ; les Hospitaliers se sont *consacrés* au service des malades ; les Trinitaires, *touchés* des maux qu'*enduraient* les chrétiens esclaves chez les infidèles, se sont *dévoués* à leur délivrance ; les Prémontrés, *établis* par saint Norbert, ont *prêché* partout le règne de Jésus-Christ ; les Augustins ont *enseigné* par leur exemple le détachement des choses du monde. Toutes ces maisons religieuses étaient autant d'asiles où les étrangers étaient toujours *accueillis*, et où le pauvre *trouvait* à tous les instants des secours. Dans la seule abbaye de Cluny on a *nourri* jusqu'à dix-sept mille pauvres.

Mais les deux ordres qui l'*emportèrent* sur tous les autres furent les ordres *fondés* par saint Dominique et saint François d'Assise : les Franciscains ou frères mineurs, ont *possédé* jusqu'à huit mille couvents ; les Dominicains ou frères prêcheurs se sont surtout *distingués* par la science. Ces deux ordres ont *produit* un grand nombre d'hommes éminents et ont *contribué* au progrès de la civilisation.

118e EXERCICE. — Récapitulation des exercices précédents.

François Ier et Charles-Quint se sont *disputé*[1] la couronne impériale. — Lorsque Sigebert assiégeait Tournai, où s'était *réfugiée*[2] Frédégonde, il fut *mis*[3] à mort par deux assassins, *soudoyés*[4] par cette femme cruelle. — Quand les anciens Marseillais ont *demandé*[5] des secours à Rome, les Romains se sont *empressés*[6] de profiter de cette circonstance pour augmenter le territoire de la république. — Bordeaux a *eu*[7] autrefois une réputation si éclatante que les savants des pays les plus *éloignés*[8] s'y sont *retirés*[9]. — La géographie historique nous fait connaître la manière dont les peuples se sont *partagé* [10] la terre aux différentes époques. — Les saints ne se sont pas *bornés* [11] à prier sur la terre, ils y ont *travaillé* [12] pour eux et pour leur prochain, et ils se sont *donné* [13] bien des peines pour procurer la gloire de Dieu ; c'est ainsi qu'ils se sont *préparé* [14] un bonheur éternel. — La mer s'est *tue* [15] et les vents ont *cessé* [16] à la voix du Seigneur. — Les descendants de Charlemagne se sont *partagé* [17] son vaste empire, et les guerres sanglantes qu'ils se sont souvent *livrées* [18] ont bien *affaibli* [19] la France. — Cette petite fille s'est bien *doutée* [20] que sa chère maman s'était *aperçue* [21-22] de sa faute ; aussi s'est-elle *empressée* [23] de la lui avouer afin d'éviter de plus graves reproches. — La fausse idée que les Juifs charnels s'étaient *formée* [24] du Messie promis, les a *empêchés* [25] de reconnaître Notre-Seigneur pour l'envoyé de Dieu. — La sainte Vierge s'est *plu* [26] à nous combler de bienfaits. — Les saints se sont toujours *plu* [26] dans les souffrances pour l'amour de Jésus-Christ. — Les fins que Dieu s'est *proposées* [27] en créant le monde sont dignes de sa sagesse.

Pour la correction des verbes *éclore*, *exclure*, *faire*, *frire* et *joindre*, voir la Grammaire, page 55 et page 56.

119ᵉ EXERCICE. — Explication de l'exercice précédent.

| disputé | *é*, parce c'est un participe accompagné de l'auxil. *être*, mis pour *avoir*, qui reste invariable, étant suivi de son compl. dir. *couronne*. |
| réfugiée | *ée*, parce que *réfugiée* étant le participe passé d'un verbe essentiellement pronominal, doit s'accorder avec *s'* pron. du fém. sing. |

[3] mis — c'est un part. conj. avec l'auxil. *être*, qui doit s'acc. avec son suj. *il*, pron. du masc. sing. Ce part. prend un *s* au masc. sing. parce qu'il fait *mise* au fém.

[4] soudoyés — *és*, parce que c'est un part. adj. qui qual. *assassins*, n. du masc. plur.

[5] demandé — invariable, parce que c'est un part. conj. avec l'auxil. *avoir*, et qui est suivi de son compl. dir. *secours*.

[6] empressés — au masc. plur., parce que *empressés* étant le part. d'un verbe essentiellement pronominal, doit s'accorder avec *se* mis pour *Romains*.

[7] eu — c'est un part. conj. avec l'auxil. *avoir* qui reste invar., étant suivi de son compl. dir. *réputation*.

[8] éloignés — *és*, parce que c'est un part. adj. qui qual. *pays*, n. du masc. plur.

[9] retirés — *és*, parce que c'est le part. d'un verbe pronominal, conj. avec l'auxil. *être*, mis pour *avoir*, qui s'accorde avec son compl. dir. *s'*, mis pour *savants*, qui le précède et qui est du masc. plur.

[10] partagé — invariable, parce que ce part. est conj. avec l'auxil. *être*, mis pour *avoir*, et qu'il est suivi de son compl. dir. *terre*.

[11] bornés — *és*, parce que c'est un part. conj. avec l'auxil. *être* mis pour *avoir*, qui doit s'acc. avec son compl. dir. *se* qui le précède et qui est du masc. plur.

[12] travaillé — invariable, parce que *travaillé* étant le part. d'un verbe neutre, ne peut avoir de compl. direct.

[13] donné — invariable, parce que ce part. est conj. avec

l'auxil. *être*, mis pour *avoir*, et qu'il est suivi de son compl. dir. *peines*.

⁴ préparé — invariable, parce que ce part. est conj. avec l'auxil. *être*, mis pour *avoir*, et est suivi de son compl. dir. *bonheur*.

⁵ tue — parce que le part. passé du verbe *se taire* s'acc. toujours avec son second pron., comme les part. passés des verbes essentiellement pronominaux.

⁶ cessé — invariable, parce que c'est un part. conj. avec l'auxil. *avoir*, qui n'a pas de compl. direct.

⁷ partagé — invariable, parce que ce part. est conj. avec l'auxil. *être*, mis pour *avoir*, et qu'il est suivi de son compl. dir. *empire*.

⁹ livrées — *ées*, parce que c'est un part. conj. avec l'auxil. *être*, mis pour *avoir*, qui doit s'acc. avec son compl. dir. *que*, mis pour *guerres*, qui le précède et qui est du fém. pluriel.

⁹ affaibli — invariable, parce que ce part. est conj. avec l'auxil. *avoir*, et est suivi de son compl. dir. *France*.

³ doutée — parce que le part. passé du verbe *douter*, conj. pronominalement, s'acc. toujours avec son second pron., comme les part. passés des verbes essentiellement pronominaux.

²¹-²² aperçue — *ç*, parce que le *c* doit conserver dans toute la conjugaison le même son qu'à l'inf.

— *e*, parce que le part. passé du verbe *apercevoir*, conj. pronominalement, s'acc. toujours avec son second pron.

empressée — *ée*, parce que *empressée* étant le part. passé

168　EXERCICES

	d'un verbe essentiellement pronominal, doit s'acc. avec son second pron. qui est ici au fém. sing.
[24] formée	*ée*, parce que ce part. étant conj. avec l'aux. *être*, mis pour *avoir*, doit s'acc. avec son compl. dir. *que*, mis pour *idée*, qui est du fém. sing.
[25] empêchés	*és*, parce que ce part. étant accompagné de l'auxil. *avoir*, doit s'acc. avec son compl. dir. *les*, mis pour *Juifs*, qui le précède et qui est du masc. plur.
[26] plu	invariable, parce que *plaire* étant verbe neutre, le part. de ce verbe doit rester invariable, quand il est conj. avec *avoir* ou avec *être* mis pour *avoir*.
[27] proposées	*ées*, parce que ce part. étant conj. avec l'auxil. *être*, mis pour *avoir*, doit s'acc. avec son compl. dir. *que*, mis pour *fins*, qui le précède et qui est du féminin pluriel.

Pour la correction des verbes *lire*, *luire*, *maudire*, *mettre*, *moudre* et *naître*, voir la Grammaire, page 56.

Seconde dictée de récapitulation.

Au midi de la Gaule se *trouvaient* des peuples qui n'*appartenaient* pas à la race gallique; ces peuples étaient les Aquitains, les Celtes et les Phéniciens.

On présume que les Celtes et les Aquitains se sont *livré* de grands combats, et qu'après une lutte longue et terrible, ils se sont *rapprochés* et ont ainsi *donné* naissance à la race celt-ibérienne. Dès lors, la route de l'Espagne étant *ouverte*, les Celtes s'y sont *précipités*, et la race gallique s'est *trouvée* en possession de presque toute la Péninsule hispanique dont l'extrémité nord-ouest s'est *appelée* de leur nom Gallécie.

On croit que les Phéniciens, qui avaient été *attirés* au midi des Gaules par les mines d'or et d'argent que *recélaient* alors, à fleur de terre, les Pyrénées et les Cévennes, ont *fondé* la ville de Nîmes. Au déclin de leur empire, leurs possessions maritimes sont *tombées* entre les mains des Rhodiens qui les ont *négligées.* Les Phocéens leur ont *rendu* ensuite une partie de leur prospérité, et enfin ces peuples se sont *établis* sur la côte gauloise où ils ont *fondé* la ville de Marseille.

Par leurs possessions immenses, les Gaulois ont *joué* un rôle important dans le monde ancien. Indépendamment des Gaules où ils s'étaient d'abord *fixés,* ils ont *eu* de grands établissements en Espagne, et ils se sont *étendus* par leurs colonies dans les contrées *arrosées* par le Danube. C'est ainsi qu'ils se sont *trouvés mêlés* à tous les grands événements qui se sont *passés* dans le monde ancien.

120e Exercice.

Ces deux dames se sont attiré l'estime générale par les bienfaits qu'elles se sont plu à répandre autour d'elles. — Les Israélites se sont révoltés contre le Seigneur, et le Seigneur les a châtiés dans sa colère. — Mes cousines se sont envoyé de magnifiques présents.

Ces	adj. dém. fém. plur. dét. *dames.*
deux	adj. num. card. fém. plur. dét. *dames.*
dames	n. com. fém. plur. suj. de *se sont attiré.*
se	pron. pers. 3e pers. du fém. plur. compl. ind. de *sont attiré.*
sont attiré	verbe pron. act. à la 3e pers. du plur. du passé ind. temps comp. et dér. du part. passé, 2e mod. 1re conj.
l'	art. simp. au fém. sing. ann. que *estime* est dét.
estime	n. com. fém. sing. compl. dir. de *se sont attiré.*
générale	adj. qual. fém. sing. qual. *estime.*
par	prép.
les	art. simp. au masc. plur. ann. que *bienfaits* est dét.
bienfaits	n. com. masc. plur. compl. ind. de *se sont attiré.*
qu'	pron. relat. à *bienfaits* 3e pers. du m. plur. compl. dir. de *répandre.*
elles	pron. pers. 3e pers. du fém. pl. suj. de *se sont plu.*
se	pron. pers. 3e pers. du fém. plur. compl. ind. de *sont plu.*
sont plu	verbe pronom. neutre à la 3e pers. du plur. du passé

	ind. temps comp. et dér. du part. passé, 2e mod. 4e conj.
à	prép.
répandre	verbe act. au prés. de l'inf. temps. simp. et prim. 1er mod. 4e conj. compl. ind. de *se sont plu.*
autour d'	loc. prépositive.
elles.	pron. pers. 3e pers. du fém. plur. compl. circonst. de *répandre.*
Les	art. simp. au m. plur. ann. que *Israélites* est dét.
Israélites	n. prop. masc. plur. suj. de *se sont révoltés.*
se	pron. pers. 3e pers. du masc. plur. compl. dir. de *sont révoltés.*
sont révoltés	verbe pronom. act. à la 3e pers. du plur. du passé ind. temps comp. et dér. du part. passé, 2e mod. 1re conj.
contre	prép.
le	art. simp. au m. sing. ann. que *Seigneur* est dét.
Seigneur	n. prop. m. sing. compl. circonst. de *se sont révoltés.*
et	conj.
le	art. simp. au masc. sing. ann. que *Seigneur* est dét.
Seigneur	n. prop. masc. sing. suj. de *a châtiés.*
les	pron. pers. 3e pers. du masc. plur. compl. dir. de *a châtiés.*
a châtiés	verbe act. à la 3e pers. du sing. du passé ind. temps comp. et dér. du part. passé, 2e mod. 1re conj.
dans	prép.
sa	adj. poss. fém. sing. dét. *colère.*
colère.	n. com. fém. sing. compl. circonst. de *a châtiés.*
Mes	adj. poss. fém. plur. dét. *cousines.*
cousines	n. com. fém. plur. suj. de *se sont envoyé.*
se	pron. pers. 3e pers. du fém. plur. compl. ind. de *sont envoyé.*
sont envoyé	verbe pronom. act. à la 3e pers. du plur. du passé ind. temps comp. et dér. du part. passé, 2e mod. 1re conj.
de	prép.
magnifiques	adj. qual. masc. plur. qual. *présents.*
présents.	n. com. masc. plur. compl. dir. de *se sont envoyé.*

Pour la correction des verbes *nuire*, *paître*, *répondre*, *résoudre*, *rire*, *rompre* et *prendre*, voir la Grammaire, page 56 et page 57.

121e EXERCICE. — *Gram.* No 207. 8°, 9°, 10°.

Participes passés suivis d'un infinitif.

Les arbres que nous avons *vus* [1] tomber étaient très-vieux. — Les arbres que nous avons *vu* [2] planter poussent à merveille. — Nous avons *vu* [3] planter des arbres qui poussent à merveille.

— Les enfants que vous avez *entendu* [4] gronder et que vous avez *vu* punir étaient bien coupables. — Les enfants que vous avez *entendus* murmurer et que vous avez *vus* désobéir sont bien indociles. — Nous avons *entendu* ces enfants murmurer contre leurs maîtres, et nous les avons *vus* désobéir à leurs parents. — Ces jeunes gens se sont *laissé* entraîner par les mauvaises compagnies, et ils se sont *laissé* aller à leurs inclinations corrompues. — Vous avez enfin *trouvé* dans la pratique de la vertu la paix et la joie que vous aviez *cru* trouver dans les vaines joies du monde.

QUESTIONS. — *Pourquoi* vus [1] *au masc. plur.* ? — Parce que ce participe étant conjugué avec l'auxiliaire *avoir*, doit s'accorder avec son complément direct *que*, mis pour *arbres*, qui est du masculin pluriel.

Pourquoi vu [2] *invariable*? — Parce que ce participe étant conjugué avec l'auxiliaire *avoir*, doit rester invariable, étant suivi de son complément direct *planter*.

Que, mis pour *arbres*, est ici complément direct de *planter* et non du participe *vu* : *nous avons vu planter les arbres*, et non pas *nous avons vu les arbres planter*.

Pourquoi vu [3] *invariable*?—Parce que ce participe est conjugué avec l'auxiliaire *avoir* et suivi de son complément direct *planter*.

Pourquoi entendu [4] *invariable*? — Parce que ce participe étant conjugué avec l'auxiliaire *avoir*, doit rester invariable, étant suivi de son complément direct *gronder*.

Mêmes questions pour les autres participes.

Pour la correction des verbes *suffire, suivre, taire, traire, vaincre* et *vivre*, voir la Grammaire, page 57.

122e EXERCICE. — Analyse des quatre premières phrases de l'exercice précédent.

Les arbres	art. simp. au masc. plur. ann. que *arbres* est dét.
	n. com. masc. plur. suj. de *étaient*.

que	pron. rel. à *arbres* 3e pers. du masc. plur. compl. dir. de *avons vus*.
nous	pron. pers. 1re pers. du m. plur. suj. de *avons vus*.
avons vus	verbe act. à la 1re pers. du plur. du passé indét. temps comp. et dér. du part. passé 2e mod. 3e conj.
tomber	verbe neut. au prés. de l'inf. temps simp. et prim. 1re mod. 1re conj. attribut de *que*. (Lorsque l'infinitif qui suit le participe n'est pas complément direct du participe, il est ordinairement attribut du mot qui est lui-même complément direct ou attribut du sujet du premier verbe. Ici *tomber* est attribut de *que*, mis pour *arbres*, complément direct de *ai vus*, ou attribut de *arbres*, sujet de *étaient*, car on pourrait dire : *j'ai vu les arbres tombant ou qui tombaient ; tomber* est donc une manière d'être, un attribut du mot *arbres*, sujet du premier verbe, ou de *que*, mis pour *arbres*, compl. dir. de *avons vus*).
étaient	verbe subst. à la 3e pers. du plur. de l'imparf. de l'ind. temps simp. et dér. du part. prés. 2e mod. 4e conj.
très	adv. mod. *vieux*.
vieux.	adj. qual. masc. plur. qual. *arbres*.
Les	art. simp. au masc. plur. ann. que *arbres* est dét.
arbres	n. com. masc. plur. suj. de *poussent*.
que	pron. rel. à *arbres* 3e pers. du masc. plur. compl. dir. de *planter*.
nous	pron. pers. 1re pers. du m. plur. suj. de *avons vu*.
avons vu	verbe act. à la 1re pers. du plur. du passé ind. temps comp. et dér. du part. passé 2e mod. 3e conj.
planter	verbe act. au prés. de l'inf. temps simp. et prim. 1er mod. 1re conj. compl. dir. de *avons vu*.
poussent	verbe neut. à la 3e pers. du plur. du prés. de l'ind. temps simp. et prim. 2e mod. 1re conj.
à merveille.	loc. adv. mod. *poussent*.
Nous	pron. pers. 1re pers. du m. plur. suj. de *avons vu*.
avons vu	verbe act. à la 1re pers. du plur. du passé ind. temps comp. et dér. du part. passé, 2e mod. 3e conj.
planter	verbe act. au prés. de l'inf. temps simp. et prim. 1er mod. 1re conj. compl. dir. de *avons vu*.
des	art. comp. mis pour *de les*.
de	prép.
les	art. simp. au masc. plur. ann. que *arbres* est dét.
arbres	n. com. masc. plur. compl. dir. de *planter*.
qui	pron. rel. à *arbres*, 3e pers. du masc. plur. suj. de *poussent*.
poussent	verbe neut. à la 3e pers. du plur. du prés. de l'ind. temps simp. et prim. 2e mod. 1re conj.
à merveille.	loc. adv. mod. *poussent*.
Les	art. simp. au masc. plur. ann. que *enfants* est dét.
enfants	n. com. masc. plur. suj. de *étaient*.
que	pron. rel. à *enfants*, 3e pers. du masc. plur. compl. dir. de *gronder*.

vous	pron. pers. 2e pers. du masc. plur. suj. de *avez entendu*.
avez entendu	verbe act. à la 2e pers. du plur. du passé indét. temps comp. et dér. du part. passé, 2e mod. 4e conj.
gronder	verbe act. au prés. de l'inf. temps simp. et prim. 1er mod. 1re conj. compl. dir. de *avez entendu*.
et	conj.
que	pron. rel. à *enfants* 3e pers. du masc. plur. compl. dir. de *punir*.
vous	pron. pers. 2e pers. du masc. plur. suj. de *avez vu*.
avez vu	verbe act. à la 2e pers. du plur. du passé indét. temps comp. et dér. du part. passé, 2e mod., 3e conj.
punir	verbe act. au prés. de l'inf. temps simp. et prim. 1er mod. 2e conj. compl. dir. de *avez vu*.
étaient	verbe subst. à la 3e pers. du plur. de l'imparf. de l'ind. temps simp. et dér. du part. prés. 2e mod. 4e conj.
bien	adv. mod. *coupables*.
coupables.	adj. qual. masc. plur. qual. *enfants*.

Temps primitifs et irrégularités des verbes à conjuguer.

Accourir, accourant, accouru, j'accours, j'accourus. *Futur :* j'accourrai, tu accourras, etc. *Conditionnel prés. :* j'accourrais, tu accourrais, etc.

Accroître, accroissant, accru, j'accroîs, j'accrûs.

Accroître se conjugue régulièrement d'après ses temps primitifs ; mais il prend un accent circonflexe sur l'*i* ou sur l'*u*, quand ces lettres ne sont pas suivies de deux *s*.

Adjoindre, adjoignant, adjoint, j'adjoins, j'adjoignis.
Admettre, admettant, admis, j'admets, j'admis.
Assaillir, assaillant, assailli, j'assaille, j'assaillis.

Ces trois verbes se conjuguent régulièrement d'après leurs temps primitifs.

123e EXERCICE. — Les élèves ont dû ajouter l'accord aux participes, et, dans les exercices suivants, elles devront indiquer la fonction des mots surmontés d'un N° et expliquer l'accord des participes

Cette jeune fille[1] [2]s'est laissée[3] aller[4] à la paresse[5]. — Ces petits enfants[6] se[7] sont laissés[8] choir[9] dans la boue[10]. —

Nous [11] nous [12] sommes laissé [13] enlever [14] nos prix [15]. — Les histoires [16] que [17] vous [18] nous [19] avez données [20] à lire [21] nous [22] ont beaucoup édifiées [23]. — L'histoire [24] que [25] vous [26] [27] m'avez conseillé [28] de lire [29] est [30] intéressante [31]. — Les supplices [32] que [33] Néron [34] a ordonné [35] de faire [36] souffrir [37] aux chrétiens [38] furent [39] inouïs [40]. — Les leçons [41] que [42] vous [43] [44] m'avez persuadé [45] d'étudier [46] [47] m'ont causé [48] de l'ennui [49]. — La résolution [50] que [51] le prince [52] avait prise [53] de déclarer [54] la guerre [55] a été blâmée [56]. — Les images [57] que [58] je [59] vous [60] ai données [61] à emporter [62] sont [63] très-jolies [64].

Pour la correction de cet exercice, voir l'explication ci-après.

Temps primitifs et irrégularités des verbes à conjuguer.

Apparaître, apparaissant, ayant apparu, j'apparais, j'apparus.

Appartenir, appartenant, ayant appartenu, j'appartiens, j'appartins. *Prés. de l'ind.* : J'appartiens, tu appartiens, il appartient, nous appartenons, vous appartenez, ils appartiennent. *Futur* : J'appartiendrai, tu appartiendras, etc. *Cond. prés.* : J'appartiendrais, tu appartiendrais, etc. *Impératif* : Appartiens, appartenons, appartenez. *Subj. prés.* : Que j'appartienne, que tu appartiennes, qu'il appartienne, que nous appartenions, que vous apparteniez, qu'ils appartiennent.

Appesantir, appesantissant, ayant appesanti, j'appesantis, j'appesantis.

Applaudir, applaudissant, ayant applaudi, j'applaudis, j'applaudis.

Apprendre, apprenant, ayant appris, j'apprends, j'appris. *Prés. de l'ind.* : J'apprends, tu apprends, il apprend, nous apprenons, vous apprenez, ils apprennent. *Subj. prés.* : Que j'apprenne, que tu apprennes, qu'il apprenne, que nous apprenions, que vous appreniez, qu'ils apprennent.

124e Exercice. — Analyse abrégée et explication de l'exercice précédent.

La maîtresse pourra donner ce devoir à faire en plusieurs parties, selon qu'elle le jugera à propos.

¹ fille	suj. de *s'est laissée.*
² s'	compl. dir. de *est laissée.*
³ est laissée	verbe pronom. act. au passé indét.
	(Le part. *laissée* étant conj. avec l'auxil. *être,* mis pour *avoir*, doit s'acc. avec son compl. dir. *s'*, pron. mis pour *fille*, qui le précède et qui est du fém. sing.
⁴ aller	verbe neutre, au prés. de l'inf. attribut de *s'* ou de *fille*.
⁵ paresse	compl. ind. de *aller*.
⁶ enfants	suj. de *se sont laissés*.
⁷ se	compl. dir. de *sont laissés*.
⁸ sont laissés	verbe pronom. act. au passé indét.
	(Le participe *laissés* étant conjugué avec l'auxil. *être,* mis pour *avoir*, doit s'accorder avec son compl. dir. *se*, mis pour *enfants*, qui précède le verbe.)
⁹ choir	verbe neut. au prés. de l'inf., attribut de *se* ou de *enfants*.
¹⁰ boue	compl. circonst. de *choir*.
¹¹ Nous	suj. de *sommes laissé*.
¹² nous	compl. ind. de *enlever*.
¹³ sommes laissé	verbe pronom. act. au passé indét.
	(Le participe *laissé* étant conjugué avec l'auxiliaire *être*, mis pour *avoir*, doit rester invariable, étant suivi de son compl. dir. *enlever*.)
¹⁴ enlever	verbe act., au prés. de l'inf., compl. dir. de *sommes laissé*.
¹⁵ prix	compl. dir. de *enlever*.
¹⁶ histoires	suj. de ont *édifiées*.

[17] que	compl. dir. de *avez données.*
[18] vous	suj. de *avez données.*
[19] nous	compl. indir. de *avez données.*
[20] avez données	verbe act. au passé ind. (*données* étant accompagné de l'auxil. *avoir*, doit s'accorder avec son compl. dir. *que*, mis pour *histoires*, qui le précède et qui est du fém. plur.
[21] lire	verbe act., pris neutralement, au prés. de l'inf., compl. ind. de *avez données.*
[22] nous	compl. dir. de ont *édifiées.*
[23] ont édifiées	verbe act. au passé indét. (*édifiée* étant un participe conjugué avec l'auxiliaire *avoir*, doit s'accorder avec son compl. dir. *nous*, qui le précède et qui est du fém. plur.)
[24] histoire	suj. de *est.*
[25] que	compl. dir. de *lire.*
[26] vous	suj. de *avez conseillé.*
[27] m'	compl. ind. de *avez conseillé.*
[28] avez conseillé	verbe act. au passé indét. (*conseillé* étant un participe conjugué avec l'auxiliaire *avoir*, doit rester invariable, parce que le compl. dir. *lire*, est placé après le verbe.)
[29] lire	verbe act. au prés. de l'inf., compl. dir. de *avez conseillé.*
[30] est	verbe subst. au prés. de l'ind.
[31] intéressante	adj. qualificatif qui qualifie *histoire.*
[32] supplices	suj. de *furent.*
[33] que	compl. dir. de *faire souffrir* (1).

---

(1) Ainsi que nous l'avons déjà fait remarquer, quand le verbe *faire* est suivi d'un verbe à l'infinitif, les compléments appartiennent ordinairement aux deux verbes.

³⁴ Néron	nom propre suj. de *a ordonné*.
³⁵ a ordonné	verbe act. au passé ind.
	(*ordonné* étant accompagné de l'auxil. *avoir*, doit rester invariable, parce que le compl. dir. suit le verbe. Ce complément direct est le membre de phrase : *de faire souffrir aux chrétiens*.)
³⁶ faire	verbe act. au prés. de l'inf., compl. dir. de *a ordonné*.
³⁷ souffrir	v. act. au prés. de l'inf., compl. dir. de *faire*.
³⁸ chrétiens	compl. ind. de *faire souffrir*.
³⁹ furent	verbe subst. au passé dét.
⁴⁰ inouïs	adj. qual. qui qualifie *supplices*.
⁴¹ leçons	suj. de *ont causé*.
⁴² que	compl. dir. de *étudier*.
⁴³ vous	suj. de *avez persuadé*.
⁴⁴ m'	compl. ind. de *avez persuadé*.
⁴⁵ avez persuadé	verbe act. au passé ind.
	(*persuadé* étant un part. accompagné de l'auxil. *avoir*, doit rester invariable, parce que le compl. dir. *étudier*, est placé après le verbe.)
⁴⁶ étudier	verbe act. au prés. de l'inf., compl. dir. de *avez persuadé*.
⁴⁷ m'	compl. ind. de *ont causé*.
⁴⁸ ont causé	verbe act. au passé indét.
	(*causé* étant accompagné de l'auxil. *avoir*, doit rester invariable, parce que le compl. dir. *ennui* est placé après le verbe.)
⁴⁹ ennui	compl. dir. de *ont causé*.
⁵⁰ résolution	suj. de *a été blâmée*.
⁵¹ que	compl. dir. de *avait prise*.
⁵² prince	suj. de *avait prise*.
⁵³ avait prise	verbe act. au plus-que-parfait de l'ind.

	(*prise* étant conjugué avec l'auxil. *avoir*, doit s'accorder avec son compl. dir. *que*, mis pour *résolution* qui le précède.)
54 déclarer	verbe act. au prés. de l'inf., compl. ind. de *résolution*.
55 guerre	compl. dir. de *déclarer*.
56 blâmée	part. passé passif.
	(*blâmée*, parce que ce participe étant accompagné de l'auxil. *être*, doit s'acc. avec son suj. *résolution*, qui est du f. s.)
57 images	suj. de *sont*.
58 que	compl. dir. de *ai données*.
59 je	suj. de *ai données*.
60 vous	compl. ind. de *ai données*.
61 ai données	verbe act. au passé ind.
	(*données* étant conjugué avec l'auxil. *avoir*, doit s'accorder avec son compl. dir. *que*, mis pour *images*, qui le précède et qui est du fém. plur)
62 emporter	verbe act. pris neutr. au prés. de l'inf., compl. ind. de *ai données*.
63 sont	verbe subst. au prés. de l'ind.
64 jolies	adj. qual. qualifiant *images*.

Temps primitifs des verbes à conjuguer.

Asservir, asservissant, asservi, j'asservis, j'asservis.

Assortir, assortissant, assorti, j'assortis, j'assortis.

Assujétir, assujétissant, assujéti, j'assujétis, j'assujétis.

Astreindre, astreignant, astreint, j'astreins, j'astreignis.

Circonscrire, circonscrivant, circonscrit, je circonscris, je circonscrivis.

Ceindre, ceignant, ceint, je ceins, je ceignis.

Ces six verbes se conjuguent régulièrement d'après leurs temps primitifs.

Dictée sur les verbes et les participes.

Aux agréments de l'été ont *succédé* les fruits de l'automne. Après avoir *vu* tomber sous la faucille du moissonneur les épis *dorés*, et avoir *rempli* nos granges de la riche dépouille de nos guérets fertiles, le temps est *venu* où nous avons *partagé* la gaîté franche et les travaux des vendangeurs. Nous les avons *vus* fouler les raisins dans la cuve d'où *devait* sortir la liqueur vivifiante *renfermée* maintenant dans nos celliers ou dans nos caves. Ainsi s'*amènent* tour à tour et se *suivent* les saisons dans lesquelles la nature nous *comble* de ses présents.

Mais déjà l'automne touche à sa fin : le soleil *jette* sur nos demeures des regards *affaiblis;* cette terre si belle devient de jour en jour triste et stérile. Je ne *verrai* de longtemps ce bel émail des arbres *flouris.* Ces teintes et ces nuances des forêts et des prairies, ces trésors divers qui *couvraient* nos campagnes, tout a *disparu;* les arbres ont *perdu* leur dernière parure. *Dénués* de force et sans chaleur, les rayons du soleil ne *pénètrent* plus la terre; les champs qui nous ont *fait* tant de présents sont enfin *épuisés.*

Les tristes révolutions des saisons *diminuent* nécessairement nos jouissances. Lorsque la terre est *privée* de son éclat et de sa gloire, je ne *goûte* plus qu'en partie les plaisirs *attachés* au sens de la vue. *Dépouillée* de ses richesses, la terre ne montre de tous côtés qu'une surface inégale et raboteuse; elle n'a plus cet accord, ce bel ensemble que nous *mettaient* sous les yeux les blés et les herbages. Rien ne *rappelle* à l'homme cette allégresse universelle qu'il *partageait* avec tous les êtres *animés.*

Cependant au milieu de ces tristes aspects, je reconnais encore combien la nature est fidèle à remplir la loi qui lui a été *imposée* d'être utile dans toutes les saisons. Les fleurs ont *disparu* et la terre n'est plus *décorée* de sa beauté primitive, mais la campagne, toute *dépouillée* qu'elle est, *rappelle* encore à l'homme sensible l'idée du bonheur. Ici, *dit*-il, en *élevant* vers le ciel un cœur reconnaissant, ici j'ai *vu* les blés croître et mûrir. et naguère ces champs arides étaient *couverts* d'abondantes moissons.

Cette terre *privée* de ses agréments extérieurs est *exposée* aux plaintes de ses enfants qu'elle a *nourris* et *réjouis*, et cependant elle *recommence* à travailler en secret à leur bonheur futur.

Dictée sur les participes.

Peut-être la conquête que les Français ont *faite* [1] de l'Algérie est-elle le moyen que la Providence s'était *réservé* [2] pour rendre l'Afrique accessible au reste du monde. — Pourquoi craindre la mort, si les années que nous avons *vécu* [3] se sont *succédé* [4] dans la pratique du bien, ou si nous nous sommes *repentis* [5] des fautes auxquelles nous nous sommes *laissés* [6] aller. — La nature est l'ensemble des lois qu'a *établies* [7] le Créateur pour l'existence des choses qu'il a *créées* [8]. — Que de civilisations ont *sillonné* [9] la Méditerranée ! que de pavill ons y ont *échangé* [10] des signaux ! que de drames s'y sont *dénoués* [11] ! — Les difficultés par lesquelles vous vous êtes *vu* [12] arrêter, n'eussent été rien si l'on vous eût *vus* [13] déployer un peu plus d'activité. — Ne vous écartez jamais de la bonne voie que vous avez *commencé* [14] à suivre. — Que sont *devenues* [15] les magnifiques promesses par lesquelles les chercheurs d'or se sont *laissé* [16] séduire ? — Partout se *voient* [17] *accumulées* [18] des dépouilles marines, monuments de ces bouleversements par lesquels s'est, à de longs intervalles, *renouvelé* [19] le globe. — De toutes les nations que nous avons *entendu* [20] célébrer pour les arts qu'elles ont *cultivés* [21], il en est peu qui aient, autant que la Grèce, *mérité* [22] la réputation qu'elles se sont *faite* [23] et l'admiration qu'on leur a *accordée* [24]. — Où sont dans le monde les amis qu'on a *vus* [25] rester fidèles dans le malheur, les amis qui n'ont pas *changé* [26] lorsqu'a *changé* [27] la fortune !

Explication de cette dictée.

[1] faite	ce part. étant conjugué avec l'auxil. *avoir*, s'acc. avec son compl. dir. *que*, mis pour *conquête*.

² réservé	ce part. étant conjugué avec l'auxil. *être*, mis pour *avoir*, s'acc. avec son compl. dir. *que*, pour *moyen*, du masc. sing.
³ vécu	invar. étant neut. et conjugué avec l'auxil. *avoir*.
⁴ succédé	invar., *succédé* étant le part. d'un verbe pronom. neutre.
⁵ repentis	*se repentir* étant essentiellement pronom., le part. de ce verbe s'acc. avec son second pronom *nous*, qui est au masc. plur.
⁶ laissés	ce part. étant conjugué avec l'auxil. *être*, mis pour *avoir*, s'acc. avec son compl. dir. *nous*, du masc. plur.
⁷ établies	ce part. étant conjugué avec l'auxil. *avoir*, s'acc. avec son compl. dir. *que*, mis pour *lois*.
⁸ créées	ce part. étant conjugué avec l'auxil. *avoir*, doit s'acc. avec son compl. dir. *que*, mis pour *choses*, qui est du fém. plur.
⁹ sillonné	invar. étant conjugué avec l'auxil. *avoir* et suivi de son compl. dir. *Méditerranée*.
¹⁰ échangé	invar., étant conjugué avec l'auxil. *avoir* et suivi de son compl. dir. *signaux*.
¹¹ dénoués	ce part. étant conjugué avec l'auxil. *être*, mis pour *avoir*, s'acc. avec son compl. dir. *s'* mis pour *drames*.
¹² vu	invar., étant conjugué avec l'auxil. *avoir*, et suivi de son compl. dir. *arrêter*.
¹³ vus	ce part. étant conjugué avec l'auxil. *avoir*, doit s'acc. avec son compl. dir. *vous*, du masc. plur.
¹⁴ commencé	invar., étant conjugué avec *avoir*, et n'ayant pas de compl. dir.
¹⁵ devenues	ce part. étant conjugué avec l'auxil. *être*,

	doit s'accorder avec son suj. *promesses.*
[16] laissé	invar., étant conjugué avec l'auxil. *être,* mis pour *avoir,* et suivi de son compl. dir. *séduire.*
[17] voient	*nt,* parce que ce verbe s'acc. avec son suj. *dépouilles,* de la 3e pers. du plur.
[18] accumulées	au fém. plur. parce que ce part. adj. qual. *dépouilles.*
[19] renouvelé	ce part. étant conjugué avec l'auxil. *être,* mis pour *avoir,* doit s'acc. avec son compl. dir. *s',* mis pour *globe.*
[20] entendu	invar., étant conjugué avec l'auxil. *avoir* et suivi de son compl. dir. *célébrer.*
[21] cultivés	ce part. étant conjugué avec l'auxil. *avoir,* doit s'acc. avec son compl. dir. *que,* mis pour *arts.*
[22] mérité	invar., étant accompagné de l'auxil. *avoir (aient)* et suivi de son compl. dir. *réputation.*
[23] faite	ce part. étant conjugué avec l'auxil. *être,* mis pour *avoir,* doit s'acc. avec son compl. dir. *que,* mis pour *réputation.*
[24] accordée	ce part. étant conjugué avec l'auxil. *avoir,* s'acc. avec son compl. dir. *que,* mis pour *admiration.*
[25] vus	ce part. étant conjugué avec l'auxil. *avoir,* doit s'acc. avec son compl. dir. *que,* mis pour *amis.*
[26] changé	invar., étant conjugué avec l'auxil. *avoir,* et n'ayant pas de compl. dir.
[27] changé	même explication.

125e Exercice. —Même devoir qu'au 123e Exercice.

Nos élèves [1] se [2] félicitent [3] de ne pas [4] s'être laissé [5] rebuter [6] par les difficultés [7] qu[8]'elles [9] ont rencontrées [10]. — Ma fille [11] que [12] [13] j'ai laissée [14] partir [15] [16] m'a écrit [17] hier une jolie lettre [18]. — Les maîtresses [19] qu'[20]on [21] a laissées [22] punir [23] leurs élèves [24] sont parvenues [25] à les [26] corriger [27]. — Ces soldats [28] se [29] sont laissé [30] vaincre [31]. — Ces bonnes mères [32] se [33] sont laissées [34] manquer [35] de tout [36] pour leurs enfants [37]. — Nous [38] nous [39] sommes laissé [40] attendrir [41] au récit [42] des souffrances [43] de ces malheureux [44]. — Ces paysans [45] se [46] sont laissé [47] piller [48]. — Ces règlements [49] étaient [50] très-sages [51], et cependant on [52] les [53] a laissés [54] tomber [55] dans l'oubli [56]. — La perdrix [57] que [58] vous [59] avez laissée [60] s'envoler [61] est venue [62] se [63] percher [64] sur notre fenêtre [65], et ma tante [66] [67] l'a laissé [68] tuer [69] par son fils [70].

Pour la correction de cet exercice, voir l'explication ci-après.

Temps primitifs et irrégularités des verbes à conjuguer.

Circonvenir, circonvenant, circonvenu, je circonviens, je circonvins. *Prés. de l'ind.* : Je circonviens, tu circonviens, il circonvient, nous circonvenons, vous circonvenez, ils circonviennent. *Futur* : Je circonviendrai, tu circonviendras. *Cond. prés.* : Je circonviendrais, tu circonviendrais. *Prés. du subj.* : Que je circonvienne, que tu circonviennes, qu'il circonvienne, que nous circonvenions, que vous circonveniez, qu'ils circonviennent.

Conquérir, conquérant, conquis, je conquiers, je conquis. *Prés. de l'ind.* : je conquiers, tu conquiers, il conquiert, nous conquérons, vous conquérez, ils conquièrent. *Futur* : je conquerrai, tu conquerras, etc. *Cond. prés.* : je conquerrais, etc. *Impératif* : conquiers, conquérons, conquérez. *Subj. prés.* : que je conquière, que tu conquières, qu'il conquière, que nous conquérions, que vous conquériez, qu'ils conquièrent.

Décevoir, décevant, déçu, je déçois, je déçus. *Ind. prés.* : je déçois, tu déçois, il déçoit, nous décevons, vous décevez, ils déçoivent. *Futur :* je décevrai, tu décevras, etc. *Cond. prés. :* je décevrais, tu décevrais, etc. *Subj. prés. :* que je déçoive, que tu déçoives, qu'il déçoive, que nous décevions, que vous déceviez, qu'ils déçoivent.

Défaillir, défaillant, défailli, je défaillis, je défaillis. *Ind. prés. :* je défaillis, tu défaillis, il défaillit, nous défaillons, vous défaillez, ils défaillent. *Impératif :* défaillis, défaillons, défaillez.

Disjoindre, disjoignant, disjoint, je disjoins, je disjoignis.

Dissoudre, dissolvant, dissous, je dissous. (Ce verbe est inusité au passé déterminé et à l'imparfait du subjonctif.)

126e EXERCICE. — Analyse abrégée et explication de l'exercice précédent.

Ce devoir pourra être fait en plusieurs parties, selon l'avis de la maîtresse.

1 élèves	sujet de *se félicitent.*
2 se	compl. dir. de *félicitent.*
3 félicitent	verbe pronom. actif au prés. de l'ind.
4 s'	compl. dir. de *rebuter.*
5 être laissé	verbe pronom. actif au passé de l'inf. compl. indir. de *se félicitent.*
	(*laissé* étant accompagné de l'auxil. *être*, mis pour *avoir*, doit rester invariable étant suivi de son compl. dir. *rebuter.*)
6 rebuter	verbe act. au prés. de l'inf. compl. dir. de s'*être laissé.*
7 difficultés	compl. indir. de *rebuter.*
8 qu'	compl. dir. de *ont rsncontrées.*
9 elles	suj. de *ont rencontrées.*
10 ont rencontrées	verbe actif au passé indét.
	(le part. *rencontrées* étant conj. avec l'auxil. *avoir*, doit s'accorder avec son compl.

	dir. *que*, mis pour *difficultés*, qui le précède.)
11 fille	sujet de *a écrit*.
12 que	compl. dir. de *ai laissée*.
13 j'	sujet de *ai laissée*.
14 ai laissée	verbe actif au passé indét.
	(*laissée* étant un participe conj. avec l'auxil. *avoir*, doit s'accorder avec son compl. dir. *que*, mis pour *fille*, qui le précède.)
15 partir	verbe neutre au prés. de l'inf. attribut de *que* ou de *fille*.
16 m'	compl. indir. de *a écrit*.
17 a écrit	verbe actif au passé indét.
	(*écrit* invariable, étant conj. avec l'auxil. *avoir* et suivi de son compl. dir. *lettre*.)
18 lettre	compl. dir. de *a écrit*.
19 maîtresses	suj. de *sont parvenues*.
20 qu'	compl. dir. de *a laissées*.
21 on	suj. de *a laissées*.
22 a laissées	verbe actif au passé indét.
	(*laissées* étant conj. avec l'auxil. *avoir*, doit s'accorder avec son compl. dir. *que*, mis pour *maîtresses*, qui le précède.)
23 punir	verbe actif au prés. de l'inf. attribut de *que* ou de *maîtresses*.
24 élèves	compl. dir. de *punir*.
25 sont parvenues	verbe neutre au passé indét.
	(*parvenues* étant conj. avec l'auxil. *être*, doit s'accorder avec son suj. *maîtresses*, nom du fém. plur.)
26 les	compl. dir. de *corriger*.
27 corriger	verbe act. au prés. de l'inf. compl. indir. de *sont parvenues*.
28 soldats	suj. de *se sont laissé*.

[29] se	compl. dir. de *vaincre*.
[30] sont laissé	verbe pron. act. au passé indét.
	(*laissé* étant conj. avec l'auxil. *être*, mis pour *avoir*, doit rester invar. étant suivi de son compl. dir. *vaincre*.)
[31] vaincre	verbe actif au prés. de l'inf. compl. dir. de *se sont laissé*.
[32] mères	suj. de *se sont laissées*.
[33] se	compl. dir. de *sont laissées*.
[34] sont laissées	verbe pron. actif au passé indét.
	(*laissées* étant accompagné de l'auxil. *être*, mis pour *avoir*, doit s'acc. avec son compl. dir. *se*, mis pour *mères*.)
[35] manquer	verbe neutre au prés. de l'inf. attribut de *se* ou de *mères*.
[36] tout	pron. ind. compl. indir. de *manquer*.
[37] enfants	compl. indir. de *manquer*.
[38] nous	suj. de *sommes laissé*.
[39] nous	compl. dir. de *attendrir*.
[40] sommes laissé	verbe pronom. actif au passé indét.
	(*laissé* étant conj. avec l'auxil. *être*, mis pour *avoir*, doit rester invariable parce que le compl. dir. *attendrir* est placé après le verbe.)
[41] attendrir	verbe actif au prés. de l'inf. compl. dir. de *sommes laissé*.
[42] récit	compl. indir. de *attendrir*.
[43] souffrances	compl. indir. de *récit*.
[44] malheureux	compl. indir. de *souffrances*.
[45] paysans	suj. de *se sont laissé*.
[46] se	compl. dir. de *piller*.
[47] sont laissé	verbe pronominal actif au passé indéterminé.
	(*laissé*, invariable, étant conj. avec l'auxil.

	être, mis pour *avoir*, et suivi de son compl. dir. *piller*.)
48 piller	verbe actif au prés. de l'inf. compl. dir. de *se sont laissé*.
49 règlements	sujet de *étaient*.
50 étaient	verbe subst. à l'imparf. de l'ind.
51 sages	adj. qual. qualifiant *règlements*.
52 on	sujet de *a laissés*.
53 les	compl. dir. de *a laissés*.
54 a laissés	verbe actif au passé indét.
	(*laissés* étant conj. avec l'auxil. *avoir*, doit s'accorder avec son compl. dir. *les*, mis pour *règlements*, qui le précède.)
55 tomber	verbe neutre au prés. de l'inf. attribut de *les* ou de *règlements*.
56 oubli	compl. circonst. de *tomber*.
57 perdrix	sujet de *est venue*.
58 que	compl. dir. de *avez laissée*.
59 vous	sujet de *avez laissée*.
60 avez laissée	verbe actif au passé indét.
	(*laissée* étant conj. avec l'auxil. *avoir*, doit s'accorder avec son compl. dir. *que*, mis pour *perdrix*, qui le précède.)
61 s'envoler	verbe essentiellement pronom. au prés. de l'inf. attribut de *que* ou de *perdrix*.
62 est venue	verbe neutre au passé indét.
	(*venue* étant conj. avec l'auxil. *être*, doit s'accorder avec son suj. *perdrix*.)
63 se	compl. dir. de *percher*.
64 percher	verbe pronom. actif au prés. de l'inf. compl. circonst. de *est venue*.
65 fenêtre	compl. circonst. de *se percher*.
66 tante	sujet de *a laissé*.
67 l'	compl. dir. de *tuer*.

[68] a laissé	verbe actif. au passé indét.
	(*laissé* étant conj. avec l'auxil. *avoir*, doit rester invar., parce que son compl. dir. *tuer* le suit.)
[69] tuer	verbe actif au prés. de l'inf. compl. dir. de *a laissé*.
[70] fils.	compl. indir. de *tuer*.

Temps primitifs et irrégularités des verbes à conjuguer :

Émettre, émettant, émis, j'émets, j'émis.

Émouvoir, émouvant, ému, j'émeus, j'émus. *Prés. de l'ind.* : j'émeus, tu émeus, il émeut, nous émouvons, vous émouvez, ils émeuvent. *Futur* : j'émouvrai, tu émouvras, etc. *Condit. présent* : j'émouvrais, tu émouvrais, etc. *Prés. du subj.* : que j'émeuve, que tu émeuves, qu'il émeuve, que nous émouvions, que vous émouviez, qu'ils émeuvent.

Empreindre, empreignant, empreint, j'empreins, j'empreignis.

Encourir, encourant, encouru, j'encours, j'encourus. *Futur* : j'encourrai, tu encourras, etc. *Condit. prés.* : j'encourrais, tu encourrais, etc.

Enfreindre, enfreignant, enfreint, j'enfreins, j'enfreignis.

S'enquérir, s'enquérant, s'étant enquis, je m'enquiers, je m'enquis. *Prés. de l'ind.* : je m'enquiers, tu t'enquiers, il s'enquiert, nous nous enquérons, vous vous enquérez, ils s'enquièrent. *Imparfait* : je m'enquérais, tu t'enquérais, etc. *Futur* : je m'enquerrai, tu t'enquerras, etc. *Cond. prés.* : je m'enquerrais, tu t'enquerrais, etc. *Impératif* : enquiers-toi, enquérons-nous, enquérez-vous. *Subj. prés.* : que je m'enquière, que tu t'enquières, qu'il s'enquière, que nous nous enquérions, que vous vous enquériez, qu'ils s'enquièrent.

Première dictée sur les participes passés suivis d'un infinitif et sur les autres règles connues.

Les vertus de Marie que nous avons *entendu* exalter doivent nous inspirer le désir de devenir vertueuses. — Les exemples de vertu que nous *donne* saint Joseph, et que nous nous sommes *proposé* de suivre, nous ont *paru* admirables. — Craignez, mes enfants, de perdre cette précieuse innocence que le démon a déjà *cherché* à vous ravir, et défiez-vous de votre faiblesse que cet ennemi infernal a *tâché* de mettre à profit pour vous faire tomber dans le péché. — Quelque temps avant sa mort, Charlemagne avait fait couronner son fils Louis, et avait *pris*, pour assurer la tranquillité de l'État, toutes les précautions que la prudence avait *pu* lui suggérer. — Mille générations ont *passé* sur la terre : tout a *vieilli*, excepté elle seule; chaque printemps l'a *vue* se rajeunir. — L'ordre *contribue* à cette belle propreté que vous avez toujours *entendu* vanter et que votre mère s'est *proposé* de vous recommander de nouveau. — Que je plains ceux qui se sont *faits* les esclaves de leurs richesses et qui se sont *laissé* prendre au faux éclat du luxe! — Les Français n'auraient *pu* délivrer Orléans s'ils ne s'étaient *laissé* conduire par Jeanne-d'Arc. — Les enfants que l'on a *laissés* se conduire à leur guise se sont toujours *laissé* égarer par leurs caprices. — Les difficultés qu'on a *cherché* à vaincre ont toujours *paru* moins rebutantes à mesure qu'on a fait plus d'efforts pour les surmonter.

Seconde dictée sur le même sujet.

La même sagesse qui, à l'entrée de l'hiver, avait *fait* croître le froid par degrés, l'a *fait* diminuer peu à peu, et cette saison rigoureuse a *tendu* insensiblement vers sa fin. Déjà le soleil s'est *arrêté* plus longtemps sur l'horizon et ses rayons ont *agi* plus fortement sur la terre. Les flocons de neige ont *cessé* d'obscurcir l'atmosphère; les nuits ne sont plus *accompagnées* que d'une gelée blanche que le soleil du midi a *fait* disparaître. L'air est *devenu* serein, les vapeurs et les brouillards se sont *dispersés* ou se sont *répandus* en pluies fertiles. La terre, plus légère, s'est *prêtée* plus facilement à être *humectée* : les semences ont *commencé* à pousser; les branches qui paraissaient mortes se sont *ornées* de tendres boutons, et quelques brins d'herbe se sont *hasardés* à se montrer. Enfin la terre, que la pluie et les tempêtes, la gelée et les neiges avaient *laissée* se reposer, a *repris* de nouvelles forces avec une nouvelle fécondité.

Il y a peu de temps, tout n'était qu'un désert stérile : les vallons, dont l'aspect *ravit* notre âme, *étaient ensevelis* sous une neige épaisse; les cimes grisâtres des montagnes que nous avons *vues* se couvrir de glaçons, *étaient enveloppées* d'un brouillard impénétrable; ces allées verdoyantes, que nous nous sommes *plu* à parcourir et qu'*habite* maintenant l'aimable rossignol, n'*offraient* à l'œil que des rameaux secs et *dépourvus* de feuilles; les rivières et les ruisseaux que nous avons *vus* couler et dont nous avons *entendu* le doux murmure, étaient *arrêtés* dans leur cours par les glaces qui les *rendaient* comme immobiles; les habitants des bois se *cachaient*; les oiseaux qui *remplissent* l'air de leurs chants étaient *engourdis* sous les broussailles ou s'étaient *enfuis* de nos tristes demeures.

Partout *régnait* un morne silence et nous ne *découvrions* au loin qu'une désolante solitude; mais à peine le souffle du Tout-Puissant s'*est*-il *fait* sentir que la nature est *sortie* de son engourdissement. Le soleil, que nous avons *vu* se rapprocher de nous, a *pénétré* l'atmosphère d'une chaleur vivifiante; alors nous avons *vu* la terre se couvrir d'herbe, des fleurs innombrables se sont *épanouies* pour réjouir nos yeux, et nous avons *entendu* les louanges de toute la nature s'élever jusqu'au ciel. Hélas! que le printemps serait *dénué* pour moi de charmes, qu'il serait peu propre à m'inspirer la joie, si j'étais *privé* du sentiment sublime que la grâce répand dans mon cœur. Maintenant que la présence de Dieu s'est *fait* sentir à mon âme, et qu'il a *daigné* y entretenir la douce espérance de jouir des dons de sa bonté dans un monde meilleur, je suis en état de mieux apprécier les beautés de la nature.

Les autres remarques sur l'accord des participes passés sont remises à l'étude de la syntaxe.

127e Exercice.

Du haut des cieux, vierge Marie,
Vois-tu nos guirlandes de fleurs
Orner ton image chérie,
Et mêler leurs belles couleurs.
Daigne sourire à notre enfance,
Daigne jeter dans notre cœur,
Avec le lis de l'innocence,
La rose, emblème de ferveur.

Du	art. comp. mis pour *de le*.
de	prép.
le	art. simp. au masc. sing. ann. que *haut* est dét.
haut	n. com. masc. sing. compl. circonst. de *vois*.
des	art. comp. mis pour *de les*.
de	prép.
les	art. simp. au masc. plur. ann. que *cieux* est dét.
cieux	n. com. masc. plur. compl. ind. de *haut* (1).
Vierge	n. pris adj. fém. sing. qual. Marie.
Marie	n. prop. fém. sing. mis en apostrophe.
Vois	verbe act. à la 2e pers. du sing. du prés. de l'ind. temps simp. et prim. 2e mod. 3e conj.
tu	pron. pers. 2e pers. du fém. sing. sujet de *vois*.
nos	adj. poss. fém. plur. dét. *guirlandes*.
guirlandes	n. com. fém. plur. compl. dir. de *vois*.
de	prép.
fleurs	n. com. fém. plur. compl. ind. de *guirlandes*.
Orner	verbe act. au prés. de l'inf. temps simp. et prim. 1er mod. 1re conj. 1er attribut de *guirlandes*.
ton	adj. poss. fém. sing. dét. *image*.
image	n. com. fém. sing. compl. dir. de orner.
chérie	adj. qual. fém. sing. qual. *image*.
et	conj.
mêler	verbe act. au prés. de l'inf. temps simp. et prim. 1er mod. 1re conj. 2e attribut de *guirlandes*.
leurs	adj. poss. fém. plur. dét. *couleurs*.
belles	adj. qual. fém. plur. qual. *couleurs*.
couleurs	n. com. fém. plur. compl. dir. de *mêler*.
(toi)	
Daigne	verbe act. à la 2e pers. du sing. de l'impératif temps simp. et pers. dér. de la 1re pers. du sing. du prés. de l'ind. 4e mod. 1re conj.
sourire	verbe neut. au prés. de l'inf. temps simp. et prim. 1er mod. 4e conj. compl. dir. de *daigne*.

-----

(1) On pourrait aussi considérer *du haut de* comme locution prépositive, et en ce cas *cieux* deviendrait complément circonstanciel de *vois*.

à	prép.
notre	adj. poss. fém. sing. dét. *enfance*.
enfance	n: com. fém. sing. compl. ind. de *sourire*.
(toi).	
Daigne	verbe act. à la 2e pers. du sing. de l'impératif, temps simp. et pers. dér. de la 1re pers. du sing. du prés. de l'ind. 4e mod. 1re conj.
jeter	verbe act. au prés. de l'inf. temps simp. et prim. 1er mod. 1re conj. compl. dir. de *daigne*.
dans	prép.
notre	adj. poss. masc. sing. dét. *cœur*.
cœur	n. com. masc. sing. compl. circonst. de *jeter*.
avec	prép.
le	art. simp. au masc. sing. ann. que *lis* est dét.
lis	n. com. masc. sing. compl. ind. de *jeter*.
de	prép.
l'	art. simp. au fém. sing. ann. que *innocence* est dét.
innocence	n. com. fém. sing. compl. ind. de *lis*.
la	art. simp. au fém. sing. ann. que *rose* est dét.
rose	n. com. fém. sing. compl. dir. de *jeter*.
emblème	n. com. masc. sing. attribut de *rose*.
de	prép.
ferveur	n. com. fém. sing. compl. ind. de *emblème*.

Temps primitifs des verbes à conjuguer.

Élire, élisant, élu, j'élis, j'élus.

Extraire, extrayant, extrait, j'extrais. (*Le passé déterminé et l'imparfait du subjonctif sont inusités*).

Induire, induisant, induit, j'induis, j'induisis.

Inscrire, inscrivant, inscrit, j'inscris, j'inscrivis.

Jaillir, jaillissant, jailli, je jaillis, je jaillis.

Oindre, oignant, oint, j'oins, j'oignis.

Ces six verbes se conjuguent régulièrement d'après leurs temps primitifs.

Dictée sur les verbes conjugués dans les différents exercices.

Les Hindous *croient* généralement à la métempsycose et ont, en conséquence, un grand respect pour les animaux dont ils *s'abstiennent* de manger la chair; la vache surtout est pour eux un être sacré; ils se *croient sauvés* quand ils *meurent* en tenant la queue de cet animal. — Un essaim d'abeilles se trouvait dans le jardin que nous visitions, et ces insectes *irrités* par les enfants nous *assaillaient* de toutes parts. — Ne *faut*-il pas, disait Notre-Seigneur à ses disciples, que je *boive* le calice que mon Père m'a *préparé?* — La mort sépare les hommes et les *rejoint.* — Ce saint prêtre *vainc* par sa patience les pécheurs les plus *endurcis.* — Nous *siérait*-il de vouloir être *couronnés* de roses sous un chef *couronné* d'épines? — Si pendant la vie tu *as méprisé* les avis de ton bon ange, en vain à l'heure de la mort *requerras*-tu son assistance? — La parole touchante de cet orateur *émeut* tout son auditoire. — Nul n'*enfreignit* jamais impunément les lois divines. — Une source d'eau vive *jaillit* du rocher à la voix de Moïse. — Notre-Seigneur est *appelé* Christ, nom qui signifie *oint* ou *sacré*, parce que chez les Hébreux on *oignait* les prêtres, les rois et les prophètes, c'est-à-dire, qu'on les consacrait à Dieu par une onction sainte, et Jésus-Christ est à la fois prêtre, roi et prophète. — Tu *encourras* de terribles châtiments si tu *enfreins* les ordres de ton père. — Je désire surtout que tu *conquières* le royaume des cieux.

CHAPITRE SEPTIÈME.

DES MOTS INVARIABLES.

128ᵉ Exercice. — *Gram.* Nᵒˢ 87, 88 et suiv. — Après avoir copié la petite lettre suivante, les élèves ont dû, comme on l'a fait ci-dessous, ranger en colonnes les adverbes, les prépositions, les conjonctions et les interjections.

Ma chère Marraine,

Vous m'avez toujours comblée de bienfaits et votre bonté pour moi me pénètre de la plus vive reconnaissance ; aussi suis-je heureuse de pouvoir vous exprimer aujourd'hui tous les sentiments qui remplissent mon cœur.

Oh ! combien je voudrais être près de vous, pour vous redire mon profond respect et ma sincère affection ; mais puisque je ne puis avoir ce bonheur, veuillez, bien chère Marraine, agréer ici l'expression de mes sentiments, et croyez que tous mes efforts tendront à me rendre digne de votre bienveillance dont je sens tout le prix.

Agréez, ô bonne et chère Marraine, la très-respectueuse affection de votre soumise filleule.

Adverbes.	*Prépositions.*	*Conjonctions.*	*Interjections.*
toujours	de	et.	oh
plus	pour	et	ô
aussi	de, de	mais	
aujourd'hui	près de	puisque	
combien	pour	et	
ne	de	que	
bien	à	et	
ici	de, de.		
très			

Temps primitifs et irrégularités des verbes à conjuguer.

Omettre, omettant, omis, j'omets, j'omis.

Recourir, recourant, recouru, je recours, je recourus. *Fut.*: Je recourrai, tu recourras. *Cond. prés.*: Je recourrais, tu recourrais.

Percevoir, percevant, perçu, je perçois, je perçus. *Ind. prés.* : Je perçois, tu perçois, il perçoit, nous percevons, vous percevez, ils perçoivent. *Futur* : Je percevrai, tu percevras. *Cond. prés.* : Je percevrais, tu percevrais. *Subj. prés.* : Que je perçoive, que tu perçoives, qu'il perçoive, que nous percevions, que vous perceviez, qu'ils perçoivent.

Ployer, ployant, ployé, je ploie, je ployai.

Pressentir, pressentant, pressenti, je pressens, je pressentis.

Promouvoir, promu, je promus. (*Ce verbe n'est usité qu'au passé déterminé et aux temps composés.*)

129e EXERCICE.

Ces charmantes fleurs que j'ai vues naître et que je m'étais plu à cultiver sont maintenant flétries ; je m'étais proposé d'en faire une couronne à Marie, et je me réjouissais par avance de la voir orner son front; mais le terrible vent du nord est venu détruire en un instant toutes mes douces espérances.

Ces	adj. dém. fém. plur. dét. *fleurs.*
charmantes	adj. qual. fém. plur. qual. *fleurs.*
fleurs	n. com. fém. plur. suj. de *sont.*
que	pron. rel. à *fleurs*, 3e pers. du fém. plur., compl. dir. de *ai vues.*
j'	pron. pers. 1re pers. du masc. sing., suj. de *ai vues.*

ai vues	verbe act. à la 1re pers. du sing. du passé indét., temps comp. et dér. du part. passé, 2e mode, 3e conj.
naître	verbe neut. au prés. de l'inf., temps simp. et prim., 1er mode, 4e conj., attribut de *que* ou de *fleurs*.
et	conj.
que	pron. rel. à *fleurs*, 3e pers. du fém. plur., compl. dir. de *cultiver*.
je	pron. pers. 1re pers. du masc. sing., suj. de *étais plu.*
m'	pron. pers. 1re pers. du masc. sing., compl. ind. de *étais plu.*
étais plu.	verbe pronom. neut. à la 1re pers. du sing. du plus-que-parfait de l'ind., temps comp. et dér. du part. passé, 2e mode, 4e conj.
à	prép.
cultiver	verbe act. au prés. de l'inf. temps simp. et prim., 1er mode, 1re conj., compl. ind. de *étais plu.*
sont	verbe subst. à la 3e pers. du plur. du prés. de l'ind., temps simp. et prim., 2e mode, 4e conj.
maintenant	adv. mod. *flétries.*
flétries ;	part. passé passif, fém. plur.
je	pron. pers. 1re pers. du m. s., suj. de *étais proposé.*
m'	pron. pers. 1re pers. du masc. sing., compl. ind. de *étais proposé.*
étais proposé	verbe pron. act. à la 1re pers. du sing. du plus-que-parfait de l'ind., temps simp. et dér. du part. passé, 2e mode, 1re conj.
d'	prép.
en	pron. rel. à *fleurs*, 3e pers. du fém. plur., compl. ind. de *faire.*
faire	verbe act. au prés. de l'inf., temps simp. et prim., 1er mode, 4e conj., compl. dir. de *-étais proposé.*
une	adj. num. card. fém. sing., dét. *couronne.*
couronne	n. com. fém. sing. compl. dir. de *faire.*
à	prép.
Marie	n. prop. fém. sing., compl. ind. de *faire.*
et	conj.
je	pron. pers. 1re pers. du m. s., suj. de *réjouissais.*
me	pron. pers. 1re pers. du masc. sing., compl. dir. de *réjouissais.*
réjouissais	verbe pronom. act. à la 1re pers. du sing. de l'imparf. de l'ind., temps simp. et dér. du part. prés., 2e mode, 2e conj.
par	prép.
avance (1)	n. com. fém. sing., compl. circonst. de *réjouissais.*
de	prép.
la	pron. pers. 3e pers. du fém. sing., compl. dir. de *voir.*
voir	verbe act. au prés. de l'inf., temps simp. et prim., 1er mode, 3e conj., compl. ind. de *réjouissais.*
orner ;	verbe actif au prés. de l'inf., temps simple et

---

(1) On pourrait encore considérer *par avance* comme une loc. adv. mod. *réjouissais.*

	prim., 1er mode, 1re conjugaison, attribut de *la.*
mais	conj.
le	art. simp. au masc. sing. ann. que *vent* est dét.
terrible	adj. qual. masc. sing. qual. *vent.*
vent	n. com. masc. sing., suj. de *est venu.*
du	art. comp. mis pour *de le.*
de	prép.
le	art. simp. au masc. sing. ann. que *nord* est dét.
nord	n. com. masc. sing., compl. ind. de *vent.*
est venu	verbe neut. à la 3e pers. du sing. du passé ind., temps comp. et dér. du part. passé, 2e mode, 2e conj.
(pour)	
détruire	verbe act. au prés. de l'inf., temps simp. et prim., 1er mode, 4e conj., compl. ind. de *est venu.*
en	prép.
un	adj. ind. masc. sing. dét. *instant.*
instant	n. com. masc. sing., compl. circonst. de *est venu.*
toutes	adj. ind. fém. plur. dét. *espérances.*
mes	adj. poss. fém. plur. dét. *espérances.*
douces	adj. qual. fém. plur. qual. *espérances.*
espérances.	n. com. fém. plur., compl. dir. de *détruire.*

Temps primitifs et irrégularités des verbes à conjuguer.

Réélire, réélisant, réélu, je réélis, je réélus.

Requérir, requérant, requis, je requiers, je requis. *Prés. de l'ind.* : Je requiers, tu requiers, il requiert, nous requérons, vous requérez, ils requièrent. *Imparfait* : Je requérais, tu requérais. *Futur* : Je requerrai, tu requerras. *Cond. prés.* : Je requerrais, tu requerrais. *Impératif* : Requiers, requérons, requérez. *Subj. prés.* : Que je requière, que tu requières, qu'il requière, que nous requérions, que vous requériez, qu'ils requièrent.

Seoir (*inusité*). *Ce verbe n'est usité qu'aux troisièmes personnes et seulement aux temps suivants : Part. prés.* : Seyant ou seiant. *Prés. de l'ind.* : Il sied, ils siéent. *Imparfait de l'ind.* : Il seyait, ils seyaient. *Futur* : Il siéra, ils siéront. *Cond. prés.* : Il siérait, ils siéraient. *Prés. du subj.* : Qu'il siée, qu'ils siéent.

Poindre, poignant, point, il point, il poignit. (*Ce verbe n'est usité qu'à la 3e personne du singulier.*)

Subvenir, subvenant, subvenu, je subviens, je subvins. *Prés de l'ind.* : Je subviens, tu subviens, il subvient, nous

subvenons, vous subvenez, ils subviennent. *Futur :* Je sub-
viendrai, tu subviendras. *Condit. prés. :* Je subviendrais, tu
subviendrais. *Prés. du subj. :* Que je subvienne, que tu sub-
viennes, qu'il subvienne, que nous subvenions, que vous sub-
veniez, qu'ils subviennent.

Souscrire, souscrivant, souscrit, je souscris, je souscrivis.

130e Exercice. — Même devoir que celui que nous
avons indiqué au 128e Exercice.

Ma chère Tante,

Il me serait bien doux de vous prouver en ce jour toute la
reconnaissance que vos bontés m'inspirent ; mais, hélas ! que
puis-je faire pour reconnaître tous vos bienfaits. Je n'ai à vous
offrir que les sentiments de mon cœur et les vœux ardents que
je forme chaque jour pour votre félicité.

Daignez les agréer, ô ma bonne tante, et croyez que mon
plus grand plaisir sera toujours de vous renouveler l'expression
de mon profond respect et de mon sincère attachement.

Toujours, chère Tante, je prierai le bon Dieu de répandre sur
vous ses grâces les plus abondantes, et de payer ainsi la dette de
reconnaissance de votre respectueuse nièce.

Adverbes.	Prépositions.	Conjonctions	Interjections.
bien	de	mais	hélas
ne que	en	que	ô
plus	pour	et	
toujours	à	et	
toujours	de	que	
plus	pour	et	
ainsi	de, de, de, de	et	
	sur		
	de, de, de		

Temps primitifs et irrégularités des verbes à conjuguer.

Surseoir, sursoyant, sursis, je sursois, je sursis.

Se complaire, se complaisant, complu, je me complais, je
me complus.

Transcrire, transcrivant, transcrit, je transcris, je transcrivis.

Soustraire, soustrayant, soustrait, je soustrais. (*Point de passé déterminé ni d'imparfait du subjonctif*).

Tisser, tissant, tissé, je tisse, je tissai.

S'ensuivre ou s'en suivre (*impersonnel*) s'ensuivant (*inusité*) s'en étant suivi, il s'ensuit, il s'ensuivit.

Analyse grammaticale.

De quelle douleur profonde
Seront un jour pénétrés
Ces insensés qui, du monde,
Seigneur, vivent enivrés;
Quand, par une fin soudaine,
Détrompés d'une ombre vaine,
Qui passe et ne revient plus,
Leurs yeux, du fond de l'abîme,
Près de ton trône sublime
Verront briller tes élus.

De	prép.
quelle	adj. ind. fém. sing. dét. *douleur.*
douleur	n. com. fém. sing. compl. ind. de *pénétrés.*
profonde	adj. qual. fém. sing. qual. *douleur.*
Seront	verbe subst. à la 3ᵉ pers. du plur. du futur simp. temps simp. et dér. du prés. de l'inf. 2ᵉ mod. 4ᵉ conj.
un jour	loc. adv. mod. *pénétrés.*
pénétrés	partic. passé passif masc. plur.
Ces	adj. dém. masc. plur. dét. *insensés.*
insensés	n. com. masc. plur. suj. de *seront.*
qui	pron. rel. à *insensés* 3ᵉ pers. du masc. plur. suj. de *vivent.*
du	art. comp. mis pour *de le.*
de	prép.
le	art. simp. au masc. sing. ann. que *monde* est dét.
monde,	n. com. masc. sing. compl. ind. de *enivrés.*
Seigneur,	n. prop. masc. sing. mis en *apostrophe.*
vivent	verbe neut. à la 3ᵉ pers. du plur. du prés. de l'ind. temps simp. et prim. 2ᵉ mod. 4ᵉ conj.
enivrés	part. adj. masc. plur. qual. *insensés.*
Quand,	conj.
par	prép.
une	adj. ind. fém. sing. dét. *fin.*
fin	n. com. fém. sing. compl. ind. de *détrompés.*
soudaine,	adj. qual. fém. sing. qual. *fin.*
Détrompés	part. adj. masc. plur. qual. *insensés.*

d'	prép.
une	adj. ind. fém. sing. dét. *ombre*.
ombre	n. com. fém. sing. compl. ind. de *détrompés*.
vaine	adj. qual. fém. sing. qual. *ombre*.
Qui	pron. rel. à *ombre* 3e pers. du f. sing. suj. de *passe*.
passe	verbe neut. à la 3e pers. du sing. du prés. de l'ind. temps simp. et prim. 2e mod. 1re conj.
et	conj.
ne plus	loc. adv. mod. *revient*.
revient	verbe neut. à la 3e pers. du sing. du prés. de l'ind. temps simp. et prim. 2e mod. 2e conj.
Leurs	adj. poss. masc. plur. dét. *yeux*.
yeux	n. com. masc. plur. suj. de *verront*.
du	art. comp. mis pour *de le*.
de	prép.
le	art. simp. masc. sing. ann. que *fond* est dét.
fond (1)	n. com. masc. sing. compl. circonst. de *verront*.
de	prép.
l'	art. simp. au masc. sing. ann. que *abîme* est dét.
abîme	n. com. masc. sing. compl. ind. de *fond*.
Près de	loc. prép.
ton	adj. poss. masc. sing. dét. *trône*.
trône	n. com. masc. sing. compl. circonst. de *verront*.
sublime	adj. qual. masc. sing. qual. *trône*.
Verront	verbe act. à la 3e pers. du plur. du futur simp. temps simp. et dér. du prés. de l'inf. 2e mod. 3e conj.
briller	verbe neut. au prés. de l'inf. temps simp. et prim. 1er mod. 1re conj. attribut de *élus*.
tes	adj. poss. masc. plur. dét. *élus*.
élus	n. com. masc. plur. compl. dir. de *verront*.

SUPPLÉMENT

AUX EXERCICES DE LA PREMIÈRE PARTIE.

Dictées.

1

Parmi les avantages que nous *procure*[1] la mer, la navigation *tient*[2] le premier rang.

Jetons[3] un coup d'œil sur cet art merveilleux et *considérons*[4]-le dans son but et dans ses moyens.

Quelques vaisseaux *pèsent*[5] jusqu'à un million de kilogrammes, cependant ils se *soutiennent*[6] sur l'eau ; de plus, ces énormes

---

(1) On pourrait encore considérer *du fond de* comme une locution prépositive, et, dans ce cas, *abîme* serait compl. circonst. de *verront*.

masses *cèdent* [7] à l'effort d'un faible vent. Comment l'onde ne se *sépare* [8]-*t*-elle pas pour ouvrir aux vaisseaux les abîmes où leur poids les *appelle* [9]?

Voici la raison de cette stabilité : le vaisseau qu'on *place* [10] à la surface de l'eau ne *peut* [11] s'enfoncer qu'en *déplaçant* [12] un volume d'eau égal au sien. Cet effet se *produirait* [13] si le vaisseau *pesait* [14] plus que pareil volume d'eau ; mais étant encore moins lourd que l'eau, en pareil volume, il *surnage* [15] facilement.

Sans la navigation, les productions des différents climats ne *pourraient* [16] circuler d'un continent à un autre ; mais la navigation *paraîtra* [17] encore un plus grand bienfait si l'on *considère* [18] que c'est par elle que l'Évangile *parvient* [19] aux nations les plus *éloignées* [20].

Cette pensée m'*inspire* [21] pour Dieu une vive reconnaissance; mais d'un autre côté, je le *bénis* [22] de ce que ma vocation n'est point d'exposer ma vie à des périls continuels.

Explication.

[1] procure	*e*, parce que ce verbe s'acc. avec son suj. *mer*, nom de la 3e pers. du sing.
[2] tient	*t*, parce que c'est un verbe de la 2e conj. qui s'acc. avec son suj. *navigation*, nom de la 3e pers. du sing.
[3] jetons	*ons*, parce que ce verbe est à la 1re pers. du plur. de l'impér. Un seul *t*, parce les verbes en *eter* ne doublent le *t* que devant une syllabe muette.
[4] considérons	*é* parce que les verbes de la 1re conj. qui ont la syllabe finale de l'inf. précédée d'un *é* fermé, ne changent cet *é* fermé en *è* ouvert que devant une syllabe muette.
[5] pèsent	*ent*, parce que ce verbe s'accorde avec son sujet *vaisseaux; è*, parce que la syllabe suivante est muette.
[6] soutiennent	*ent*, parce que ce verbe s'accorde avec

son sujet *ils*, mis pour *vaisseaux*.

7 cèdent — *ent*, parce que ce verbe s'accorde avec son sujet *masses*; *è*, parce que la syllabe suivante est muette.

8 sépare-t- — *re*, parce que ce verbe s'accorde avec son sujet *elle*, mis pour *onde*; *t*, entre le verbe et son sujet, pour adoucir la prononciation.

9 appelle — *le*, parce que ce verbe s'accorde avec son sujet *poids*; *ll*, parce que les verbes en *eler* doublent l'*l* devant une syllabe muette.

10 place — *ce*, parce que ce verbe s'accorde avec son sujet *on*, pronom de la 3e pers. du sing.

11 peut — *t*, parce que c'est un verbe de la 3e conj. qui s'acc. avec son sujet *vaisseau*, nom de la 3e pers. du sing.

12 déplaçant — *ç*, parce que les verbes en *cer* prennent une cédille sous le *c*, devant *a*, *o* et *u* pour conserver au *c* le même son qu'à l'infinitif.

13 produirait — *rait*, parce que ce verbe est à la 3e pers. du sing. du condit. prés.

14 pesait — *sait*, parce que ce verbe est à 3e pers. du singulier de l'imparfait de l'indicatif; *e*, sans accent, parce que la syllabe suivante n'est pas muette.

15 surnage — *ge*, parce que ce verbe s'accorde avec son sujet *il*, mis pour *vaisseau*.

16 pourraient — *ent*, parce que ce verbe s'accorde avec son sujet *productions*.

17 paraîtra — *tra*, parce que ce verbe est à la 3e pers. du singulier du futur simple.

18 considère — *re*, parce que ce verbe s'accorde avec son sujet *on*; *è*, parce que la syllabe suivante est muette.

[19] parvient | *t*, parce que c'est un verbe de la 2e conj. qui s'acc. avec son sujet *Evangile*, nom de la 3e pers. du sing.

[20] éloignées | *ées*, parce que ce participe adjectif qualifie *nations*, nom du féminin pluriel.

[21] inspire | *re*, parce que ce verbe s'accorde avec son sujet *pensée*, nom de la 3e pers. du sing.

[22] bénis | *s*, parce que c'est un verbe de la seconde conjug. à la 1re pers. du sing. du prés. de l'indicatif.

2

Enfin je puis t'écrire, chère Laure, combien je le désirais! Que *penses*[1]-tu de ces longues semaines *écoulées*[2] depuis ma dernière lettre? Peut-être m'*accuses*[3]-tu d'ingratitude ou tout au moins de paresse, et cependant plus que jamais tu *as*[4] été présente à ma pensée. Je n'*essayerai*[5] (1) point de te dépeindre toutes nos fatigues, tous nos ennuis pendant ce long voyage; tout cela est *fini*[6] : je suis *arrivée*[7] à Lille hier à trois heures de l'après-midi, et une bonne nuit *passée*[8] sous le toit paternel m'*a fait*[9] oublier toutes mes souffrances. Ma mère *chérie*[10] ne *pouvait*[11] contenir ses transports; moi je *pleurais*[12], je *riais*[12], et je ne *pouvais*[12] détacher mes regards de cette tendre mère dont j'avais été *séparée*[13] si longtemps.

Encore deux jours, chère amie, et nous serons *réunies*[14]! *Hâte*[15]-toi, je t'en *supplie*[16], et *fais*[17] en sorte d'être *rendue*[18] ici dès le matin de la grande journée! Comme nous *jouerons*[19-20] de bon cœur! comme nous nous *promènerons*[21-20] dans les bois! que de choses nous nous *raconterons*[20]! Je suis *ravie*[22] par avance en pensant à ce beau jour: tous mes projets sont *faits*[23]

---

(1) Ainsi qu'on l'a vu dans notre grammaire, il est maintenant d'usage de conserver l'*y* avant l'*e* muet dans les verbes terminés à l'infinitif par *ayer*. On pourrait cependant écrire j'*essaierai*.

et *approuvés* [23] ; ma chère maman *consent* [24] à tout ce qui *pourra* [25] augmenter notre joie. *Viens* [26] donc vite, chère Laure, ne *perdons* [27] pas une minute d'un temps si précieux ; *amène* [28-29] Julie, *amène* [28-29] aussi Louise, ces chères petites *augmente-ront* [30] notre bonheur en le *partageant* [31]. Je suis bien sûre qu'elles seront *enchantées* [32] d'être de la partie ; ainsi, je t'en *supplie* [16], *fais* [17] en sorte qu'elles ne *soient* [33] pas *privées* [34] de cette jouissance.

Offre [35] mon profond respect à tes chers parents, et *dis* [36]-leur que je les *remercie* [37] mille fois par avance du plaisir qu'ils me *procureront* [38] jeudi.

Explication.

[1] penses	*s*, parce que ce verbe s'accorde avec son sujet *tu*, pron. de la 2ᵉ pers. du sing.
[2] écoulées	*ées*, parce que ce part. adj. qual. *semaines*.
[3] accuses	*s*, parce que ce verbe est à la seconde pers. du singulier.
[4] as	*s*, parce que ce verbe est à la seconde pers. du singulier du prés. de l'indicatif.
[5] essayerai	*ye*, parce que les verbes en *ayer* conservent l'*y* devant un *e* muet.
[6] fini	*ni*, parce que c'est un participe accompagné de l'auxil. *être*, qui s'accorde avec son sujet *tout*, pronom de la 3ᵉ personne du masc. sing.
[7] arrivée	*ée*, parce que c'est un participe accompagné de l'auxil. *être*, qui s'accorde avec son sujet *je*, pronom du fém. sing.
[8] passée	*ée*, parce que ce participe adjectif se rapporte à *nuit*.
[9] fait	invariable, ce part. étant conj. avec l'auxil. *avoir* et suivi de son compl. dir. *oublier*.
[10] chérie	au fém. sing. parce que ce participe adjectif qualifie *mère*.

11 pouvait — *vait*, parce que ce verbe est à la 3e pers. du sing. de l'imparfait de l'indicatif.

12 pleurais — *rais*, parce que ce verbe est à la 1re pers. du sing. de l'imparfait de l'indicatif.

13 séparée — *ée*, ce part. étant conj. avec l'auxil. *être*, doit s'acc. avec son suj. *je*, pron. du f. s.

14 réunies — *es*, parce que ce participe étant conjugué avec l'auxil. *être*, doit s'accorder avec son sujet *nous*, pron. du fém. plur.

15 hâte — pas d'*s*, parce que ce verbe est à la seconde personne du sing. de l'impératif.

16 supplie — *ie*, parce que c'est un verbe de la 1re conj. à la 1re pers. du sing. du prés. de l'indic.

17 fais — *s*, parce que ce verbe est à la 2e pers. du sing. de l'impér., et que cette pers. s'écrit toujours comme la 1re de l'indic. prés. qui, dans ce verbe, prend un *s*.

18 rendue — *e*, parce que ce participe se rapporte à *toi*, sous-entendu, pron. du fém. sing.

19 jouerons — *e* avant l'*r*, parce que le futur simple prend le radical du prés. de l'inf. auquel il y a toujours un *e* dans les verbes de la 1re conj.

20 — *ons*, parce que ce verbe est à la 1re pers. du plur. du futur simple.

21 promènerons — *è*, parce que la syllabe suivante est muette.

22 ravie — *e*, parce que ce participe étant accompagné de l'auxil. *être*, doit s'accorder avec son sujet *je*, pron. du fém. sing.

23 faits — *s*, parce que ce participe étant conj. avec l'auxil. *être*, doit s'accorder avec son suj. *projets*, nom du masc. plur.

24 consent — *t*, parce que c'est un verbe de la seconde conjugaison à la 3e pers. du sing. du prés. de l'indicatif.

25 pourra   *ra*, parce que ce verbe est à la 3e pers. du sing. du futur simple.

26 viens   *s*, parce que ce verbe est à la 2e pers. du sing. de l'impér., et que cette pers. s'écrit toujours comme la 1re du prés. de l'indic. qui, dans ce verbe, prend un *s*.

27 perdons   *ons*, parce que ce verbe est à la 1re pers. du plur. de l'impératif.

28-29 amène   *è*, parce que la syllabe suivante est muette.

29   pas d'*s*, parce que ce verbe est à l'impér. et que, dans le verbe *amener*, il n'y a pas d'*s* à la 1re pers. du sing. du prés. de l'indic.

30 augmenteront   *ront*, parce que ce verbe est à la 3e pers. du plur. du futur simple.

31 partageant   *e* avant l'*a*, parce que les verbes en *ger* prennent un *e* avant *a* et *o* pour adoucir la prononciation.

32 enchantées   *ées*, parce que c'est un participe accompagné de l'auxil. *être*, qui s'accorde avec son sujet *elles*, pron. du fém. plur.

33 soient   *ent*, parce que ce verbe s'accorde avec son sujet *elles*, pron. de la 3e pers. du plur.

34 privées   *ées*, parce que c'est un participe accompagné de l'auxil. *être* qui s'accorde avec son sujet *elles*.

35 offre   pas d'*s*, parce que c'est un verbe de la 1re conj. à l'impératif.

36 dis   *s*, parce que ce verbe est à l'impér., et qu'il y a dans le même verbe un *s* à la 1re pers. du sing. du prés. de l'indicatif.

37 remercie   *e*, parce que ce verbe est de la 1re conj. à la 1re pers. du sing. du prés. de l'indicatif.

38 procureront   *ront*, parce que ce verbe est à la 3e pers. du plur. du futur simple.

3

On *donne*[1] le nom de mers à ces assemblages d'eaux qui *environnent*[2] la terre, et qui, en plusieurs endroits, s'*enfoncent*[3] dans l'intérieur, tantôt par de larges ouvertures, tantôt par des détroits plus ou moins *resserrés*[4]. Tel est l'immense réservoir d'où *sortent*[5] toutes les eaux qui *circulent*[6] sur notre globe.

Les fréquentes agitations de cette immense étendue d'eau me *représentent*[7] *celles*[8] dont la vie humaine est sans cesse *troublée*[9]; elle aussi n'est qu'un flux et un reflux continuels; elle *croît*[10], elle *diminue*[11]; tout y est sujet à de perpétuels changements; point de joie, point d'espérance, point de bonheur qui *soient*[12] permanents.

Quand les flots sont *agités*[13] par la tempête, les vaisseaux *secoués*[14] avec violence, sont *emportés*[15] loin de leur route, souvent ils sont *poussés*[16] sur des bancs de sable ou contre des rochers sur lesquels ils se *brisent*[17], et l'équipage *trouve*[18] la mort dans les flots *irrités*[19]. Combien la mer [20]*renferme-t*-elle de trésors *engloutis*[21] ainsi dans les naufrages !

Cependant quand les tempêtes n'*offriraient*[22] aucun avantage, opinion dont il est facile de démontrer la fausseté, il y aurait de l'ingratitude à ne faire attention qu'aux dommages que la mer *occasionne*[23] sans daigner réfléchir sur la magnificence des œuvres du Créateur.

Admire[24], ô chrétien, cet Être suprême, qui a *établi*[25] dans l'Océan un monument de sa toute-puissance infinie. [24]*Admire*-le surtout dans cette immensité d'étendue qui, après l'aspect du ciel *étoilé*[26], nous *offre*[27] le spectacle le plus majestueux et le plus imposant.

Explication.

[1] donne	*ne*, parce que ce verbe s'acc. avec son suj. *on*, pron. de la 3e pers. du sing.
[2] environnent	*ent*, parce que ce verbe s'acc. avec son suj. *qui*, mis pour *assemblages*.

³ s'enfoncent — *ent*, parce que ce verbe s'acc. avec son suj. *assemblages*.

⁴ resserrés — au masc. plur., parce que ce part. adj. qualifie *détroits*.

⁵ sortent — *ent*, parce que ce verbe s'acc. avec son suj. *eaux*.

⁶ circulent — *ent*, parce que ce verbe s'acc. avec son suj. *qui*, mis pour *eaux*.

⁷ représentent — *ent*, parce que ce verbe s'acc. avec son suj. *agitations*.

⁸ celles — au fém. plur., parce que ce pron. tient la place de *agitations*.

⁹ troublée — *ée*, parce que ce part. étant accompagné de l'auxil. *être*, doit s'acc. avec son suj. *vie*.

¹⁰ croît — *t*, parce que c'est un verbe de la 4ᵉ conj. à la 3ᵉ pers. du sing. du présent de l'ind.

Un accent circonflexe, parce que l'*i* n'est pas suivi de deux *s*.

¹¹ diminue — *e*, parce que c'est un verbe de la 1ʳᵉ conj. à la 3ᵉ pers. du sing. du prés. de l'ind.

¹² soient — *ent*, parce que ce verbe s'acc. avec son suj. *joie, espérance* et *bonheur*.

¹³ agités — *és*, ce part. étant accompagné de l'auxil. *être*, doit s'acc. avec son suj. *flots*, nom du masc. plur.

¹⁴ secoués — au masc. plur., parce que ce part. adj. qualifie *vaisseaux*.

¹⁵ emportés — au masc. plur., parce que ce part. étant accompagné de l'auxil. *être*, doit s'acc. avec son suj. *vaisseaux*.

¹⁶ poussés — au masc. plur., parce que ce part. étant accompagné de l'auxil. *être*, doit s'acc. avec son suj. *ils*.

[17] brisent	*ent*, parce que ce verbe s'acc. avec son suj. *ils.*
[18] trouve	*ve*, parce que ce verbe s'acc. avec son suj. *équipage.*
[19] irrités	*és*, parce que ce part. adj. qualifie *flots.*
[20] renferme-t-	*me*, parce que ce verbe s'acc. avec son suj. *mer.* *t*, pour adoucir la prononciation.
[21] engloutis	au masc. plur., parce que ce part. adj. qualifie *trésors.*
[22] offriraient	*ent*, parce que ce verbe s'acc. avec son suj. *tempêtes.*
[23] occasionne	*ne*, parce que ce verbe s'acc. avec son suj. *mer.*
[24] admire	pas d's, les verbes de la 1re conj. ne prenant pas d's à la 2e pers. du sing. de l'impér., parce qu'il n'y en a pas à la 1re de l'indic. prés.
[25] établi	invariable, ce part. étant accompagné de l'auxil. *avoir*, et suivi de son compl. dir. *monument.*
[26] étoilé	au masc. sing., parce que cet adj. qual. *ciel.*
[27] offre	*fre*, parce que ce verbe s'acc. avec son suj. *qui*, mis pour *immensité.*

4

A quoi *songeais*[1]-tu, Marie, quand tu m'as *dit*[2] que tu *prierais*[3] maman de m'envoyer une poupée ? vraiment, il faut que tu me *croies*[4] bien enfant ; *penses*[5]-tu donc que je n'*aie*[6] rien à faire ou que mes devoirs ne *puissent*[7] m'occuper ? *Juge*[8]-moi un peu mieux, je te *prie*[9], et ne te *figure*[10] pas que j'*aie*[11] sitôt *oublié*[12] mes résolutions et mes promesses. Oh ! je me les *rappelle*[13] fort bien et quoique tu ne me *fasses*[14] plus de sermons, *crois*[15] bien, Marie, que je ne laisse pas d'en entendre au moins autant que près de toi. Cependant puisque tu *es*[16] assez bonne pour demander quelque chose pour moi, *prie*[17] maman de m'envoyer quelques jolis livres bien amusants, je les *lirai*[18] aux récréations et j'aurai l'air un peu plus raisonnable qu'en jouant à la poupée ; au reste, ne *crains*[19] pas que je m'*ennuie*[20]. Hier, on nous *conduisit*[21] dans un beau parc ; là, nous nous *promenâmes*[22] et nous *jouâmes*[22] toute la journée ; enfin nous nous *enfonçâmes*[23] dans un petit bois espérant y trouver des nids, mais le jour *baissait*[24] et on nous *appela*[25] avant que nous eussions rien *trouvé*[26]. Tous les jours je me *promène*[27] dans un vaste jardin et je n'*essayerai*[28] pas de te dire tout le plaisir que j'y *prends*[29]. Cependant tout cela ne me fait point t'oublier ; ce matin, pendant l'étude, je pensais au temps où nous *étudiions*[30] ensemble et mes yeux se *mouillaient*[31] malgré tous mes efforts ; mais l'espérance de te revoir me *console*[32] et je me *dis*[33] : Marie sera toujours contente de moi, car je vais apprendre les moyens de ne lui faire jamais de peine. Je t'*assure*[34], chère Marie, que je *payerai*[28] ton affection du plus sincère retour et que je me *rappellerai*[35] toute ma vie ce que tu fais maintenant pour moi. Ce n'est pas tout : j'*essayerai*[28] de te ressembler, je veux devenir bonne aussi, afin d'être un jour avec toi la joie de nos parents.

Explication.

[1] songeais	*e* avant l'*a*, pour adoucir la prononciation.
	ais, parce que ce verbe est à la 2e pers. de l'imparfait de l'indic.
[2] dit	invar., parce que ce part. étant accompagné de l'auxil. *avoir*, est suivi de son compl. dir. : *que tu prierais.*
	t, parce que ce part. fait *dite* au fém.
[3] prierais	*rais*, parce que ce verbe est à la 2e pers. du sing. du prés. du cond.
	e avant l'*r*, parce que le prés. du cond. prend le radical de l'inf. prés., auquel il y a un *e* dans les verbes de la 1re conjugaison.

⁴ croies — **es**, parce que ce verbe est à la 2e pers. du sing. du prés. du subj.

⁵ penses — **s**, parce que ce verbe est à la 2e pers. du sing.

⁶ aie — **e**, parce que ce verbe est à la 1re pers. du sing. du prés. du subj.

⁷ puissent — **ent**, parce que ce verbe s'acc. avec son suj. *devoirs*.

⁸ juge — pas d'**s**, parce que c'est un verbe de la 1re conj. à l'impér.

⁹ prie — **e**, parce que ce verbe est à la 1re pers. du sing. du prés. de l'ind.

¹⁰ figure — pas d'**s**, parce que ce verbe est à l'impér.

¹¹ aie — **e**, parce que ce verbe est au subj.

¹² oublié — invar., ce part. étant conjugué avec l'auxil. *avoir* et suivi de son compl. dir. *résolutions* et *promesses*.

¹³ rappelle — **ll**, parce que les verbes en *eler* doublent l'*l* devant une syllabe muette.

¹⁴ fasses — **s**, parce que ce verbe est à la 2e pers. du sing. du prés. du subj.

¹⁵ crois — **s**, à l'impér., parce qu'il y a un *s* à la 1re pers. du sing. du prés. de l'ind. dans le verbe *croire*.

¹⁶ es — **s**, parce que ce verbe est à la 2e pers. du sing.

¹⁷ prie — sans *s*, parce que c'est un verbe de la 1re conj. à l'impér.

¹⁸ lirai — **rai**, parce que ce verbe est à la 1re pers. du sing. du futur simple ; point d'*e* avant l'*r*, parce que ce verbe n'est pas de la 1re conj.

¹⁹ crains — **s** à l'impér., parce que la 1re pers. du sing. de l'indic. prés. prend un *s* dans le verbe *craindre*.

²⁰ ennuie — **e**, parce que ce verbe est à la 1re pers. du sing. du prés. du subj.

ie, parce que les verbes en *yer* changent l'*y* en *i* devant un *e* muet.

21 conduisit — *t*, parce que c'est un verbe de la 4e conj. à la 3e pers. du sing. du passé dét.

22 promenâmes — *âmes*, parce que ce verbe est à la 1re pers. du plur. du passé dét.

23 enfonçâmes — *ç*, parce que les verbes en *cer* prennent une cédille sous le *c* devant *a*, *o* et *u* pour adoucir la prononciation.

24 baissait — *sait*, parce que ce verbe est à la 3e pers. du sing. de l'imparf. de l'ind.

25 appela — *a*, parce que c'est un verbe de la 1re conj. à la 3e pers. du sing. du passé dét.

un seul *l*, parce que la syllabe suivante n'est pas muette.

26 trouvé — *é*, parce c'est un part. accompagné de l'auxil. *avoir*, qui s'acc. avec son compl. dir. *rien*, pron. de la 3e pers. du masc. sing.

27 promène — *è*, parce que la syllabe suivante est muette.

28 essayerai — *y*, parce que les verbes en *ayer* conservent l'*y* devant un *e* muet.

29 prends — *s*, parce que c'est un verbe de la 4e conj. à la 1re pers. du sing. du prés. de l'ind.

30 étudiions — *ii*, parce que l'imparf. de l'ind. ayant *ions* pour terminaison à la 1re pers. du plur., il doit y avoir deux *i* dans les verbes qui ont le radical du part. présent terminé par un *i*, l'imparf. de l'ind. empruntant son radical au part. prés.

31 mouillaient — *aient*, parce que ce verbe s'acc. avec son suj. *yeux*.

32 console — *le*, parce que ce verbe s'acc. avec son suj. *espérance*.

[33] dis	s, parce que c'est un verbe de la 4e conj. à la 1re pers. du sing. du prés. de l'ind.
[34] assure	e, parce que c'est un verbe de la 1re conjug. à la 1re pers. du sing. du prés. de l'ind.
[35] rappellerai	ll, parce que la syllabe suivante est muette.

5

On *trouve* [1] fréquemment dans les entrailles de la terre des végétaux, des coquillages, des ossements d'animaux qui *semblent* [2] *convertis* [3] en pierre, en conservant leur forme primitive; c'est ce qu'on *appelle* [4] pétrifications.

Parmi les végétaux et les animaux qui ont été *ensevelis* [5] dans les sucs pierreux, les uns n'ont *laissé* [6] qu'une image d'eux-mêmes; *couverts* [7] de toutes parts d'une argile molle, ils s'y sont *corrompus* [8] et *dissous* [8], pendant que l'argile s'est *durcie* [9], *pétrifiée* [9], formant une cavité qui *représente* [10] distinctement le corps qui y était *contenu* [11]. D'autres corps *semblent* [12] réellement *pétrifiés* [13], c'est-à-dire *changés* [14] en pierre.

Le bois *pétrifié* [15] est une matière assez commune, on en *trouve* [1] en France, en Savoie, en Allemagne. On a *trouvé* [16] des arbres entiers *changés* [17] en pierre avec leurs branches et leurs racines; on a même *reconnu* [18] sur certaines parties de ces arbres qu'elles avaient été *rongées* [19] par les vers.

Les pétrifications sont encore une preuve de cette sagesse divine qui se *manifeste* [20] dans toute la nature.

Quand nous serions des siècles sur la terre, quand nous *emploierions* [21] toutes nos journées à la contemplation des merveilles qui nous *entourent* [22], quand nous *étudierions* [23] sans cesse les phénomènes et les singularités des différents règnes, que de merveilles *demeureraient* [24] encore *cachées* [25] pour nous!

Explication.

[1] trouve	à la 3e pers. du sing. parce que ce verbe s'acc. avec son suj. *on.*
[2] semblent	*ent,* parce que ce verbe s'acc. avec son suj.

qui, mis pour *végétaux, coquillages* et *ossements*.

³ convertis — au masc. plur. parce que ce part. adj. qual. *végétaux, coquillages* et *ossements*.

⁴ appelle — *ll*, parce que la syllabe suivante est muette.

⁵ ensevelis — *s*, parce que c'est un part. accompagné de l'auxil. *être* qui s'acc. avec son suj. *qui*, mis pour *végétaux* et *animaux*.

⁶ laissé — invar., ce part. étant conjugué avec l'auxil. *avoir* et suivi de son compl. dir. *image*.

⁷ couverts — *s*, parce que ce part. adj. se rapporte à *les uns*, pronom du masc. plur.

⁸ corrompus — *s*, parce que c'est le part. d'un verbe pronom , conjugué avec l'auxil. *être*, mis pour *avoir*, qui doit s'acc. avec son compl. dir. *se*, mis pour *végétaux* et *animaux*.

⁹ durcie — *e*, parce que ce part. étant conjugué avec l'auxil. *être*, mis pour *avoir*, s'acc. avec son compl. dir. *se*, mis pour *argile*.

¹⁰ représente — à la 3ᵉ pers. du sing., parce que ce verbe s'acc. avec son suj. *qui*, mis pour *cavité*.

¹¹ contenu — au masc. sing. parce que ce part. étant accompagné de l'auxil. *être*, doit s'acc. avec son suj. *corps*.

¹² semblent — *ent*, parce que ce verbe s'acc. avec son suj. *corps*.

¹³ pétrifiés — au masc. plur., parce que ce part. adj. se rapporte à *corps*.

¹⁴ changés — *és*, parce que ce part. adj. se rapporte à *corps*.

¹⁵ pétrifié — au masc. sing., parce que ce part. adj. se rapporte à *bois*.

¹⁶ trouvé — invar., ce part. étant conj. avec l'auxil. *avoir*,

	et suivi de son compl. dir. *arbres.*
[17] changés	*és*, parce que ce part. adj. se rapporte à *arbres.*
[18] reconnu	invar., ce part. étant conjugué avec l'auxil. *avoir,* et suivi de son compl. dir. *qu'elles avaient été rongées.*
[19] rongées.	au fém. plur. parce que ce participe étant conj. avec l'auxil. *être,* doit s'accorder avec son sujet *elles.*
[20] manifeste	à la 3e pers. du sing. parce que ce verbe s'accorde avec son sujet *qui,* mis pour *sagesse.*
[21] emploierions	e avant l'*r*, parce que le condit. prés. prend le radical du prés. de l'infinitif auquel il y a un *e* dans les verbes de la 1re conj. *ie,* parce que les verbes en *yer* changent l'*y* en *i* devant un *e* muet.
[22] entourent	*ent,* parce que ce verbe s'acc. avec son suj. *qui,* mis pour *merveilles.*
[23] étudierions	e avant l'*r*, parce que c'est un verbe de la 1re conj. au prés. du condit.
[24] demeureraient	*aient,* parce que ce verbe est à la 3e pers. du plur. du prés. du condit.
[25] cachées	*ées,* parce que ce participe adjectif qualifie *merveilles.*

6

Vous m'avez *envoyé* [1], chère Maman, de si charmantes étrennes que je ne *sais* [2] comment vous exprimer la joie qu'elles m'ont *causée* [3]. J'ai *fait* [4] aussitôt une robe de la mousseline de laine bleue, un bonnet et un col de la jolie dentelle et une pélerine du gros de Naples; mais rien ne m'a *plu* [5] autant que les beaux livres que vous avez *joints* [6] à ce paquet. J'aurais *voulu* [7] les lire tous le jour même. *Quelles* [8] jolies histoires! *Quels* [9] beaux vers ! *Quelle* [10] aimable manière d'instruire en amusant ! J'étais vraiment *ravie* [11] en contemplant tous *ces* [12] trésors ; cherchais encore cependant, car votre nom n'était point sur toutes *ces* [12] belles choses : enfin , j'*aperçois* [13] une lettre, je la *décachette* [14] et la *lis* [15] avec mille fois plus d'empressement que je ne le *saurais* [16] dire. Oh ! votre tendresse pour moi était *peinte* [17] dans *ces* [12] lignes mieux encore que dans vos bienfaits ; aussi mon cœur est *rempli* [18] de reconnaissance et n'a plus que cette pensée : ma bonne mère m'*aime* [19] tendrement, mais moi aussi je l'*aime* [20] plus que je ne *pourrai* [21] jamais le lui exprimer.

Explication.

[1] envoyé — invariable, ce part. étant conj. avec *avoir* et suivi de son compl. dir. *étrennes*.

[2] sais — *s*, parce que c'est un verbe de la 3e conj. à la 1re pers. du sing. du prés. de l'ind.

[3] causée — *ée*, parce que ce part. étant conj. avec l'auxil. *avoir*, doit s'acc. avec son compl. dir. *que*, mis pour *joie*.

[4] fait — invar., ce part. étant conj. avec l'auxil. *avoir* et suivi de son compl. dir. *robe, bonnet*, etc.

[5] plu — invariable, parce que c'est le part. d'un verbe neutre conjugué avec l'auxil. *avoir*.

[6] joints — *s*, parce que ce part. étant acccompagné de l'auxil. *avoir*, doit s'acc. avec son compl. dir. *que*, mis pour *livres*.

[7] voulu — invar., ce part. étant conjugué avec l'auxil. *avoir* et suivi de son compl. dir. *lire*.

[8] quelles — au fém. plur., parce que cet adj. indéf. dét. *histoires*.

[9] quels — au masc. plur., parce que cet adj. dét. *vers*.

[10] quelle — au f. s., parce que cet adj. dét. *manière*.

[11] ravie — *e*, parce que ce part. étant accompagné de l'auxiliaire *être*, doit s'acc. avec son

	sujet *je*, pronom du féminin singulier.
[12] ces	parce que *ces* est ici adj. démonst. et non possessif.
[13] aperçois	ç, pour adoucir la prononciation.
[14] décachette	*tt*, parce que les verbes en *eter* doublent le *t* devant une syllabe muette.
[15] lis	*s*, parce que c'est un verbe de la 4e conj. à la 1re pers. du sing. du prés. de l'indic.
[16] saurais	*rais*, parce que ce verbe est à la 1re pers. du sing. du prés. du condit.
[17] peinte	au fém. sing., parce que ce part. étant accompagné de l'auxil. *être*, doit s'acc. avec son suj. *tendresse*.
[18] rempli	au masc. sing., parce que ce part. étant accompagné de l'auxil. *être*, doit s'acc. avec son suj. *cœur*.
[19] aime	*me*, parce que c'est un verbe de la 1re conj. à la 3e pers. du sing. du prés. de l'indic.
[20] aime	*me*, parce que c'est un verbe de la 1re conj. à la 1re pers. du sing. du prés. de l'ind.
[21] pourrai	*rai*, parce que ce verbe est à la 1re pers. du sing. du fut. simp.

7

De quel éclat ne *brille* [1] pas cette voûte de saphir qui *couvre* [2] nos demeures lorsque, pendant la nuit, des milliers de lustres y sont *suspendus* [3] ! De quel nombre de corps célestes l'espace est *parsemé* [4] ! Une route particulière est *marquée* [5] à chacun de ces globes lumineux et ils ne s'en *écartent* [6] jamais. Ces étoiles qui nous *paraissent* [7] *semées* [8] avec confusion dans le firmament s'y *trouvent* [9] cependant dans le plus bel ordre ; depuis des milliers d'années, elles se *lèvent* [10-11] et se *couchent* [11] régulièrement et les astronomes ont *pu* [12] déterminer avec exactitude leur position et leur cours.

Quel autre qu'un esprit d'une toute-puissance infinie a *pu* [12] former cette voûte superbe que nous voyons sur nos têtes ? Qui a *donné* [13] à ces globes immenses ce mouvement perpétuel ? D'où *viennent* [14] ces rapports, cette beauté et cette harmonie qui *brillent* [15] dans toutes les parties de l'ensemble ? qui a *déterminé* [16] si exactement toutes choses ? qui a *prescrit* [17] à ces corps immenses ces lois qui n'ont *pu* [18] être *découvertes* [19] que par des génies *doués* [20] de la plus grande sagacité ? qui a *mesuré* [21] les vastes cercles dans lesquels ces astres doivent se mouvoir ? Toutes ces questions me *ramènent* [22] vers le Créateur. Quelle profondeur de sagesse doit se trouver dans celui qui a *formé* [23] des plans si admirables !

A la vue de tant de merveilles, ne nous *écrierons* [24-25] nous pas comme le roi-prophète : Je *chanterai* [26] les louanges de l'Éternel, je *psalmodierai* [26-25] à la gloire de mon Dieu, je me *réjouirai* [26] en lui.

Explication.

[1] brille	*le*, parce que c'est un verbe de la 1re conjug. qui s'acc. avec son sujet *voûte*, nom de la 3e pers. du sing.
[2] couvre	*vre*, parce que ce verbe s'acc. avec son suj. *qui*, pron. remplaçant *voûte*. Les verbes en *vrir* sont comme les verbes de la 1re conj. terminés par un *e* muet à la 3e pers. du sing. du prés. de l'ind.
[3] suspendus	*s*, parce que ce part. étant acc. de l'auxil. *être*, doit s'acc. avec son sujet *lustres*.
[4] parsemé	au m. s. parce que ce part. étant acc. de l'aux. *être*, doit s'acc. avec son suj. *espace*.
[5] marquée	au f. s., parce que ce part. étant acc. de l'aux. *être*, doit s'acc. avec son suj. *route*.
[6] écartent	*ent*, parce que ce verbe s'acc. avec son sujet *ils*, mis pour *globes*.
[7] paraissaient	*ent*, parce que ce verbe s'acc. avec son sujet *qui*, mis pour *étoiles*.

10

8 semées | *ées*, parce que ce part. adj. qual. *étoiles.*

9 trouvent | *ent*, parce que ce verbe s'acc. avec son sujet *étoiles.*

10-11 lèvent | *è*, parce que la syllabe suiv. est muette.

11 | *ent*, parce que ce verbe s'acc. avec son sujet *elles.*

12 pu | invar., ce part. étant conj. avec l'auxil. *avoir* et suivi de son compl. dir. *déterminer.*

13 donné | invar., ce part. étant conj. avec l'aux. *avoir* et suivi de son compl. dir. *mouvement.*

14 viennent | *ent*, parce que ce verbe s'acc. avec son sujet *rapports, beauté* et *harmonie.*

15 brillent | *ent*, parce que ce verbe s'acc. avec son sujet *qui*, mis pour *rapports, beauté* et *harmonie.*

16 déterminé | invar., ce part. étant conj. avec l'aux. *avoir* et suivi de son compl. dir. *choses.*

17 prescrit | invar., ce part. étant conj. avec l'aux. *avoir* et suivi de son compl. dir. *lois.*

18 pu | invar., ce part. étant conj. avec l'aux. *avoir* et suivi de son compl. dir. *être découvertes.*

19 découvertes | au fém. plur., parce que ce part. se rapporte à *lois.*

20 doués | au masc. plur., parce que ce part. adj. qual. *génies.*

21 mesuré | invar., ce part. étant conj. avec l'aux. *avoir* et suivi de son compl. dir. *cercles.*

22 ramènent | *è*, parce que la syllabe suiv. est muette.
| *ent*, parce que ce verbe s'acc. avec son suj. *questions.*

23 formé | invar., ce part. étant conj. avec l'aux. *avoir* et suivi de son compl. dir. *plans.*

24 écrierons | *ons*, parce que ce verbe s'acc. avec son sujet *nous*, pron. de la 1re pers. du plur.

²⁸

²⁶ chanterai

e avant l'*r*, parce que les verbes de la 1ʳᵉ conj. ont un *e* avant l'*r* au fut. simp.

rai, parce que c'est un verbe à la 1ʳᵉ pers. du sing. du fut. simp.

8

O vous, qui *adorez* [1] avec moi Celui par qui ont été *faits* [2] et le ciel et la terre, *venez* [3] admirer les prodiges qu'il a *opérés* [4].

Toutes les armées célestes *glorifient* [5] la majesté de mon Créateur, et tous les globes qui *roulent* [5] dans l'immense espace *célèbrent* [6-5] la sagesse de ses œuvres.

Serai [7]-je seul à garder le silence?... Ne [8] *publierai*-je pas aussi la gloire de mon Dieu? Ah! je veux que mon âme s'é-*lance* [9] jusqu'à son trône et que ma langue le *glorifie* [10].

Qui a *déterminé* [11] le cours merveilleux de tant de sphères roulantes? quel lien les a *unies* [12]? quelle force les a *animées* [13]? C'est ton souffle, ô Éternel.

Tu *appelas* [14] les mondes et ils *accoururent* [15] dans l'espace; ta voix puissante se *fit* [16] entendre et notre globe *naquit* [17].

C'est par toi que la main du printemps *étend* [18] sous nos pas des tapis de verdure; c'est toi qui *dores* [19] nos épis, qui *colores* [19] de pourpre nos raisins. Par toi, l'esprit de l'homme *pénètre* [20] jusque dans la voûte *étoilée* [21]; par toi, il *échappe* [22] au tombeau et à la mort.

Seigneur, ne *dédaigne* [23] pas mes faibles louanges. Toi qui *lis* [24] dans mon cœur, *agrée* [25] les sentiments qu'il éprouve et qu'il ne peut exprimer.

O Dieu, si digne de toute notre admiration, j'*étudierai* [26] chaque jour les merveilles de cette puissance et de cette sagesse qui *remplissent* [27] tout l'univers. Je m'*élèverai* [28] de la terre au ciel pour connaître l'infinie bonté de mon Créateur. La vue de toutes ces créatures qu'a *formées* [29] sa main me *ramènera* [30] sans cesse à lui, et mon âme *bénira* [31] son nom adorable.

Explication.

[1] adorez	*rez*, parce que ce verbe s'acc. avec son suj. *qui*, mis pour *vous*, pron. de la 2ᵉ pers. du plur.
[2] faits	au masc. plur., parce que ce part. étant accompagné de l'auxil. *être* doit s'acc. avec son suj. *ciel et terre*.
[3] venez	parce que ce verbe est à la 2ᵉ pers. du plur. de l'impér.
[4] opérés	*és*, parce que ce part. étant accompagné de l'auxil. *avoir*, doit s'acc. avec son compl. dir. *que*, mis pour *prodiges*.
[5] glorifient et roulent	*ent*, parce que ces verbes s'acc. avec leurs suj. qui sont de la 3ᵉ pers. du plur.
[6] célèbrent	*è*, parce que la syllabe suivante est muette.
[7] serai	*rai*, parce que ce verbe est à la 1ʳᵉ pers. du sing. du futur simple.
[8] publierai	*e*, avant l'*r*, parce que c'est un verbe de la 1ʳᵉ conj. au futur simple.
[9] s'élance	*ce*, parce que ce verbe s'acc. avec son suj. *âme*, nom de la 3ᵉ pers. du sing.
[10] glorifie	*e*, parce que c'est un verbe de la 1ʳᵉ conj. à la 3ᵉ pers. du sing. du prés. de l'ind.
[11] déterminé	invar., ce part. étant conjugué avec l'auxil. *avoir*, et suivi de son compl. dir. *cours*.
[12] unies	*es*, ce part. étant conjugué avec l'auxil. *avoir*, et précédé de son compl. dir. *les*, mis pour *sphères*.
[13] animées	*ées*, ce part. étant conjugué avec l'auxil. *avoir*, et précédé de son compl. dir. *les*, mis pour *sphères*.
[14] appelas	*s*, parce que ce verbe est à la 2ᵉ pers. du sing. du passé déterm.
	un seul *l*, parce que les verbes en *eler* ne

doublent l'*l* que devant une syll. muette.

15 accoururent — *ent*, parce que ce verbe s'acc. avec son suj. *ils*.

16 fit — *t*, parce que c'est un verbe de la 4e conj. à la 3e pers. du sing. du passé dét.

17 naquit — *t*, parce que c'est le verbe *naître* à la 3e pers. du sing. du passé dét.

18 étend — *d*, parce que c'est un verbe de la 4e conj. à la 3e pers. du sing. du prés. de l'ind.

19 dores et colores — *es*, parce que ces verbes sont de la 1re conj. à la 2e pers. du sing. du prés. de l'ind.

20 pénètre — *è*, parce que la syllabe suivante est muette.

21 étoilée — *ée*, parce que ce participe adj. qualifie *voûte*.

22 échappe — *pe*, parce que c'est un verbe de la 1re conj. qui s'acc. avec son suj. *il*.

23 dédaigne — sans *s*, parce que c'est un verbe de la 1re conj. à l'impér.

24 lis — *s*, parce que ce verbe s'acc. avec son suj. *qui*, mis pour *toi*, pron. de la 2e pers. du sing.

25 agrée — sans *s*, parce que c'est un verbe à l'impér.

26 étudierai — *e* avant l'*r*, parce que c'est un verbe de la 1re conj. au futur simple.

27 remplissent — *ent*, parce que ce verbe s'accorde avec son sujet *qui*, mis pour *puissance* et *sagesse*.

28 élèverai — *è*, parce que la syllabe suivante est muette.

29 formées — *ées*, parce que ce part. étant conjugué avec l'auxil. *avoir*, doit s'acc. avec son compl. dir. *qu'*, mis pour *créatures*.

30 ramènera — *ra*, parce que ce verbe est à la 3e pers. du sing. du futur simple.

è, parce que la syllabe suiv. est muette.

31 bénira — *ra*, parce que ce verbe est à la 3e pers. du sing. du futur simple

pas d'*e* avant l'*r*, parce ce que ce verbe n'est pas de la 1re conj.

9

J'ai souvent *contemplé* [1] la nature des chenilles , et je me suis *amusé* [2] à examiner chaque jour, pendant la fin de l'été, la métamorphose de ces insectes en papillons.

Les chenilles, après s'être *rassasiées* [3] de verdure et avoir *changé* [4] plusieurs fois de peau, ont *cessé* [5] de manger et se sont *mises* [6] à bâtir une demeure pour y quitter leur ancienne forme , en prendre une nouvelle et ensuite celle de papillon.

Beaucoup d'entre elles se sont *renfermées* [7] dans des coques, où elles ont *subi* [8] à couvert leur transformation. Celles qui n'étaient pas assez riches pour construire entièrement en soie, ont *suppléé* [9] à cette disette par différentes matières plus ou moins grossières. Les unes se sont *contentées* [10] de donner à leurs logettes une couverture de feuilles qu'elles ont *liées* [11] ensemble sans aucun art ; les autres les ont *arrangées* [12] avec une sorte de régularité ; celles-ci se sont *dépouillées* [13] de leurs poils et les ont *mélangés* [14] avec la soie ; celles-là, après s'être *dépouillées* [15] ont *planté* [16] leurs longs poils autour d'elles et en ont *formé* [17] une espèce de palissade en forme de berceau ; il en est qui, à la soie et aux poils, ont *joint* [18] une matière grasse qu'elles ont *tirée* [19] de leur intérieur, et dont elles ont *bouché* [20] les mailles du tissu qui en était comme *verni* [21] ; d'autres se sont *enfoncées* [22] dans le sable ou le menu gravier, et s'y sont *construit* [23] des coques de ces matières dont tous les grains étaient *liés* [24] avec de la soie ; quelques autres, qui n'avaient point de soie, se sont *pratiqué* [25] dans la terre une cavité en forme de coque, et en ont *enduit* [25] les parois avec une sorte de glu ; une espèce enfin, bien plus industrieuse que les précédentes, a *su* [27] détacher, avec ses dents, de petites lames d'écorce de figure rectangulaire, à peu près égales et semblables, qu'elle a *réunies* [28] avec toute l'adresse d'un ébéniste, et dont elle a *composé* [29] les principales pièces de la coque, qui sont ainsi *formées* [30] d'une multitude de très-petites pièces de rapport *posées* [31] les unes au bout des autres et *liées* [31] avec de la soie.

Explication.

[1] contemplé	invar., ce part. étant conjugué avec *avoir* et suivi de son compl. dir. *nature.*
[2] amusé	*é*, parce que ce part. étant accompagné de l'auxil. *être*, s'acc. avec son sujet *je.*
[3] rassasiées	*ées*, parce que ce part. étant conjugué avec l'auxil. *être*, mis pour *avoir*, s'acc. avec son compl. dir. *se*, mis pour *chenilles.*
[4] changé	invar., ce part. étant conjugué avec *avoir* et n'ayant pas de compl. dir.
[5] cessé	invar., ce part. étant conjugué avec *avoir*, et n'ayant pas de compl. dir.
[6] mises	au f. pl. parce que ce part. étant conjugué avec l'aux. *être*, mis pour *avoir*, doit s'acc. avec son compl. dir. *se*, mis pour *chenilles.*
[7] renfermées	*ées*, pour la même raison.
[8] subi	invar., ce part. étant conjugué avec *avoir*, et suivi de son compl. dir. *transformation.*
[9] suppléé	invar., ce part. étant conjugué avec *avoir* et n'ayant pas de compl. dir.
[10] contentées	*ées*, parce que ce part. étant conjugué avec l'auxil. *être*, mis pour *avoir*, doit s'acc. avec son compl. dir. *se*, mis pour *les unes.*
[11] liées	*ées*, ce part. étant conj. avec l'auxil. *avoir*, doit s'acc. avec son compl. dir. *qu'*, mis pour *feuilles*, parce qu'il en est précédé.
[12] arrangées	*ées*, ce part. étant conj. avec l'aux. *avoir*, doit s'acc. avec son compl. dir. *les*, qui le préc.
[13] dépouillées	*ées*, parce que ce part. étant conjugué avec l'auxil. *être*, mis pour *avoir*, doit s'acc. avec son compl. dir. *se*, mis pour *celles ci.*
[14] mélangés	*és*, ce part. étant conjugué avec l'auxil. *avoir*, doit s'acc. avec son compl. dir. *les*, mis pour *poils*, qui le précède.

¹⁵ dépouillées — *ées*, ce part. étant accompagné de l'auxil. *être*, mis pour *avoir*, s'acc. avec son compl. dir. *se*, dont il est précédé.

¹⁶ planté — invar., ce part. étant accompagné de l'aux. *avoir*, et suivi de son compl. dir. *poils*.

¹⁷ formé — invar., ce part. étant conjugué avec l'aux. *avoir* et suivi de son compl. dir. *espèce*.

¹⁸ joint — invar., ce part. étant conjugué avec l'auxil. *avoir*, et suivi de son compl. dir. *matière*.

¹⁹ tirée — *ée*, ce part. étant conjugué avec l'aux. *avoir*, s'acc. avec son compl. dir. *qu'*, mis pour *matière*.

²⁰ bouché — invariable, ce part. étant conj. avec l'aux. *avoir*, et suivi de son compl. dir. *mailles*.

²¹ verni — au masc. sing., étant acc. de l'auxil. *être* et ayant pour suj. *qui*, mis pour *tissu*.

²² enfoncées — *ées*, ce part. étant acc. de l'auxil. *être*, mis pour *avoir*, s'acc. avec son compl. dir. *se*, mis pour *d'autres*, dont il est précédé.

²³ construit — invar., ce part. étant conj. avec l'auxil. *être*, mis pour *avoir*, et suivi de son compl. dir. *coques*.

²⁴ liés — au masc. plur., ce participe étant conj. avec l'auxil. *être* et ayant pour suj. *grains*.

²⁵ pratiqué — invar., ce part. étant conj. avec l'aux. *être*, mis pour *avoir*, et suivi de son compl. dir. *cavité*.

²⁶ enduit — invar., ce part. étant conj. avec l'aux. *avoir*, et suivi de son compl. dir. *parois*.

²⁷ su — invar., ce part. étant conj. avec *avoir*, et suivi de son compl. dir. *détacher*.

²⁸ réunies — *es*, parce que ce part. étant conj. avec l'auxil. *avoir* est précédé de son compl. dir. *qu'*, mis pour *lames*.

29 composé	invariable, étant conj. avec *avoir* et suivi de son compl. dir. *pièces*.
30 formées	*ées*, ce part. étant accompagné de l'auxil. *être*, et ayant pour suj. *qui*, mis pour *pièces*.
31 posées et liées	*ées*, parce que ces part. adj. qual. *pièces*.

10

La vue des oiseaux *devient* utile, et même édifiante pour l'homme qui s'*habitue* à remonter vers le Dieu qui les a *créés*.

La structure de chaque oiseau est *appropriée* à son genre de vie, et chaque espèce est parfaite en son genre.

Pénétrons un peu dans la savante mécanique qui a *présidé* à leur formation : les os des oiseaux qui s'*élèvent* le plus dans les airs sont minces, creux et *dépourvus* de moelle ; *tels* sont les os de l'alouette qui, tandis qu'elle s'*élève* dans les airs, nous *réjouit* par d'agréables chants. Les oiseaux qui *volent* peu ont les os plus *remplis* de moelle ; *tels* sont le dindon et la poule.

L'art le plus merveilleux et la sagesse la plus profonde ont *concouru* à la construction de chaque plume et à leur disposition entre elles. L'espèce de moelle qui *remplit* le tuyau *contribue* beaucoup à sa légèreté, et la barbe qui est *rangée* si régulièrement des deux côtés est *composée* de filets artistement *travaillés*, et *entrelacés* de la manière la plus curieuse.

Les ailes des oiseaux ont été *placées* à l'endroit le plus propre à balancer le corps dans l'air, sans cela les oiseaux *chancelleraient* à tout moment, et *voleraient* d'une manière peu ferme. Certains oiseaux volant et *nageant* ont, pour ce double effet, les ailes *attachées* au corps hors du centre de gravité.

Mais ne *devrait*-on pas craindre qu'un aigle, par exemple, qui se *précipite* de la région des nuages ne se *brisât* dans sa chute ? Non : le Modérateur de la nature a *enseigné* à cet oiseau l'art de ralentir son vol insensiblement de manière qu'en approchant de la terre il s'y *repose* plutôt qu'il n'y *tombe*.

Quel art ! *quelle* sagesse ! que de béautés dans cet ouvrage ! que de grandeur et de puissance dans l'ouvrier !

Nous nous abstenons d'expliquer cette dictée et les suivantes, parce qu'elles ne présentent aucune difficulté qui n'ait déjà été expliquée plusieurs fois dans les dictées précédentes.

11

L'aigle *domine* sur les oiseaux comme le lion sur les quadrupèdes : tous les deux *règnent* en monarques ; l'un dans les régions les plus *élevées* de l'atmosphère, l'autre dans l'épaisseur des forêts. *Appelés* à vivre de rapine, ils ne *souffrent* point qu'aucun autre animal de leur espèce *ose* s'introduire dans leur domaine. Tous les deux *dédaignent* de faibles ennemis, tous les deux ne veulent que le butin qu'ils ont eux-mêmes *conquis*. Le cruel vautour, au contraire, *préfère* souvent se nourrir de cadavres infects plutôt que de livrer combat à des êtres vivants.

Tandis que les oiseaux de proie se *jouent* dans les nues, les oiseaux aquatiques, *voltigeant* sur les eaux, ou s'y *enfonçant*, font la guerre aux poissons.

Navigateurs *nés*, ils ont un corps et des membres *appropriés* à l'élément qu'ils *préfèrent*, et l'on *croirait* que c'est sur ce modèle que les hommes ont *conçu* l'heureuse idée de leurs navires. Le corps de l'oiseau aquatique est *bombé* comme la carène d'un vaisseau ; le cou, qui s'élève sur une poitrine éminente, *représente* la proue ; la queue *rassemblée* en pinceau est un gouvernail, et les pieds *palmés* sont de vraies rames.

Les eaux sont pour les oiseaux aquatiques un séjour de repos et de plaisir. *Voyez* ce cygne *nageant* avec mollesse ou cinglant avec majesté sur l'onde, s'y jouant, s'y *plongeant*, et reparaissant avec de douces ondulations ; sa vie est plus paisible que celle de la plupart des oiseaux, et il est l'emblème de cette grâce naïve qui nous *flatte* même avant la beauté.

D'autres oiseaux *montés* en quelque sorte sur des échasses, ne sont pas *faits* pour nager, mais pour marcher dans les marais et les eaux basses; aussi la divine Providence les *a-t-elle placés* sur le rivage des eaux.

Il ne faut pas que nous *oubliions* un petit procédé commun à plusieurs de ces oiseaux pêcheurs : comme ils *avalent* le poisson sans le mâcher, s'il se *présentait* à contre-sens à l'ouverture du gosier, les ailerons et les nageoires *s'opposeraient* à la déglutition; quand donc l'oiseau en a *saisi* un par la queue, il le *jette* en l'air, lui fait faire un demi-tour qui le *ramène* la tête la première dans son bec, et presque jamais il ne *manque* son coup.

Ainsi la divine Providence a *pourvu* tous les êtres des facultés et des instruments *proportionnés* à la nature de leur travail et à leur manière de vivre.

12

Chaque partie de la nature a ses animaux propres. Qui eût *pu* se persuader, s'il n'en avait l'exemple sous les yeux, que la route de l'air, *fermée* aux autres animaux, *fût* accessible à un grand nombre d'entre eux.

Non-seulement le commun bienfaiteur des hommes *sème* sous nos pas les objets propres à nos besoins ou à nos plaisirs, mais encore il a *peuplé* les vastes régions de l'air d'êtres *destinés* à remplir les mêmes fins.

Le moineau, si désagréable quelquefois par le cri perçant qu'il *répète* à nos oreilles, nous *intéresse* cependant par ses ruses, son industrie et la finesse même avec laquelle il *évite* les piéges qu'on lui a *tendus*.

Près de l'aigle majestueux, nous *plaçons* volontiers, par l'imagination, l'humble roitelet, le plus petit oiseau de nos contrées, dont le nid n'est *composé* que de mousse fine et d'un duvet léger.

Mais le roitelet est un être important *comparé* à ce petit bijou de la nature *appelé* oiseau-mouche : l'émeraude, la topaze, le rubis *éclatent* sur ses ailes, et les plus beaux papillons ne sont pas plus richement *vêtus ; voltigeant* sans cesse de fleur en fleur, il en *pompe* le nectar, et sa vie n'est en quelque sorte qu'un mouvement perpétuel. Le nid de ce charmant volatile *répond* à sa petitesse ; même avec l'oiseau, il ne *pèse* guère plus qu'une pièce de vingt-cinq centimes.

Le colibri ne *diffère* de l'oiseau-mouche que par des caractères peu saillants ; il est un peu moins petit et a la taille plus *allongée*. Chez les colibris, on a *vu* le père et la mère *enlevés* avec leur nid et *réduits* en captivité, continuer à prendre soin de leurs petits, et faire céder leur amour excessif pour la liberté à un autre sentiment non moins vif, la tendresse maternelle.

13

Comment est-il possible qu'après avoir *reçu* du Seigneur tant et de si grands bienfaits, notre cœur demeure pour lui insensible et *glacé* ? Pourquoi les bienfaits de Dieu n'*excitent*-ils pas dans nos cœurs les mêmes sentiments que ceux des hommes ? O homme ! que *remarques*-tu donc dans les bienfaits de Dieu qui soit moins digne de charmer ton cœur que dans ceux des créatures ? *Dis*-nous donc la cause d'une partialité si étrange : *serait*-ce parce qu'ils te sont *donnés* par une personne infiniment *élevée* en perfection, ou parce qu'ils *prennent* leur source dans une infinie bonté ?

Pour quelques petits services que tu *reçois* d'une créature, tu en seras vivement *touché*, tu l'*aimeras*, tu la *remercieras*, et les bienfaits du Seigneur ne te *donnent* aucune affection pour lui ! Ah ! je t'*établis* juge de ta propre cause, *écoute* ta conscience, elle te *reprochera* ton ingratitude.

Jette les yeux sur les animaux ; *considère* ton chien, il t'*apprendra* la reconnaissance : tu lui *donnes* un morceau de pain, tu lui *jettes* un os inutile et il t'*aime*, il te *garde*, il te *rend* mille services. Et le Seigneur te *donne* la viande d'où cet os est *tiré*, il te *donne* toute ta nourriture; il fait plus encore, il t'*enrichit* de ses grâces et se *donne* lui-même à toi. Toi qui te *souviens* de tant de choses, comment *peux*-tu perdre le souvenir des bienfaits infinis de ton Dieu?

14

De toutes les sociétés *formées* par les insectes, il n'en est point de plus intéressante que celle des abeilles. Il *règne* dans une ruche une certaine grandeur qui *étonne*, et l'on ne se *lasse* point d'admirer ces magasins abondants, *pourvus* de tout ce qui est nécessaire à la société.

Les cellules qui *composent* les gâteaux des abeilles et qui en *occupent* les deux faces, sont *appuyées* les unes contre les autres par leurs fonds qui sont *formés* de trois petites pièces égales et semblables.

On peut distinguer deux sortes d'abeilles : les sauvages et les domestiques. Celles-ci *construisent* leurs rayons dans une espèce de panier qu'on *nomme* ruche, où les hommes les ont *rassemblées*.

Tous les ouvrages sont *partagés* entre les différents membres de la petite république des abeilles. Tandis que quelques mouches *recueillent* la matière de la cire, la *préparent* et en *remplissent* les magasins, d'autres sont *occupés* de travaux différents. Quelques-unes, sans être directement *employées* au travail, s'*occupent* à rendre de bons offices aux ouvrières et leur *apportent* à manger.

Viens, ô homme, *viens* apprendre d'un insecte les vertus dont *dépendent* le repos et le bonheur. La société où tu *vis* et la religion *exigent* que tu *travailles* avec tes semblables; *porte* donc sans murmurer ta part du fardeau général. Si la Providence t'a *départi* des talents rares, si elle t'a *mis* en état d'être utile à tes frères, *réjouis*-toi, et qu'un vil égoïsme ne *trouve* jamais place dans ton âme.

REMARQUE.— Afin de familiariser les élèves avec l'orthographe usuelle, il est nécessaire de leur faire un grand nombre de dictées dont il sera facile de trouver les sujets dans nos histoires saintes, et dans tant d'autres livres instructifs que les maîtresses ont entre les mains ; on pourra surtout se servir, avec avantage, des pieux paragraphes qui se trouvent dans nos anciens exercices. C'est afin de ne pas grossir inutilement cet ouvrage que nous avons évité d'y mettre ce que l'on peut facilement trouver ailleurs, nous bornant à donner des dictées et des exercices composés de manière à rappeler presque à chaque mot quelque difficulté grammaticale.

ANALYSES.

Toutes les fois qu'une analyse présente une difficulté nouvelle ou des difficultés anciennes trop multipliées, il sera bon de la faire faire de vive voix avant de la donner à faire par écrit.

1

Si la voûte céleste a ses plaines liquides,
　　　La terre a ses ruisseaux,
Qui, contre les chaleurs, portent aux champs arides
　　　Le secours de leurs eaux.

Si	conj.
la	art. simp. au fém. sing. ann. que *voûte* est dét.
voûte	n. com. fém. sing. suj. de *a*
céleste	adj. qual. fém. sing. qual *voûte*.
a	verbe act. à la 3e pers. du sing. du prés. de l'ind. temps simp. et prim. 2e mod. 3e conj.
ses	adj. poss. fém. plur. dét. *plaines*.
plaines	n. com. fém. plur. compl. dir. de *a*.
liquides	adj. qual. fém. plur. qual. *plaines*.
La	art. simp. au fém. sing. ann. que *terre* est dét.
terre	n. com. fém. sing. suj. de *a*.
a	verbe act. à la 3e pers. du sing. du prés. de l'ind. temps simp. et prim. 2e mod. 3e conj.
ses	adj. poss. masc. plur. dét. *ruisseaux*.
ruisseaux	n. com. masc. plur. compl. dir. de *a*.
Qui	pron. relat. à *ruisseaux*, 3e pers. du masc. plur. suj. de *portent*.
contre	prép.
les	art. simp. au fém. plur. annonce que *chaleurs* est dét.

chaleurs	n. com. fém. plur. compl. circonst. de *portent* (1).
portent	verbe act. à la 3e pers. du plur. du prés. de l'ind. temps simp. et prim. 2e mod. 1re conj.
aux	art. comp. mis pour *à les*.
à	prép.
les	art. simp. au masc. plur. ann. que *champs* est dét.
champs	n. com. masc. plur. compl. ind. de *portent*.
arides	adj. qual. masc. plur. qual. *champs*.
Le	art. simp. au masc. sing. ann. que *secours* est dét.
secours	n. com. masc. sing. compl. dir. de *portent*.
de	prép.
leurs	adj. poss. fém. plur. dét. *eaux*.
eaux	n. com. fém. plur. compl. ind. de *secours*.

2

L'instruction est salutaire :

Elle forme à la fois et le cœur et l'esprit ;

Le mauvais exemple, au contraire,

Les corrompt et les pervertit.

Voulez-vous donc au vice vous soustraire,

Enfants, ne faites pas ce que vous voyez faire,

Mais faites ce que l'on vous dit.

L'	art. simp. au fém. sing. ann. que *instruction* est dét.
instruction	n. com. fém. sing. suj. de *est*.
est	verbe subst. à la 3e pers. du sing. du prés. de l'ind. temps simp. et prim. 2e mod. 4e conj.
salutaire :	adj. qual. fém. sing. qual. *instruction*.
Elle	pron. pers. 3e pers. du fém. sing. suj. de *forme*.
forme	verbe act. à la 3e pers. du sing. du prés. de l'ind. temps simp. et prim. 2e mod. 1re conj.
à la fois	loc. adv. mod. *forme*.
et	conj.
le	art. simp. au masc. sing. ann. que *cœur* est dét.
cœur	n. com. masc. sing. 1er compl. dir. de *forme*.
et	conj.
l'	art. simp. au masc. sing. ann. que *esprit* est dét.
esprit ;	n. com. masc. sing. 2e compl. dir. de *forme*.
Le	art. simp. au masc. sing. ann. que *exemple* est dét.
mauvais	adj. qual. masc. sing. qual. *exemple*.
exemple	n. com. masc. sing. suj. de *corrompt*.
au contraire,	loc. adv. mod. *agissant*, sous-entendu.

---

(1) Les compléments circonstanciels, comme on l'a déjà vu, diffèrent très-peu des compléments indirects, et, en beaucoup de cas même, cette différence est si peu sensible, que la maîtresse peut laisser le choix aux élèves.

les	pron. pers. 3e pers. du masc. plur. compl. dir. de *corrompt.*
corrompt	verbe act. à la 3e pers. du sing. du prés. de l'ind. temps simp. et prim. 2e mod. 4e conj.
et	conj.
(il)	
les	pron. pers. 3e pers. du masc. plur. compl. dir. de *pervertit.*
pervertit.	verbe act. à la 3e pers. du sing. du prés. de l'ind. temps simp. et prim. 2e mod. 2e conj.
Voulez	verbe act. employé interrogativement à la 2e pers. du plur. du prés. de l'ind. temps simp. et prim. 2e mod. 3e conj.
vous	pronom personnel. 2e pers. du masc. plur. suj. de *voulez.*
donc	conj.
au	art. comp. mis pour *à le.*
à	prép.
le	art. simp. au masc. sing. ann. que *vice* est dét.
vice	n. com. masc. sing. compl. ind. de *soustraire.*
vous	pron. pers. 2e pers. du masc. plur. compl. dir. de *soustraire.*
soustraire,	verbe act. au prés. de l'inf. temps simp. et prim. 1er mod. 4e conj. compl. dir. de *voulez.*
Enfants,	n. com. masc. plur. mis en *apostrophe.*
(vous)	
ne pas	loc. adv. mod. *faites.*
faites	verbe act. à la 2e pers. du plur. de l'impér. temps simp. et pers. dér. du part. prés., 4e mod. 4e conjugaison.
ce	pron. dém. 3e pers. du masc. sing. compl. dir. de *faites.*
que	pron. relat. à *ce,* 3e pers. du masc. sing. compl. dir. de *faire.*
vous	pron. pers. 2e pers. du masc. plur. suj. de *voyez.*
voyez	verbe act. à la 2e pers. du plur. du prés. de l'ind. temps. simp. et prim. 2e mod. 3e conj.
faire,	verbe act. au prés. de l'inf. temps simp. et prim. 1er mod. 4e conj. compl. dir. de *voyez.*
Mais	conj.
(vous)	
faites	verbe act. à la 2e pers. du plur. de l'impér. temps simp. et pers. dér. du part. prés. 4e mod. 4e conj.
ce	pron. dém. 3e pers. du masc. sing. compl. dir. de *faites.*
que	pron. rel. à *ce,* 3e pers. du masc. sing. compl. dir. de *faire* sous-entendu.
l'	lettre euphonique.
on	pron. ind. 3e pers. du masc. sing. suj. de *dit.*
vous	pron. pers. 2e pers. du masc. pl. compl. ind. de *dit.*
dit	verbe act. à la 3e pers. du sing. du prés. de l'ind., temps simp. et primit., 2e mode, 4e conj. »
(de faire)	

3

Le soleil perce l'ombre obscure,
Et les traits éclatants qu'il lance dans les airs,
Rompant le voile épais qui couvrait la nature
Redonnent la couleur et l'âme à l'univers.
    Souvent notre âme criminelle,
Sur sa fausse vertu, téméraire, s'endort.
Hâte-toi d'éclairer, ô Lumière éternelle,
Des malheureux assis dans l'ombre de la mort.

Le	art. simp. au masc. sing. ann. que *soleil* est dét.
soleil	n. com. masc. sing. suj. de *perce*.
perce	verbe act. à la 3e pers. du sing. du prés. de l'ind. temps simp. et prim. 2e mod. 1re conj.
l'	art. simp. au fém. sing. ann. que *ombre* est dét.
ombre	n. com. fém. sing. compl. dir. de *perce*.
obscure,	adj. qual. fém. sing. qual. *ombre*.
Et	conj.
les	art. simp. au masc. plur. ann. que *traits* est dét.
traits	n. com. masc. plur. suj. de *redonnent*.
éclatants	adj. qual. masc. plur. qual. *traits*.
qu'	pron. rel. à *traits*, 3e pers. du masc. plur. compl. dir. de *lance*.
il	pron. pers. 3e pers. du masc. sing. suj. de *lance*.
lance	verbe act. à la 3e pers. du sing. du prés. de l'ind., temps simp. et prim., 2e mode, 1re conj.
dans	prép.
les	art. simp. au masc. plur. ann. que *airs* est dét.
airs,	n. com. masc. plur. compl. circonst. de *lance*.
(en) Rompant	verbe act. au part. prés. temps simp. et prim. 1er mod. 4e conj. compl. circonst. de *redonnent*.
le	art. simp. au masc. sing. ann. que *voile* est dét.
voile	n. com. masc. sing. compl. dir. de *rompant*.
épais	adj. qual. masc. sing. qual. *voile*.
qui	pron. rel. à *voile* 3e pers. du masc. sing. suj. de *couvrait*.
couvrait	verbe act. à la 3e pers. du sing. de l'imparf. de l'ind. temps simp. et dér. du part. prés. 2e mod. 2e conj.
la	art. simp. au fém. sing. ann. que *nature* est dét.
nature	n. com. fém. sing. compl. dir. de *couvrait*.
Redonnent	verbe actif à la 3e pers. du plur. du prés. de l'ind. temps simp. et prim. 2e mod. 1re conj.
la	art. simp. au fém. sing. ann. que *couleur* est dét.
couleur	n. com. fém. sing. 1er compl. dir. de *redonnent*.
et	conj.
l'	art. simp. au fém. sing. ann. que *âme* est dét.
âme	n. com. fém. sing. 2e compl. dir. de *redonnent*.

à	prép.
l'	art. simp. au masc. sing. ann. que *univers* est dét.
univers.	n. com. masc. sing. compl. ind. de *redonnent*.
Souvent	adv. mod. *s'endort*.
notre	adj. poss. fém. sing. dét. *âme*.
âme	n. com. fém. sing. suj. de *s'endort*.
criminelle,	adj. qual. fém. sing. qual. *âme*.
Sur	prép.
sa	adj. poss. fém. sing. dét. *vertu*.
fausse	adj. qual. fém. sing. qual. *vertu*.
vertu,	n. com. fém. sing. compl. circonst. de *s'endort*.
téméraire ,	adj. qual. fém. sing. qual. *âme*.
s'	pron. pers. 3e pers. du fém. sing. compl. dir. de *endort*.
endort.	verbe pron. act. à la 3e pers. du sing. du prés. de l'ind., temps simp. et primit., 2e mode, 2e conjugaison.
(toi) Hâte	verbe pron. act. à la 2e pers. du sing. de l'impér. temps simp. et pers. dér. de la 1re pers. du sing. du prés. de l'ind. 4e mode, 1re conj.
toi	pron. pers. 2e pers. du fém. sing. compl. dir. de *hâte*.
d'	prép.
éclairer,	verbe act. au prés. de l'inf. temps simp. et prim., 1er mod. 1re conj. compl. ind. de *hâte*.
ô	interjection.
Lumière	n. prop. fém. sing. mis en *apostrophe*.
éternelle,	adj. qual. fém. sing. qual. *Lumière*.
Des	art. comp. mis pour *de les*.
de	prép.
les	art. simp. au masc. plur. ann. que *malheureux* est dét.
malheureux	adj. pris subst. masc. plur. compl. dir. de *éclairer*.
assis	part. adj. masc. plur. qual. *malheureux*.
dans	prép.
l'	art. simp. au fém. sing. ann. que *ombre* est dét.
ombre	n. com. fém. sing. compl. circonst. de *assis*.
de	prép.
la	art. simp. au fém. sing. ann. que *mort* est dét.
mort.	n. com. fém. sing. compl. ind. de *ombre*.

4

O Dieu ! qui, dans les feux des clartés éternelles,
Nous cachez ce séjour où les esprits heureux,
Dans un saint tremblement, se couvrent de leurs ailes,
Voyant de votre front l'éclat majestueux.
Dans ce bas univers un voile épais et sombre

Couvre nos pas errants : la foi seule nous luit ;
Mais votre jour, Seigneur, dissipera cette ombre
Et fera sans retour disparaître la nuit.

O	interjection.
Dieu	n. prop. masc. sing. mis en *apostrophe*.
qui	pron. relat. à *Dieu*, 2e pers. du masc. sing. suj. de *cachez*.
dans	prép.
les	art. simp. au masc. plur. ann. que *feux* est dét.
feux	n. com. masc. plur. compl. circonst. de *cachez*.
des	art. comp. mis pour *de les*.
de	prép.
les	art. simp. au fém. plur. ann. que *clartés* est dét.
clartés	n. com. fém. plur. compl. ind. de *feux*.
éternelles,	adj. qual. fém. plur. qual. *clartés*.
Nous	pron. pers. 1re pers. du masc. plur. compl. ind. de *cachez*.
cachez	verbe act. à la 2e pers. du plur. du prés. de l'ind. temps simp. et prim. 2e mod. 1re conj.
ce	adj. dém. masc. sing. dét. *séjour*.
séjour	n. com. masc. sing. compl. dir. de *cachez*.
où	adv. mod. *se couvrent*.
les	art. simp. au masc. plur. ann. que *esprits* est dét.
esprits	n. com. masc. plur. suj. de *se couvrent*.
heureux,	adj. qual. masc. plur. qual. *esprits*.
Dans	prép.
un	adj. ind. masc. sing. dét. *tremblement*.
saint	adj. qual. masc. sing. qual. *tremblement*.
tremblement	n. com. masc. sing. compl. circonst. de *se couvrent*.
se	pron. pers. 3e pers. du masc. plur. compl. dir. de *couvrent*.
couvrent	verbe pron. act. à la 3e pers. du plur. du prés. de l'ind. temps simp. et prim. 2e mod. 2e conj.
de	prép.
leurs	adj. poss. fém. plur. dét. *ailes*.
ailes,	n. com. fém. plur. compl. circonst. de *se couvrent*.
(en) Voyant	verbe act. au part. prés. temps simp. et prim. 1er mod. 3e conj. compl. circonst. de *se couvrent*.
de	prép.
votre	adj. poss. masc. sing. dét. *front*.
front	n. com. masc. sing. compl. ind. de *éclat*.
l'	art. simp. au masc. sing. ann. que *éclat* est dét.
éclat	n. com. masc. sing. compl. dir. de *voyant*.
majestueux.	adj. qual. masc. sing. qual. *éclat*.
Dans	prép.
ce	adj. dém. masc. sing. dét. *univers*.
bas	adj. qual. masc. sing. qual. *univers*.
univers	n. com. masc. sing. compl. circonst. de *couvre*.
un	adj. ind. masc. sing. dét. *voile*.
voile	n. com. masc. sing. suj. de *couvre*.

épais	adj. qual. masc. sing. qual. *voile*.
et	conj.
sombre	adj. qual. masc. sing. qual. *voile*.
Couvre	verbe act. à la 3e pers. du sing. du prés. de l'ind. temps simp. et prim. 2e mod. 2e conj.
nos	adj. poss. masc. plur. dét. *pas*.
pas	n. com. masc. plur. compl. dir. de *couvre*.
errants :	adj. verbal, masc. plur. qual. *pas*.
la	art. simp. fém. sing. ann. que *foi* est dét.
foi	n. com. fém. sing. suj. de *luit*.
seule	adj. qual. fém. sing. qual. *foi*.
(sur)	
nous	pron. pers. 1re pers. du masc. plur. compl. circonst. de *luit*.
luit ;	verbe neut. à la 3e pers. du sing. du prés. de l'ind. temps simp. et prim. 2e mod. 4e conj.
Mais	conj.
votre	adj. poss. masc. sing. dét. *jour*.
jour,	n. com. masc. sing. suj. de *dissipera*.
Seigneur,	n. prop. masc. sing. mis en *apostrophe*.
dissipera	verbe act. à la 3e pers du sing. du futur simp. temps simp. et dér. du prés. de l'inf. 2e mod. 1re conj.
cette	adj. dém. fém. sing. dét. *ombre*.
ombre	n. com. fém. sing. compl. dir. de *dissipera*.
Et	conj.
(il)	
fera	verbe act. à la 3e pers. du sing. du futur simp. temps simp. et dér. du prés. de l'inf. 2e mode 4e conj.
sans	prép.
retour	n. com. masc. sing. compl. circonst. de *fera disparaître*.
disparaître	verbe neut. au prés. de l'inf. temps simp. et prim. 1er mod. 4e conj. compl. dir. de *fera*.
la	art. simp. au fém. sing. ann. que *nuit* est dét.
nuit.	n. com. fém. sing. compl. dir. de *fera disparaître*.

5

Ces festons dans vos mains et ces fleurs sur vos têtes,
Autrefois convenaient à nos pompeuses fêtes ;
Mais, hélas ! en ce temps d'opprobre et de douleur,
Quelle offrande sied mieux que celle de nos pleurs !
J'entends déjà, j'entends la trompette sacrée,
Et du temple bientôt on permettra l'entrée ;
Tandis que je me vais préparer à marcher,
Chantez, louez le Dieu que vous venez chercher.

Ces	adj. dém. masc. plur. dét. *festons*.
festons	n. com. masc. plur., 1er suj. de *convenaient*.
(placés)	
dans	prép.
vos	adj. poss. fém. plur. dét. *mains*.
mains	n. com. fém. plur. compl. circonst. de *placés*, sous-entendu.
et	conj.
ces	adj. dém. fém. plur. dét. *fleurs*.
fleurs	n. com. fém. plur., 2e suj. de *convenaient*.
(placées)	
sur	prép.
vos	adj. poss. fém. plur. dét. *têtes*.
têtes,	n. com. fém. plur. compl. circonst. de *placées*, sous-entendu.
Autrefois	adv. mod. *convenaient*.
convenaient	verbe neut. à la 3e pers. du plur. de l'imparf. de l'ind. temps simp. et dér. du part. prés., 2e mode, 2e conj.
à	prép.
nos	adj. poss. fém. plur. dét. *fêtes*.
pompeuses	adj. qual. fém. plur. qual. *fêtes*.
fêtes,	n. com. fém. plur. compl. ind. de *convenaient*.
Mais	conj.
hélas!	interj.
en	prép.
ce	adj. dém. masc. sing. dét. *temps*.
temps	n. com. masc. sing. compl. circonst. de *sied*.
d'	prép.
opprobre	n. com. masc. sing., 1er compl. ind. de *temps*.
et	conj.
de	prép.
douleur;	n. com. fém. sing., 2e compl. ind. de *temps*.
Quelle	adj. ind. fém. sing. dét. *offrande*.
offrande	n. com. fém. sing. suj. de *sied*.
sied	verbe neut. à la 3e pers. du sing. du prés. de l'ind., temps simp. et prim., 2e mode, 3e conj.
mieux	adv. mod. *sied*.
que	conj.
celle	pron. démonst., 3e pers. du fém. sing., suj. de *sied* sous-entendu.
de	prép.
nos	adj. poss. masc. plur. dét. *pleurs*.
pleurs!	n. com. masc. plur. compl. ind. de *celle*.
(ne sied)	
J'	pron. pers., 1re pers. du masc. sing., suj. de *entends*.
entends	verbe act. à la 1re pers. du sing. du prés. de l'ind. temps simp. et prim., 2e mode, 4e conj.
déjà,	adv. mod. *entends*.
j'	pron. pers. 1re pers. du masc. sing., suj. de *entends*.
entends	verbe act. à la 1re pers. du sing. du prés. de l'ind., temps simp. et prim., 2e mode, 4e conj.

la	art. simp. au fém. sing. ann. que *trompette* est dét.
trompette	n. com. fém. sing. compl. dir. de *entends*.
sacrée	adj. qual. fém. sing. qual. *trompette*.
et	conj.
du	art. comp. mis pour *de le*.
de	prép.
le	art. simp. au masc. sing. ann. que *temple* est dét.
temple	n. com. masc. sing. compl. ind. de *entrée*.
bientôt	adv. mod. *permettra*.
on	pron. ind. 3e pers. du masc. sing., suj. de *permettra*.
permettra	verbe act. à la 3e pers. du sing. du fut. simp., temps simp. et dér. du prés. de l'inf., 2e mode, 4e conj.
l'	art. simp. au fém. sing. ann. que *entrée* est dét.
entrée;	n. com. fém. sing. compl. dir. de *permettra*.
Tandis que	locution conjonctive.
je	pron. pers. 1re pers. du masc. sing., suj. de *vais*.
me	pron. pers. 1re pers. du sing. compl. dir. de *préparer*.
vais	verbe neutre à la 1re pers. du sing. du prés. de l'ind., temps simple et prim., 2e mode, 1re conj.
(pour) préparer	verbe act. au prés. de l'inf., temps simp. et prim., 1er mode, 1re conj., compl. ind. de *vais*.
à	prép.
marcher,	verbe neut. au prés. de l'inf., temps simp. et prim., 1er mode, 1re conj., compl. ind. de *préparer*.
(vous) Chantez,	verbe act. à la 2e pers. du plur. de l'impér., temps simp. et pers. dér. du part. prés., 4e mode, 1re conj.
(vous) louez	verbe act. à la 2e pers. du plur. de l'impér. temps simp. et pers. dér. du part. prés., 4e mode, 1re conj.
le	art. simp. au masc. sing. ann. que *Dieu* est dét.
Dieu	n. propre masc. sing. compl. dir. de *louez*.
que	pron. rel. à *Dieu*, 3e pers. du masc. sing. compl. dir. de *chercher*.
vous	pron. pers. 2e pers. du masc. plur. suj. de *venez*.
venez	verbe neut. à la 2e pers. du plur. du prés. de l'ind., temps simp. et prim., 2e mode, 2e conj.
(pour) chercher.	verbe act. au prés. de l'inf., temps simp. et prim., 1er mode, 1re conj., compl. ind. de *venez*.

6

Ce Dieu, d'un seul regard, confond toute grandeur;
Des astres, devant lui, s'éclipse la splendeur.
Prosterné près du trône où sa gloire étincelle,
Le chérubin tremblant se couvre de son aile.

Rentrez dans le néant, mortels audacieux,
Il vole sur les vents, il s'assied sur les cieux ;
Il a dit à la mer : brise-toi sur la rive,
Et dans son lit étroit, la mer reste captive.

Ce	adj. démonst. masc. sing. dét. *Dieu*.
Dieu	n. prop. masc. sing. suj. de *confond*.
d'	prép.
un	adj. indéf. masc. sing. dét. *regard*.
seul	adj. qual. masc. sing. qual. *regard*.
regard	n. com. masc. sing. compl. circonst. de *confond*.
confond	verbe act. à la 3e pers. du sing. du prés. de l'ind., temps simp. et prim., 2e mode, 4e conj.
toute	adj. ind. fém. sing. dét. *grandeur*.
grandeur ;	n. com. fém. sing. compl. dir. de *confond*.
Des	art. comp. mis pour *de les*.
de	prép.
les	art. simp. au masc. plur. ann. que *astres* est dét.
astres	n. com. masc. plur. compl. ind. de *splendeur*.
devant	prép.
lui	pron. pers. 3e pers. du masc. sing. compl. circonst. de *s'éclipse*.
s'	pron. pers. 3e pers. du fém. sing. compl. dir. de *éclipse*.
éclipse	verbe pronom. actif à la 3e pers. du sing. du prés. de l'ind., temps simple et prim., 2e mode, 1re conj.
la	art. simp. au fém. sing. ann. que *splendeur* est dét.
splendeur.	n. com. fém. sing. suj. de *s'éclipse*.
Prosterné	part. adj. masc. sing. qual. *chérubin*.
près de	locution prépositive.
le	art. simp. au masc. sing. ann. que *trône* est dét.
trône	n. com. masc. sing. compl. circonst. de *prosterné*.
où	adv. modifiant *étincelle*.
sa	adj. poss. fém. sing. dét. *gloire*.
gloire	n. com. fém. sing. suj. de *étincelle*.
étincelle,	verbe neut. à la 3e pers. du sing. du prés. de l'ind. temps simp. et prim., 2e mode, 1re conj.
Le	art. simp. au masc. sing. ann. que *chérubin* est dét.
chérubin	n. com. masc. sing. suj. de *se couvre*.
tremblant	adj. verbal, masc. sing. qual. *chérubin*.
se	pron. pers. 3e pers. du masc. sing. compl. dir. de *couvre*.
couvre	verbe pronom. act. à la 3e pers. du sing. du prés. de l'ind. temps simp. et prim., 2e mode, 2e conj.
de	prép.
son	adj. poss. fém. sing. dét. *aile*.
aile.	n. com. fém. sing. compl. circonst. de *se couvre*.
(vous) Rentrez	verbe neut. à la 2e pers. du plur. de l'impér. temps

	simp. et pers. dér. du part. prés., 4ᵉ mode, 1ʳᵉ conj.
dans	prép.
le	art. simp. au masc. sing. ann. que *néant* est dét.
néant,	n. coni. masc. sing. compl. circonst. de *rentrez*.
mortels	n. com. masc. plur. mis en apostrophe.
audacieux,	adj. qual. masc. plur. qual. *mortels*.
Il	pron. pers. 3ᵉ pers. du masc. sing. suj. de *vole*.
vole	verbe neut. à la 3ᵉ pers. du sing. du prés. de l'ind. temps simp. et prim. 2ᵉ mode, 1ʳᵉ conj.
sur	prép.
les	art. simp. au masc. plur. ann. que *vents* est dét.
vents,	nom com. masc. plur. compl. circonst. de *vole*.
il	pron. pers. 3ᵉ pers. du masc. sing. suj. de *s'assied*.
s'	pron. pers. 3ᵉ pers. du masc. sing. compl. dir. de *assied*.
assied	verbe pron. act. à la 3ᵉ pers. du sing. du prés. de l'ind., temps simp. et prim., 2ᵉ mode, 3ᵉ conj.
sur	prép.
les	art. simp. au masc. plur. ann. que *cieux* est dét.
cieux;	n. com. masc. plur. compl. circonst. de *s'assied*.
Il	pron. pers. 3ᵉ pers. du masc. sing. suj. de *a dit*.
a dit	verbe act. à la 3ᵉ pers. du sing. du passé indét. temps comp. et dér. du part. passé, 2ᵉ mode, 4ᵉ conj. Ce verbe a pour compl. direct : *Brise-toi sur la rive*.
à	prép.
la	art. simp. au fém. sing. ann. que *mer* est dét.
mer:	n. com. fém. sing. compl. indir. de *a dit*.
(toi)	
brise	verbe pron. act. à la 2ᵉ pers. du sing. de l'impér. temps simp. et pers. dér. de la 1ʳᵉ pers. du sing. du prés. de l'ind., 4ᵉ mode, 1ʳᵉ conj.
toi	pron. pers. 2ᵉ pers. du fém. sing. compl. dir. de *brise*.
sur	prép.
la	art. simple fém. sing. ann. que *rive* est dét.
rive,	n. com. fém. sing. compl. circonst. de *brise*.
Et	conj.
dans	prép.
son	adj. poss. masc. sing. dét. *lit*.
lit	n. com. masc. sing. compl. circonst. de *reste*.
étroit	adj. qual. masc. sing. qual. *lit*.
la	art. simp. au fém. sing. ann. que *mer* est dét.
mer	n. com. fém. sing. suj. de *reste*.
reste	verbe neut. à la 3ᵉ pers. du sing. du prés. de l'ind. temps simp. et prim., 2ᵉ mode, 1ʳᵉ conj.
captive.	adj. qual. fém. sing. qual. *mer*.

7

On cherche avec ardeur une médaille antique ;
D'un buste, d'un tableau, le temps hausse le prix ;

Le voyageur s'arrête à voir l'affreux débris
D'un cirque, d'un tombeau, d'un temple magnifique,
Et pour notre vieillesse, on n'a que du mépris.

On	pron. ind. 3e pers. du masc. sing. suj. de *cherche*.
cherche	verbe actif à la 3e pers. du sing. du prés. de l'ind., temps simple et prim., 2e mode, 1re conj.
avec	prép.
ardeur	n. com. fém. sing. compl. circonst. de *cherche*.
une	adj. ind. fém. sing. dét. *médaille*.
médaille	n. com. fém. sing. compl. dir. de *cherche*.
antique,	adj. qual. fém. sing. qual. *médaille*.
d'	prép.
un	adj. ind. masc. sing. dét. *buste*.
buste,	n. com. masc. sing. 1er compl. ind. de *prix*.
d'	prép.
un	adj. ind. masc. sing. dét. *tableau*.
tableau,	n. com. masc. sing., 2e compl. ind. de *prix*.
le	art. simple au masc. sing. ann. que *temps* est dét.
temps	n. com. masc. sing. suj. de *hausse*.
hausse	verbe actif à la 3e pers. du sing. du prés. de l'ind., temps simple et prim., 2e mode, 1re conj.
le	art. simple au masc. sing. ann. que *prix* est dét.
prix;	n. com. masc. sing. compl. dir. de *hausse*.
le	art. simple au masc. sing. ann. que *voyageur* est dét.
voyageur	n. com. masc. sing. suj. de *s'arrête*.
s'	pron. pers. 3e pers. du m. s. compl. dir. de *arrête*.
arrête	verbe pronom. actif à la 3e pers. du sing. du prés. de l'ind., temps simple et prim., 2e mode, 1re conj.
à	prép.
voir	verbe actif au prés. de l'inf., temps simple et prim., 1er mode, 3e conj., compl. ind. de *s'arrête*.
l'	art. simple au masc. sing. ann. que *débris* est dét.
affreux	adj. qual. masc. sing. qual. *débris*.
débris	n. com. masc. sing. compl. dir. de *voir*.
d'	prép.
un	adj. ind. masc. sing. dét. *cirque*.
cirque,	n. com. masc. sing. 1er compl. ind. de *débris*.
d'	prép.
un	adj. ind. masc. sing. dét. *tombeau*.
tombeau,	n. com. masc. sing. 2e compl. ind. de *débris*.
d'	prép.
un	adj. ind. masc. sing. dét. *temple*.
temple	n. com. masc. sing. 3e compl. ind. de *débris*.
magnifique,	adj. qual. masc. sing. qual. *temple*.
et	conj.
pour	prép.
notre	adj. poss. fém. sing. dét. *vieillesse*.
vieillesse	n. com. fém. sing. compl. circonst. de *a*.
on	pron. indéf. 3e pers. du masc. sing. suj. de *a*.
ne que	locution adverbiale modifie *a*.
a	verbe actif à la 3e pers. du sing. du prés. de l'ind.

	temps simple et prim. 2e mode, 3e conjugaison.
du	art. comp. mis pour *de le*.
de	prép.
le	art. simple au masc. sing. ann. que *mépris* est dét.
mépris.	n. com. masc. sing. compl. dir. de *a*.

8

Si le malheur te suit dans la carrière ,

Arme ton cœur d'une noble fierté ;

On est timide alors qu'on désespère :

Un front serein brave l'adversité.

Mais si le ciel t'accordait l'opulence,

Et des jours purs par des plaisirs tracés,

Ouvre ton âme à l'honnête indigence

Et que ses pleurs par toi soient effacés.

Si	conj.
le	art. simp. au masc. sing. ann. que *malheur* est dét.
malheur	n. com. masc. sing. suj. de suit.
te	pron. pers. 2e pers. du masc. sing. compl. dir. de *suit*.
suit	verbe act. à la 3e pers. du sing. du prés. de l'ind. temps simp. et prim. 2e mod. 4e conj.
dans	prép.
la	art. simp. au fém. sing. ann. que *carrière* est dét.
carrière ,	n. com. fém. sing. compl. circonst. de *suit*.
(toi) arme	verbe act. à la 2e pers. du sing. de l'impér., temps simp. et pers. dér. de la 1re pers. du sing. du prés. de l'ind. 4e mod. 1re conj.
ton	adj. poss. masc. sing. dét. *front*.
front	n. com. masc. sing. compl. dir. de *arme*.
d'	prép.
une	adj. ind. fém. sing. dét. *fierté*.
noble	adj. qual. fém. sing. qual. *fierté*.
fierté ;	n. com. fém. sing. compl. ind. de *arme*.
On	pron. ind. 3e pers. du masc sing. suj. de *est*.
est	verbe subst. à la 3e pers. du sing. du prés. de l'ind. temps simp. et prim. 2e mod. 4e conj.
timide	adj. qual. masc. sing. qual. *on*.
alors qu'	locution conjonctive.
on	pron. ind. 3e pers. du masc. sing. suj. de *désespère*.
désespère,	verbe neut. à la 3e pers. du sing. du prés. de l'ind. temps simp. et prim. 2e mod. 1re conj.
un	adj. ind. masc. sing. dét. *front*.
front	n. com. masc. sing. suj. de *brave*.
serein	adj. qual. masc. sing. qual. *front*.

brave	verbe act. à la 3e pers. du sing. du prés. de l'ind. temps simp. et prim. 2e mod. 1re conj.
l'	art. simp. au fém. sing. ann. que *adversité* est dét.
adversité ;	n. com. fém. sing. compl. dir. de *brave*.
mais	conj.
si	conj.
le	art. simp. au masc. sing. ann. que *ciel* est dét.
ciel	n. com. masc. sing. suj. de *accordait*.
t'	pron. pers. 2e pers. du masc. sing. compl. ind. de *accordait*.
accordait	verbe act. à la 3e pers. du sing. de l'imparf. de l'ind. temps simp. et dér. du part. prés., 2e mod. 1re conj.
l'	art. simp. au fém. sing. ann. que *opulence* est dét.
opulence,	n. com. fém. sing. 1er compl. dir. de *accordait*.
et	conj.
des (1)	art. comp. mis pour *de les*.
de	prép.
les	art. simp. masc. plur. ann. que *jours* est dét.
jours	n. com. masc. plur. 2e compl. dir. de *accordait*.
purs	adj. qual. masc. plur. qual. *jours*.
par	prép.
des	art. comp. mis pour *de les*.
de	prép.
les	art. simp. au masc. plur. ann. que *plaisirs* est dét.
plaisirs	n. com. masc. plur. compl. ind. de *tracés*.
tracés,	part. adjectif masc. plur. qual. *jours*.
(toi)	
ouvre	verbe act. à la 2e pers. du sing. de l'impér., temps simp. et pers., dérivée de la 1re pers. du sing. du prés. de l'ind., 4e mod. 2e conj.
ton	adj. poss. fém. sing. dét. *âme*.
âme	n. com. fém. sing. compl. dir. de *ouvre*.
à	prép.
l'	art. simp. au fém. sing. ann. que *indigence* est dét.
honnéte	adj. qual. fém. sing. qual. *indigence*.
indigence	n. com. fém. sing. compl. ind. de *ouvre*.
et	conj.
que	conj.
ses	adj. poss. masc. plur. dét. *pleurs*.
pleurs	n. com. masc. plur. suj. de *soient*.
par	prép.
toi	pron. pers. 2e pers. du masc. sing. compl. ind. de *soient effacés*.
soient	verbe subst. à la 3e pers. du plur. du prés. du subj. temps simp. et dér. du part. prés. 5e mod. 4e conjugaison.
effacés.	part. passé passif masc. plur.

---

(1) Ici, et dans beaucoup d'autres cas, *des* remplaçant *quelques*, pourrait être analysé comme adjectif indéfini.

9

Vos fronts, pécheurs, pâlissent abattus
   A l'aspect du souverain Juge ;
Mais si Marie est reine des vertus,
   Des pécheurs elle est le refuge.
Déposez donc en son sein maternel
   Votre repentir et vos larmes,
Elle priera... Des mains de l'Éternel
   Bientôt s'échapperont les armes.

Vos	adj. poss. masc. plur. dét. *fronts.*
fronts	n. com. masc. plur. suj. de *pâlissent.*
pécheurs	n. com. masc. plur. mis en *apostrophe.*
pâlissent	verbe neut. à la 3e pers. du plur. du prés. de l'ind. temps simp. et prim. 2e mod. 2e conj.
abattus	part. adj. masc. plur. qual. *fronts.*
à	prép.
l'	art. simp. au masc. sing. ann. que *aspect* est dét.
aspect	n. com. masc. sing. compl. ind. de *pâlissent.*
du	art. comp. mis pour *de le.*
de	prép.
le	art. simp. au masc. sing. ann. que *juge* est dét.
souverain	adj. qual. masc. sing. qual. *juge.*
Juge	n. prop. masc. sing. compl. ind. de *aspect* (1).
mais	conj.
si	conj.
Marie	n. prop. fém. sing. suj. de *est.*
est	verbe subst. à la 3e pers. du sing. du prés. de l'ind. temps simp. et prim. 2e mod. 4e conj.
reine	n. com. fém. sing. attribut de *Marie.*
des	art. comp. mis pour *de les.*
de	prép.
les	art. simp. au fém. plur. ann. que *vertus* est dét.
vertus	n. com. fém. plur. compl. ind. de *reine.*
Des	art. comp. mis pour *de les.*
de	prép.
les	art. simp. au masc. plur. ann. que *pécheurs* est dét.
pécheurs	n. com. masc. plur. compl. ind. de *refuge.*
elle	pron. pers. 3e pers. du fém. sing. suj. de *est.*
est	verbe subst. à la 3e pers. du sing. du prés. de l'ind. temps simp. et prim., 2e mod. 4e conj.
le	art. simp. au masc. sing. ann. que *refuge* est dét.
refuge	n. com. masc. sing. attribut de *elle.*
(vous)	

(1) On pourrait aussi considérer *à l'aspect de* comme locution prépositive, et dans ce cas, *juge* serait compl. circonst. de *pâlissent.*

déposez	verbe act. à la 2e pers. du plur. de l'impér. temps simp. et pers. dér. du part. prés., 4e mod. 1re conj.
donc	conj.
en	prép.
son	adj. poss. masc. sing. dét. *sein*.
sein	n. com. masc. sing. compl. circonst. de *déposez*.
maternel	adj. qual. masc. sing. qual. *sein*.
votre	adj. poss. masc. sing. dét. *repentir*.
repentir	n. com. masc. sing. 1er compl. dir. de *déposez*.
et	conj.
vos	adj. poss. fém. plur. dét. *larmes*.
larmes	n. com. fém plur. 2e compl. dir. de *déposez*.
elle	pron. pers. 3e pers. du fém. sing. suj. de *priera*.
priera	verbe act. pris neutralement à la 3e pers. du sing. du futur simp., temps. simp. et dér. du prés. de l'inf. 2e mod. 1re conj.
des	art. comp. mis pour *de les*.
de	prép.
les	art. simp. au fém. plur. ann. que *mains* est dét.
mains	n. com. fém. plur. compl. ind. de *s'échapperont*.
de	prép.
l'	art. simp. au masc. sing. ann. que *Eternel* est dét.
Eternel	n. prop. masc. sing. compl. ind. de *mains*.
bientôt	adv. mod. *s'échapperont*.
s'	pron. pers. 3e pers. du fém. plur. compl. dir. de *échapperont*.
échapperont	verbe pron. act. à la 3e pers. du plur. du futur simple, temps simp. et dér. du prés. de l'inf. 2e mod. 1re conj.
les	art. simp. au fém. plur. ann. que *armes* est dét.
armes	n. com. fém. plur. suj. de *s'échapperont*.

10

La mer, dont le soleil attire les vapeurs,
Par ces eaux qu'elle perd voit une mer nouvelle
Se former, s'élever et s'étendre sur elle.
De nuages légers cet amas précieux
Que dispersent au loin les vents officieux,
Tantôt, féconde pluie, arrose nos campagnes,
Tantôt retombe en neige et blanchit nos montagnes.

La	art. simp. au fém. sing. ann. que *mer* est dét.
mer	n. com. fém. sing. suj. de *voit*.
dont	pron. relat. à *mer*, 3e pers du fém. sing. compl. ind. de *vapeurs*.
le	art. simp. au masc. sing. ann. que *soleil* est dét.
soleil	n. com. masc. sing. suj. de *attire*.

attire	verbe act. à la 3e pers. du sing. du prés. de l'ind. temps simp. et prim. 2e mod. 1re conj.
les	art. simp. au fém. plur. ann. que *vapeurs* est dét.
vapeurs	n. com. fém. plur. compl. dir. de *attire*.
par	prép.
ces	adj. dém. fém. plur. dét. *eaux*.
eaux	n. com. fém. plur. compl. ind. de *voit*.
qu'	pron. relat. à *eaux*, 3e pers. du fém. plur. compl. dir. de *perd*.
elle	pron. pers. 3e pers. du fém. sing. suj. de *perd*.
perd	verbe act. à la 3e pers. du sing. du prés. de l'ind. temps simp. et prim. 2e mod. 4e conj.
voit	verbe act. à la 3e pers. du sing. du prés. de l'ind. temps simp. et prim. 2e mod. 3e conj.
une	adj. ind. fém. sing. dét. *mer*.
mer	n. com. fém. sing. compl. dir. de *voit*.
nouvelle	adj. qual. fém. sing. qual. *mer*.
se	pron. pers. 3e pers. du f. s. compl. dir. de *former*.
former	verbe pron. act. au prés. de l'inf. temps simp. et prim., 1er mod. 1re conj. 1er attribut de *mer*.
s'	pron. pers. 3e pers. du f. s. compl. circonst. de *élever*.
élever	verbe pron. act. au prés. de l'inf. temps simp. et prim. 1er mod. 1re conj. 2e attribut de *mer*.
et	conj.
s'	pron. pers. 3e pers. du f. s. compl. dir. de *étendre*.
étendre	verbe pron. act. au prés. de l'inf. temps simp. et prim. 1er mod. 4e conj. 3e attribut de *mer*.
sur	prép.
elle	pron. pers. 3e pers. du fém. sing. compl. circonst. de *s'étendre*.
De	prép.
nuages	n. com. masc. plur. compl. indir. de *amas*.
légers	adj. qual. masc. plur. qual. *nuages*.
cet	adj. dém. masc. sing. dét. *amas*.
amas	n. com. masc. sing. suj. de *arrose*.
précieux	adj. qual. masc. sing. qual. *amas*.
que	pron. relat. à *amas* 3e pers. du masc. sing. compl. dir. de *dispersent*.
dispersent	verbe act. à la 3e pers. du plur. du prés. de l'ind. temps simp. et prim. 2e mod. 1re conj.
au loin	loc. adv. mod. *dispersent*.
les	art. simp. au masc. plur. ann. que *vents* est dét.
vents	n. com. masc. plur. suj. de *dispersent*.
officieux	adj. qual. masc. plur. qual. *vents*.
tantôt	adv. mod. *devenu* sous-ent.
(devenu)	
fécondé	adj. qual. fém. sing. qual. *pluie*.
pluie	n. com. fém. sing. attribut de *amas*.
arrose	verbe actif à la 3e pers. du sing. du prés. de l'ind. temps simp. et prim. 2e mod. 1re conj.
nos	adj. poss. fém. plur. dét. *campagnes*.
campagnes	n. com. fém. plur. compl. dir. de *arrose*.
tantôt	adv. mod. *retombe*.

(il) retombe	verbe neut. à la 3e pers. du sing. du prés. de l'ind. temps simp. et prim. 2e mod. 1re conj.
en	prép.
neige	n. com. fém. sing. compl. circonst. de *retombe*.
et	conj.
(il) blanchit	verbe act. à la 3e pers. du sing. du prés. de l'ind. temps simp. et prim. 2e mod. 2e conj.
nos	adj. poss. fém. plur. dét. *montagnes*.
montagnes	n. com. fém. plur. compl. dir. de *blanchit*.

11

En vain je parlerais le langage des anges,
   En vain, mon Dieu, de vos louanges,
   Je remplirais tout l'univers ;
   Sans amour, ma gloire n'égale,
   Que la gloire de la cymbale
   Qui d'un vain bruit frappe les airs.

En vain	locution adverbiale modifiant *parlerais*.
je	pron. pers. 1re pers. du masc. sing. suj. de *parlerais*.
parlerais	verbe neutre pris activement à la 1re pers. du sing. du conditionnel présent, temps simple et dér. du prés. de l'inf., 3e mode, 1re conj.
le	art. simple au masc. sing. ann. que *langage* est dét.
langage	n. com. masc. sing. compl. dir. de *parlerais*.
des	art. comp. mis pour *de les*.
de	prép.
les	art. simple au masc. plur. ann. que *anges* est dét.
anges	n. com. masc. plur. compl. ind. de *langage*.
En vain	locution adverbiale modifiant *remplirais*.
mon	adj. poss. masc. sing. dét. *Dieu*.
Dieu	n. propre masc. sing. mis en apostrophe.
de	prép.
vos	adj. poss. fém. plur. dét. *louanges*.
louanges	n. com. fém. plur. compl. ind. de *remplirais*.
je	pron. pers. 1re pers. du masc. sing. suj. de *remplirais*.
remplirais	verbe actif à la 1re pers. du sing. du prés. du conditionnel, temps simple et dér. du prés. de l'inf. 3e mode, 2e conj.
tout	adj. ind. masc. sing. dét. *univers*.
l'	art. simple au masc. sing. ann. que *univers* est dét.
univers	n. com. masc. sing. compl. dir. de *remplirais*.
(si j'agis) sans	prép.

amour	n. com. masc. sing. compl. circonst. de *agis*, sous-entendu.
ma	adj. poss. fém. sing. dét. *gloire*.
gloire	n. com. fém. sing. suj. de *égale*.
ne que	locution adverbiale modifiant *égale*.
égale	verbe actif à la 3e pers. du sing. du prés. de l'ind. temps simple et prim. 2e mode, 1re conj.
la	art. simple au fém. sing. ann. que *gloire* est dét.
gloire	n. com. fém. sing. compl. dir. de *égale*.
de	prép.
la	art. simple au fém. sing. ann. que *cymbale* est dét.
cymbale	n. com. fém. sing. compl. ind. de *gloire*.
qui	pron. rel. à *cymbale*, 3e pers. du fém. sing., suj. de *frappe*.
d'	prép.
un	adj. ind. masc. sing. dét. *bruit*.
vain	adj. qual. masc. sing. qual. *bruit*.
bruit	n. com. masc. sing. compl. circonst. de *frappe*.
frappe	verbe actif à la 3e pers. du sing. du prés. de l'ind., temps simple et prim., 2e mode, 1re conj.
les	art. simple au masc. plur. ann. que *airs* est dét.
airs.	n. com. masc. plur. compl. dir. de *frappe*.

12

Quand le flambeau du jour dérobe sa lumière,
L'astre des nuits se lève et nous rend sa clarté ;
Quand Jésus monte aux cieux, demeurant sur la terre,
La Vierge de son fils rappelle la bonté.
Le soleil l'entoura d'une robe éclatante,
La lune sous ses pieds vit pâlir tous ses feux ;
Douze étoiles formaient sa couronne brillante,
Quand la mère d'amour s'éleva dans les cieux.

Quand	conj.
le	art. simple au masc. sing. ann. que *flambeau* est dét.
flambeau	n. com. masc. sing. suj. de *dérobe*.
du	art. comp. mis pour *de le*.
de	prép.
le	art. simple au masc. sing. ann. que *jour* est dét.
jour	n. com. masc. sing. compl. ind. de *flambeau*.
dérobe	verbe actif à la 3e pers. du sing. du prés. de l'ind., temps simple et prim., 2e mode, 1re conj.
sa	adj. poss. fém. sing. dét. *lumière*.
lumière	n. com. fém. sing. compl. dir. de *dérobe*.
l'	art. simple au masc. sing. ann. que *astre* est dét.
astre	n. com. masc. sing. suj. de *se lève*.

des	art. comp. mis pour *de les.*
de	prép.
les	art. simple au fém. plur. ann. que *nuits* est dét.
nuits	n. com. fém. plur. compl. ind. de *astre.*
se	pron. pers. 3e pers. du masc. sing. compl. dir. de *lève.*
lève	verbe pronom. actif à la 3e pers. du sing. du prés. de l'ind., temps simple et prim., 2e mode, 1re conj.
et	conj.
(il)	
nous	pron. pers. 1re pers. du masc. plur. compl. ind. de *rend.*
rend	verbe actif à la 3e pers. du sing. du prés. de l'ind. temps simple et prim., 2e mode, 4e conj.
sa	adj. poss. fém. sing. dét. *clarté.*
clarté	n. com. fém. sing. compl. dir. de *rend.*
Quand	conj.
Jésus	n. propre masc. sing. suj. de *monte.*
monte	verbe neutre à la 3e pers. du sing. du prés. de l'ind. temps simple et prim., 2e mode, 1re conj.
aux	art. comp. mis pour *à les.*
à	prép.
les	art. simple au masc. plur. ann. que *cieux* est dét.
cieux	n. com. masc. plur. compl. circonst. de *monte.*
(en)	
demeurant	verbe neutre au part. prés. temps simple et prim., 1er mode, 1re conj. compl. circonst. de *rappelle.*
sur	prép.
la	art. simple au fém. sing. ann. que *terre* est dét.
terre	n. com. fém. sing. compl. circonst. de *demeurant.*
la	art. simple au fém. sing. ann. que *vierge* est dét.
Vierge	n. propre fém. sing. suj. de *rappelle.*
de	prép.
son	adj. poss. masc. sing. dét. *fils.*
fils	n. com. masc. sing. compl. ind. de *bonté.*
rappelle	verbe actif à la 3e pers. du sing. du prés. de l'ind., temps simple et prim., 2e mode, 1re conj.
la	art. simple au fém. sing., ann. que *bonté* est dét.
bonté	n. com. fém. sing. compl. dir. de *rappelle.*
le	art. simple au masc. sing. ann. que *soleil* est dét.
soleil	n. com. masc. sing. suj. de *entoura.*
l'	pron. pers. 3e pers. du fém. sing. compl. dir. de *entoura.*
entoura	verbe actif à la 3e pers. du sing. du passé dét., temps simple et prim., 2e mode, 1re conj.
d'	prép.
une	adj. ind. fém. sing. dét. *robe.*
robe	n. com. fém. sing. compl. circonst. de *entoura.*
éclatante	adj. qual. fém. sing. qual. *robe.*
la	art. simple au fém. sing. ann. que *lune* est dét.
lune	n. com. fém. sing. suj. de *vit.*
sous	prép.

ses	adj. poss. masc. plur. dét. *pieds*.
pieds	n. com. masc. plur. compl. circonst. de *pâlir*.
vit	verbe actif à la 3e pers. du sing. du passé dét., temps simple et prim., 2e mode, 3e conj.
pâlir	verbe neutre au prés. de l'inf., temps simple et prim., 1er mode, 2e conj., attribut de *feux*.
tous	adj. ind. masc. plur. dét. *feux*.
ses	adj. poss. masc. plur. dét. *feux*.
feux	n. com. masc. plur. compl. dir. de *vit*.
douze	adj. num. card. fém. plur. dét. *étoiles*.
étoiles	n. com. fém. plur. suj. de *formaient*.
formaient	verbe actif à la 3e pers. du plur. de l'imparf. de l'ind., temps simple et dér. du part. prés., 2e mode, 1re conj.
sa	adj. poss. fém. sing. dét. *couronne*.
couronne	n. com. fém. sing. compl. dir. de *formaient*.
brillante	adj. qual. fém. sing. qual. *couronne*.
quand	conj.
la	art. simple au fém. sing. ann. que *mère* est dét.
mère	n. com. fém. sing. suj. de *s'éleva*.
d'	prép.
amour	n. com. masc. sing. compl. ind. de *mère*.
s'	pron. pers. 3e pers. du fém. sing. compl. dir. de *éleva*.
éleva	verbe pronom. actif à la 3e pers. du sing. du passé dét., temps simple et prim., 2e mode, 1re conj.
dans	prép.
les	art. simple au masc. plur. ann. que *cieux* est dét.
cieux	n. com. masc. plur. compl. circonst. de *s'éleva*.

LETTRES POUR DICTÉES.

On trouvera dans un traité de style les règles de l'art épistolaire. Nous nous bornons à placer ici quelques lettres très-simples, que la maîtresse pourra dicter comme exercice d'orthographe, et qui faciliteront en même temps aux jeunes élèves, le devoir qu'elles ont à remplir chaque année envers leurs parents.

1.

Cher Papa et chère Maman,

Il y a longtemps que j'attendais ce beau jour pour vous écrire ces mots si doux : Je vous aime, je vous aimerai toujours de tout mon cœur.

Je veux vous prouver ma reconnaissance par mon application, ma sagesse et ma docilité afin de vous rendre les plus heureux des parents, comme je suis, par vos soins, la plus heureuse des enfants.

Agréez, cher Papa et chère Maman, tout l'amour et tout le respect de votre fille chérie.

2

Chers Parents,

Que je suis joyeuse de pouvoir vous exprimer, dans cette petite lettre, mon respect, mon amour et ma reconnaissance.

Tous ces sentiments remplissent mon cœur et me font trouver ce jour le plus beau de l'année ; mais c'est tous les jours de ma vie que je veux vous montrer combien je vous aime, en m'appliquant à faire votre bonheur comme vous faites le mien.

Recevez, cher Papa et chère Maman, les vœux que je forme pour vous, et bénissez votre fille chérie.

3

Cher Papa,

Comment vous témoigner mon affection et ma reconnaissance, à vous, si bon, si indulgent pour votre petite Clémence ? Hélas ! une enfant est bien ignorante !... vous aimer, vous chérir, voilà tout mon désir ; mériter votre amitié et vos caresses, voilà tout mon bonheur. Je veux cependant, cher Papa, vous prouver ma reconnaissance en m'appliquant à acquérir des connaissances utiles, et en secondant, par mon application, les efforts de mes maîtresses. Et je serai heureuse, quand devenue plus instruite, je pourrai vous témoigner plus éloquemment mon respect et ma reconnaissance. Mais en attendant, permettez-moi de vous dire simplement et franchement : Cher Papa, je vous aime de tout mon cœur, et je vous souhaite une bonne et heureuse fête.

Votre respectueuse petite fille.

4

Chers et bons Parents,

Avec quelle impatience j'attendais ce premier jour de l'an! C'est qu'il apporte à mon application de toute l'année une bien douce récompense. Enfin, je puis vous écrire moi-même, je puis vous dire dans cette petite lettre les souhaits que je forme pour votre félicité. Oh! oui, chers Parents, soyez heureux! Vous êtes si bons, si indulgents, si pleins de tendresse pour votre petite fille! Aussi avec quelle ardeur je vais travailler, afin de vous prouver par mes progrès que je suis reconnaissante, et que je profite des bienfaits que vous me prodiguez. Je vais aussi me corriger de mes défauts, je veux être bonne, je veux vous ressembler et faire un jour votre joie, votre consolation, votre bonheur.

Veuillez, chers Parents, agréer mes souhaits bien sincères et croire au respect profond de

            Votre petite fille qui vous aime tendrement.

5

Bien chers Parents,

Vous êtes tout ce que j'ai de plus cher au monde, il est bien juste que mes premiers souhaits de bonne année soient pour vous. O bons Parents, comment vous témoigner toute ma reconnaissance? Comment, surtout, vous parler de l'amour dont mon cœur est pénétré pour vous. Ah! cher Papa et chère Maman, soyez aussi heureux que vous êtes bons et croyez que, par son obéissance et sa sagesse, votre petite Mathilde contribuera de tout son pouvoir à vous procurer le bonheur qu'elle vous souhaite si ardemment.

Je suis avec un profond respect, mes chers Parents,

                    Votre soumise petite fille.

6

Cher Papa, chère Maman,

Encore deux jours, et j'aurai le bonheur de vous embrasser en vous répétant dans toute l'effusion de mon cœur que je vous souhaite une bonne année.

Pour vous prouver, chers et bons Parents, avec quelle impatience j'attends ce plaisir, dès aujourd'hui, je veux vous exprimer mes sentiments et mes vœux.

C'est avec toute l'application dont je suis capable que j'écris cette petite lettre afin de vous l'offrir comme un gage de ma reconnaissance, et du désir que j'ai de contribuer à votre bonheur en profitant de tous les sacrifices que vous faites pour mon instruction.

Oui, cher Papa et chère Maman, je sens tout le prix de votre tendresse, et je m'efforcerai de la mériter chaque jour davantage par ma docilité et mon attention constante à remplir tous mes devoirs afin de vous rendre heureux.

Tel est le plus vif désir de votre respectueuse fille.

7

Cher Papa et chère Maman,

Vous avez pour moi tant de tendresse et de bonté, vous m'avez comblée de tant de bienfaits, que je ne puis par des paroles vous exprimer toute ma reconnaissance; mais mon cœur ne cesse de former les vœux les plus ardents pour votre bonheur. Recevez-les, chers Parents, veuillez agréer ce faible hommage des sentiments les plus sincères, bénissez-moi et comblez ainsi de joie votre bien-aimée fille.

8

Chers Parents,

Tous les jours, à tous les instants, je sens mon cœur se porter vers vous pour vous dire que je vous aime, et il me semble bien dur de ne pouvoir vous le dire que par la pensée et de bien loin; mais aujourd'hui, je puis vous voir, me jeter dans vos bras et vous embrasser mille fois; aujourd'hui, je suis heureuse, et d'autant plus heureuse que je suis assurée du plaisir que vous goûtez vous-mêmes; votre tendresse pour moi est l'objet de toute ma reconnaissance, comme vous l'êtes de tout mon amour, et ces sentiments si doux feront toujours le bonheur de

Votre très-respectueuse fille,

9

Mes chers Parents ,

L'approche du premier janvier rend tous les enfants bien joyeux en leur promettant des étrennes, et cette douce pensée m'a, plus d'une fois, remplie de joie ; mais une autre pensée a fait battre mon cœur d'un plaisir bien plus délicieux : c'est celle de pouvoir vous dire en ce jour que je vous aime, que je vous aimerai toujours, et que mon plus vif désir est de me rendre chaque jour plus digne de votre tendresse, en m'appliquant à acquérir les vertus et les talents dont vous désirez si vivement me voir ornée.

Je voudrais aussi vous exprimer les vœux que je forme pour vous ; mais plutôt, chers Parents, lisez-les dans mon cœur, car le désir de votre félicité le remplit tout entier.

Oh ! oui, vous voir jouir d'un bonheur parfait, pouvoir pendant de longues années vous témoigner ma reconnaissance, voilà le seul vœu que je forme.

Veuillez l'agréer, chers Parents, et me donner votre bénédiction, vous comblerez ainsi de joie

    Votre soumise et respectueuse enfant.

10

Cher Papa et chère Maman,

Combien je serais heureuse de pouvoir vous exprimer de vive voix mon respect, mon amour et ma reconnaissance ; combien je voudrais pouvoir, en vous embrassant, vous offrir les vœux et les souhaits que je forme pour vous ; mais puisque je ne puis avoir ce bonheur, permettez, chers et bons Parents, que je confie à cette petite lettre le soin de me remplacer près de vous ; permettez que j'oublie un instant la distance qui nous sépare et que je vous dise mille fois que je vous aime, que je vous chéris, et que votre tendresse et vos bienfaits augmentent, s'il est possible, chaque jour, ma vive et sincère reconnaissance.

Je veux de plus en plus m'empresser d'acquérir les vertus et les talents que vous désirez tant trouver en moi, afin de retourner promptement près de vous et de vous rendre heureux par mes soins et par mon amour.

Tel est, cher Papa et chère Maman, le plus vif désir de votre respectueuse fille.

11

Cher Papa,

Que j'aime le premier jour de l'an! Savez-vous pourquoi? C'est que je puis vous répéter, une fois de plus, que je vous aime de tout mon cœur. Oh! oui, je vous aime beaucoup, et pourriez-vous en douter? Les autres enfants partagent leur affection entre un père et une mère, mais moi, privée de ma Maman chérie, je reporte tout mon amour sur mon cher Papa. Et comment ne vous aimerais-je pas? Vous, si bon, si indulgent pour votre petite Marie; aussi, je veux toujours vous faire plaisir et être pour vous une aimable petite compagne. Soyez bien assuré que c'est là mon plus grand désir. Mon petit frère suivra mon exemple, et alors vous trouverez votre bonheur en vos chers petits enfants.

Recevez, mon cher Papa, l'assurance de la tendre affection et de la sincère reconnaissance de votre petite fille qui vous aime de tout son cœur.

12

Ma bonne Mère,

Mon cœur n'a pas besoin du renouvellement de l'année pour vous souhaiter tout le bonheur que vous méritez, et dont je désire si vivement vous voir jouir; mais je saisis avec empressement cette occasion de vous exprimer de nouveau mon tendre attachement, et de vous promettre de vous satisfaire en tout ce qui dépendra de moi.

Chaque fois que quelque chose me paraîtra pénible ou difficile, je penserai à vous, ma bonne Mère, et le désir de vous contenter me rendra courageuse, me fera trouver la force nécessaire pour accomplir mes devoirs et pour

me rendre digne de l'amour de la plus tendre des mères.
Je suis avec un profond respect,
Ma chère Maman,
Votre soumise fille.

13

Chers Parents,

Quelle joie j'éprouvais chaque année au premier jour de l'an lorsque je pouvais me jeter dans vos bras, et vous répéter mille fois en vous embrassant que je vous aime de tout mon cœur, et que tout mon bonheur est de vous témoigner mon amour et ma reconnaissance! aussi quelle privation pour moi de ne pouvoir aujourd'hui vous exprimer mes vœux sans le secours de l'encre et du papier. Soyez assurés, chers et bons Parents, que la distance qui nous sépare rend plus vifs encore les sentiments qui me pénètrent, et que le temps que je passe sans vous voir me fait sentir, chaque jour davantage, le prix de vos bontés et des soins touchants que vous n'avez cessé de me prodiguer. Chaque jour aussi je m'efforce par toute l'affection de mon cœur de répondre à votre tendresse, et je supplie le Seigneur de vous bénir, de vous accorder de longs et heureux jours, afin que je puisse jouir longtemps encore du bonheur de vous offrir les témoignages de ma gratitude.

Veuillez agréer, chers et bons Parents, l'assurance de la vive affection et du profond respect de votre soumise fille.

14

Ma chère Maman,

C'est un grand sacrifice pour mon cœur de ne pouvoir en ce renouvellement d'année, recevoir votre bénédiction et vous embrasser, en vous offrant les vœux que je forme pour votre bonheur. Puisse du moins ce sacrifice être agréable au Seigneur et m'obtenir l'effet des prières que je lui adresse chaque jour pour votre conservation, car c'est là l'objet de tous mes désirs et de toutes mes demandes. Oui, ma chère Maman, vous voir couler de longs et heureux jours, c'est l'unique vœu que je forme.

Je vous embrasse mille fois , ainsi que mes frères et mes sœurs , à qui je souhaite une heureuse année, et je suis, avec un profond respect,

Ma chère Maman ,

Votre soumise et affectionnée enfant.

15

Ma chère Maman ,

Le premier jour de l'an est bien agréable pour moi , puisqu'il me procure la satisfaction de vous exprimer toute l'étendue de ma reconnaissance qui , pour répondre aux soins que vous me prodiguez , ne devrait pas avoir de bornes. Croyez, chère Maman , que je n'oublierai jamais la tendre sollicitude avec laquelle vous m'avez élevée , les sacrifices sans nombre que je vous ai coûtés ; croyez que ma vie tout entière sera consacrée à vous témoigner mon amour et ma sincère gratitude.

Soyez assurée , chère Maman , que mes vœux les plus ardents sont pour votre bonheur ; si le Seigneur exauce les prières que je ne cesse de lui adresser pour vous , vous serez la plus heureuse des mères comme vous en êtes le modèle.

Recevez, chère Maman , l'assurance du profond respect et de la vive reconnaissance de

Votre soumise fille.

16

Chers Parents ,

Que je suis heureuse de voir arriver ce premier jour de l'an ! Ne me fournit-il pas l'occasion de dire une fois de plus à mes parents si bons que je les aime, et que je les aimerai toujours de tout mon cœur.

Mais je n'ai pas besoin de vous répéter l'expression de mes sentiments pour vous ; n'est-ce pas , bonne Mère , et vous , Père chéri , vous savez bien que le cœur de votre fille est plein d'amour pour vous, et de gratitude pour vos bienfaits? Oui , Parents bien-aimés, à mesure que je grandis, je sens plus vivement, j'apprécie mieux votre sollicitude de tous les instants , les soins si

tendres que vous me prodiguez, et aussi, la grandeur de la dette
que je contracte envers vous. L'acquitter fera le bonheur de ma
vie; je veux devenir votre consolation et faire la joie de votre
vieillesse. Puisse le Seigneur exaucer mes prières en vous rendant heureux, et en vous conservant longtemps à ma tendresse.

Voilà, chers Parents, les souhaits que je forme pour vous;
veuillez les agréer, ainsi que les sentiments de reconnaissance
et d'amour qui me les ont inspirés.

Recevez l'assurance de la tendre affection et du profond
respect de

Votre soumise petite fille.

17

Chère Maman,

Quels vœux formerai-je pour une mère telle que vous? Ah!
je voudrais que vous fussiez la plus heureuse des mères; mais,
hélas! mes vœux ne sont pas satisfaits, et je vois avec peine
que votre vie est semée de privations et de sacrifices. Au moins,
chère Maman, je veux partager vos chagrins et vos travaux et
être toujours votre fidèle compagne. Lorsque j'étais enfant, je
ne comprenais pas l'étendue de mes obligations, mais aujour-
d'hui je suis capable d'apprécier toute votre tendresse maternelle et je veux y répondre par tout mon amour filial.

Je suis heureuse de pouvoir vous dire que mes bonnes maîtresses sont contentes de moi; elles me félicitent du changement qui s'est opéré dans ma conduite; mais je sens que ce
que j'ai fait est peu en comparaison de ce qu'il me reste à faire.
C'est pourquoi je vais redoubler d'ardeur dans mes études et
travailler avec un nouveau courage à me corriger de mes défauts, afin de donner de la satisfaction à mes maîtresses et de
faire toujours la consolation de ma mère chérie.

C'est là le vœu bien sincère de votre respectueuse fille.

18

Mon cher Papa,

Vous êtes à Paris et votre petite Louise est à ***. Quelle grande distance nous sépare ! mais je vous assure que lors même que cette distance serait plus grande encore, je saurais bien la franchir pour me rendre près de vous. La Saint-Charles se célèbre à Paris aussi bien qu'ici, et cette fête est trop chère à mon cœur pour échapper à mon souvenir. Eh bien ! par la pensée, me voici dans vos bras, écoutez-moi bien : Cher Papa, je vous souhaite une bonne et heureuse fête, et je veux contribuer à votre bonheur en me montrant toujours docile à vos sages avis, et en vous donnant sans cesse des preuves de mon amour filial ; puis, je vous embrasse de tout mon cœur. Ah ! que ne puis-je le faire réellement ! Et cependant je suis encore plus heureuse que ma petite sœur Marie ; comme elle regrette de ne pas savoir écrire ! Elle ne sait comment s'y prendre pour vous réciter son compliment ; sa voix est trop faible pour arriver jusqu'à vous. Aussi, elle se propose bien de s'en dédommager l'année prochaine en vous écrivant une jolie lettre.

Quant à Pauline, on lui a dit que c'est la fête de Papa ; elle vous envoie une caresse et un joli baiser.

Recevez, cher Papa, l'assurance de la vive affection et de la sincère reconnaissance de

Votre chère petite fille

19

Chers Parents,

Que je suis heureuse en voyant arriver cette année 186…! Il y a si longtemps que je l'appelais de toute l'ardeur de mes désirs ! Ah ! vous savez pourquoi ! c'est que cette année comptera parmi ses jours le plus heureux de ma vie, le beau jour de ma première communion. Au commencement de cette nouvelle année, je forme mille vœux pour votre bonheur ; mais quand viendra le moment tant désiré où je possèderai pour la première fois le bon Jésus dans mon cœur, oh ! c'est alors que je répèterai souvent le nom de mon cher Papa et de ma chère Maman, et que j'appellerai sur eux toutes les bénédictions du ciel. Et pour moi, en particulier, que demanderai-je ? la sagesse, n'est-ce pas ? afin que votre petite Marie soit toujours l'exemple de ses frères et de ses sœurs, et qu'elle fasse toujours ainsi la joie et la consolation de ses parents chéris.

C'est dans ces sentiments, cher Papa et chère Maman, que je vous renouvelle l'assurance de la tendre affection et de la sincère reconnaissance que ressentira toujours pour vous,

Votre soumise petite fille.

20

Chers Parents,

Au commencement de cette nouvelle année, je forme mille vœux pour votre bonheur; mais, dois-je me borner à des vœux stériles? Ne faut-il pas que je travaille à vous rendre véritablement heureux? Pendant l'année qui vient de s'écouler, je vous ai donné bien des sujets de mécontentement; bien souvent ma trop grande légèreté m'a attiré vos reproches; mais l'année 186... disparaît, elle emporte tout le souvenir du passé; une nouvelle année commence; et, en m'apportant un an de plus, elle me met un peu de réflexion dans l'esprit. Je comprends maintenant l'obligation où je suis de vous rendre en contentement, en satisfaction, tout ce que vous me donnez chaque jour en sollicitude, en tendresse. Je vous promets, bien chers Parents, que désormais vous n'aurez que des paroles d'encouragement à m'adresser, car je veux enfin faire votre consolation et contribuer, autant que possible, à vous procurer le bonheur que je vous souhaite si ardemment.

Recevez, cher Papa et chère Maman, ces promesses pour étrennes; j'y joins l'assurance de la tendre affection et de la sincère reconnaissance de

Votre respectueuse enfant.

21

Cher Grand-Papa,

Il m'est bien doux de voir arriver le jour de votre fête, car il m'offre l'occasion de satisfaire le besoin que j'éprouve de vous redire encore combien je vous aime, et combien je suis recon-

...naissante de toutes les bontés dont vous me comblez. Veuillez, cher Grand-Papa, agréer les vœux sincères que je forme pour vous. Si le Seigneur exauce mes prières, il vous accordera de longs jours, et un bonheur qui remplira de joie le cœur de vos enfants et de tous vos petits-enfants.

Veuillez agréer, cher Grand-Papa, l'expression du profond respect avec lequel je suis,

Votre soumise et obéissante petite-fille.

22

Chère Bonne-Maman,

Chaque année, quand revient le jour de votre fête, toute la famille s'empresse de vous offrir le tribut d'amour et de reconnaissance que vous méritez si bien. Et votre petite Julie, que vous offrira-t-elle en ce beau jour? Son amour?.... ce serait vous donner ce qui vous appartient déjà. Je vous offrirai donc les vœux que je forme pour votre bonheur. Et comment le bon Dieu n'exaucerait-il pas les vœux d'une petite fille qui prie pour sa Bonne-Maman! Oui, vous serez heureuse, et votre bonheur sera celui de

Votre respectueuse petite-fille.

23

Cher Grand-Papa,

Que j'aime ce beau jour de votre fête qui me fournit, chaque année, l'occasion de vous renouveler l'expression de mes sentiments. Quoique je sois éloignée de vous, cher Grand-Papa, je ne passe pas un jour sans me rappeler vos bontés, et j'attends avec grande impatience le moment où j'aurai le bonheur de vous voir pour vous témoigner mon amour, mon respect et ma vive reconnaissance. Puissé-je jouir longtemps de cette faveur et contribuer à vous faire couler les jours les plus heureux.

Tels sont, cher Grand-Papa, les vœux de celle qui est avec la plus vive tendresse,

Votre respectueuse petite-fille.

24

Chère Grand'Maman,

Le jour de votre fête m'est bien cher; puisque je puis vous redire une fois de plus tout mon amour, toute ma reconnaissance pour la tendresse et l'intérêt que vous m'avez toujours témoignés. Que ne suis-je près de vous pour vous exprimer de vive voix les sentiments de gratitude dont mon cœur est pénétré, et les vœux sincères que je forme tous les jours pour vous! Je ne cesse de prier le Seigneur qu'il vous conserve longtemps à une famille qui vous chérit si tendrement, et dont vous faites toute la joie.

Daignez, chère Grand'Maman, agréer cette petite lettre comme une faible expression de la vive tendresse et des sentiments respectueux de

Votre soumise petite-fille.

25

Cher Grand-Papa,

Tous les ans revient votre fête et tous les ans aussi revient le plaisir de vous la souhaiter. Oh! quand on aime bien son Grand-Papa, il n'est pas de plus beau jour que celui où l'on peut lui exprimer son amour et sa reconnaissance. Bon et indulgent pour tous, vous l'êtes surtout pour vos petits-enfants; mais aussi que la tendresse que vous avez pour eux est bien payée de retour! Cher Grand-Papa, je vous remercie de toutes vos bontés, et je vous assure que votre Marie vous aime autant que vous l'aimez, et qu'elle prie chaque jour le bon Dieu qu'il vous accorde tout ce qui peut contribuer à votre bonheur.

Tel est le vœu sincère de votre respectueuse petite-fille.

26

Chère Grand'Maman,

Que je suis heureuse lorsque je vois arriver le jour de votre fête qui me donne l'occasion de vous dire, une fois de plus, combien je vous aime et combien je vais m'efforcer de vous faire plaisir en tout ce qui dépendra de moi. Je suis votre petite-fille et votre filleule ; ce titre de marraine vous donne encore un nouveau droit à mon amour et à ma reconnaissance. Je vous assure que votre petite Alice fera toujours votre consolation. Je souhaite que le bon Dieu vous conserve encore bien longtemps à la tendresse d'une famille qui vous chérit, et à la vive et respec-tueuse affection de

Votre soumise petite-fille et filleule.

27

Cher Grand-Papa,

Le 24 juin est pour moi une date chérie, car Maman m'a appris à l'aimer et à la vénérer. Lorsque j'étais encore toute petite, cette chère Maman me disait : Marie, c'est demain la Saint-Jean-Baptiste, cette fête est celle de ton Grand Papa ; il faut la lui souhaiter de tout ton cœur. Oh ! oui, elle a eu soin, cette bonne Mère, de développer en moi les germes les plus fé-conds d'amour et de reconnaissance, et de faire grandir dans mon cœur les tendres sentiments qu'une petite-fille doit avoir pour un Grand-Papa tel que vous.

Et voilà, cher Grand-Papa, ce qui me rend si heureuse en ce jour ! Oui, je suis heureuse de vous souhaiter une bonne fête, et de vous renouveler, une fois encore, l'assurance du profond respect et de la sincère reconnaissance de

Votre soumise petite-fille.

28

Cher Grand-Papa et chère Grand'Maman,

Le premier jour de l'an est un jour de bonheur pour tous vos petits-enfants ; mais, parmi cette nombreuse petite famille, je connais une petite fille qui ne veut céder à personne en af-fection, en tendresse, en respect pour son Grand-Papa et sa Grand'Maman. Que vos autres petits-enfants vous fassent de plus beaux compliments, qu'ils vous écrivent de plus belles let-tres ; j'y consens volontiers ; mais qu'ils vous aiment davantage, je n'y consentirai jamais ! Mais, si pour étrennes, je vous offre mon cœur et tout l'amour qu'il peut ressentir, que me donnerez-vous en retour? Grand-Papa et Grand'Maman chéris, je ne vous demande qu'une seule chose : la continuation de votre tendre amitié.

Recevez l'assurance du profond respect et de la tendre affection de

Votre soumise petite-fille.

29

Chère Grand'Maman,

Je voudrais bien que vous puissiez lire au fond du cœur de votre petite-fille, vous y verriez combien je vous aime! Mais aussi, comment ne pas vous aimer? Vous, si bonne pour tous vos petits-enfants. A mon âge, je ne puis encore vous payer de votre tendresse et des caresses que vous me prodiguez, que par mon amour, mon obéissance et ma sagesse; mais je connais votre cœur, chère Grand'Maman, et je sais que c'est là aussi tout ce que vous attendez de votre petite Louise. Je veux toujours vous faire plaisir, et aussi à mes bons Parents, car vous ne m'aimeriez plus si je leur faisais de la peine; et puis, d'ailleurs, je les aime trop pour vouloir les mécontenter jamais. C'est du fond de mon cœur que je vous fais la promesse d'être toujours bien sage pour faire votre bonheur et celui de mes chers Parents.

Soyez bien assurée, chère Grand'Maman, du respectueux attachement et de la sincère reconnaissance de votre soumise petite-fille.

30

Cher Grand-Papa,

Pour penser à son Grand-Papa et pour l'aimer, est-il besoin d'être près de lui? Oh! non, et quoiqu'une grande distance me sépare de vous, la fête de saint Joseph m'est trop chère pour que j'oublie de vous souhaiter, Grand-Papa chéri; tout ce qui peut vous rendre heureux. Si vous saviez combien je suis joyeuse de pouvoir vous dire que mes maîtresses sont contentes de moi elles me trouvent même beaucoup trop raisonnable ; c'est que je désire vivement obtenir le prix de sagesse ; je sais que mon cher Grand-Papa serait si heureux de me poser sur le front cette belle couronne de sagesse, que je veux faire tous les efforts possibles pour lui procurer cette douce satisfaction.

Recevez, cher Grand-Papa, l'assurance de la vive affection de votre petite-fille qui vous aime de tout son cœur.

31

Chère Grand'Maman,

Je saisis avec empressement cette nouvelle occasion de vous témoigner mon amour et ma reconnaissance. Lorsque j'étais toute petite encore, mes bons Parents m'apprirent à vous respecter et à vous chérir, et, dès lors, je vous aimais de tout mon cœur ; mais, avec les années, cet amour n'a fait que s'accroître et aujourd'hui que je suis plus raisonnable, je comprends toute la bonté et toute la tendresse que renferme le cœur de ma bonne Grand'Maman. Aussi votre petite-fille forme mille vœux qui tous ne tendent qu'à votre bonheur. Je souhaite que le Seigneur vous conserve bien longtemps à notre amour, que pendant bien des années encore vous fassiez le bonheur d'une famille qui vous chérit, et qui se trouve heureuse de vous entourer chaque jour des plus tendres soins.

Recevez, chère Grand'Maman, l'assurance du profond respect de votre petite-fille.

32

Cher Grand-Papa, chère Grand'Maman,

Que je voudrais être en ce moment près de vous ! Comme je vous embrasserais de bon cœur en vous souhaitant une bonne, une heureuse année. Un baiser de votre petite Hélène vous en dirait plus long que cette lettre, car il est des sentiments qui ne peuvent s'exprimer par écrit, et qui se témoignent plus facilement par une caresse. Mais enfin, puisque je suis privée de ce bonheur, je veux au moins vous répéter mille et mille fois que je vous aime, et que je veux toujours vous faire plaisir.

Je vais redoubler d'ardeur dans mes études, et j'espère que lorsque vous viendrez me voir, vous serez satisfaits de mes progrès et je pense que mon application me vaudra quelques baisers de plus.

Recevez, cher Grand-Papa et chère Grand'Maman, l'assurance de la respectueuse affection et de la sincère reconnaissance de

Votre soumise petite-fille.

33

Chère Grand'Maman,

Voici que votre petite Marguerite arrive près de vous ; elle n'a besoin ni de chemin de fer ni de voiture ; en un instant, sa tendre affection l'a conduite près de sa Grand'Maman chérie. Et qu'est-ce donc que je viens faire près de vous ? Je viens, chère Grand'Maman, vous dire mon amour et mes vœux ; je viens vous souhaiter une bonne année ; je viens, par la pensée, vous prodiguer quelques tendres caresses. Ah ! chère Grand'Maman, pourquoi donc le mois d'août n'arrive-t-il qu'une fois dans l'année ! Je vous assure que c'est un mois ardemment désiré par tous vos petits-enfants ; aussi, quand je le vois arriver, je le salue de loin, et je lui dis : Sois le bienvenu, et conduis-moi vite près de la Grand'Maman que j'aime tant.

En attendant ce moment heureux, je vous embrasse aujourd'hui mille fois en vous renouvelant l'assurance de la tendre affection de

Votre respectueuse petite-fille.

34

Mon cher Oncle,

Vous m'avez toujours témoigné tant de bienveillance et d'amitié que je saisis avec bonheur l'occasion de vous exprimer ma vive gratitude, et de vous assurer que je payerai par toute l'affection de mon cœur celle que vous avez pour moi.

Tous les jours, je prie le bon Dieu de vous combler de ses bienfaits, et de vous conserver pendant de longues années pour le bonheur de tous ceux qui vous chérissent.

Agréez, cher Oncle, les vœux bien sincères et l'assurance du profond respect de votre soumise nièce.

35

Chère Tante,

Qu'il m'est doux de pouvoir vous offrir aujourd'hui mes vœux de bonne année! Ces vœux, je le sais, ne font que vous payer bien faiblement de l'affection, de la tendresse que vous ne cessez de me témoigner; mais, du moins, recevez-les comme un faible tribut de mon respect et de ma reconnaissance. Oh! oui, j'éprouve un bonheur bien grand à vous répéter : Bonne Tante, je vous aime; et je vous assure que si tous mes vœux étaient exaucés, vous seriez la plus heureuse de toutes les tantes.

C'est le vœu bien sincère de votre respectueuse nièce.

36

Cher Oncle et chère Tante,

Permettez-moi de vous offrir au renouvellement de l'année les vœux sincères que j'adresse chaque jour au Ciel pour votre bonheur.

Je sens tout le prix de la tendre amitié que vous m'avez toujours témoignée, et je veux m'efforcer de vous prouver ma reconnaissance en me rendant digne de vos bontés, et en suppliant le Seigneur de vous accorder une longue et heureuse vie.

Recevez, cher Oncle et chère Tante, l'assurance de la vive affection et du profond respect de votre soumise nièce.

37

Chère Tante,

Voici une nouvelle année! une nouvelle occasion de vous dire combien je vous aime et combien je suis reconnaissante de toutes les marques de tendresse que vous me prodiguez sans cesse. Je ne me pardonnerais pas de laisser passer le premier jour de l'an sans vous offrir ce petit tribut de mon respect et de ma reconnaissance. L'affection que je ressens pour vous me porte à former mille vœux qui tous tendent à votre bonheur. Ah ! je vous assure que si tous les désirs de votre petite nièce étaient accomplis, personne sur la terre ne serait plus heureux que ma Tante chérie.

C'est le vœu que forme du fond de son cœur

Votre chère petite nièce.

38

Ma chère Tante,

Que je serais heureuse de vous connaître ! Je vous aime déjà beaucoup, mais je suis bien persuadée que si je vous connaissais, je vous aimerais encore davantage. Ah ! je vous en prie, venez demeurer ici, afin que j'aie le bonheur de faire connaissance avec vous. Papa et maman en seraient bien contents, vos petites nièces vous chériraient et ne vous feraient jamais de chagrin.

J'ai l'espoir que vous vous rendrez à nos désirs et que nous aurons bientôt le plaisir de vous embrasser. En attendant cet heureux jour, recevez l'assurance de la vive et respectueuse affection de

Votre petite nièce.

39

Cher Oncle,

Oh ! si j'étais près de vous, la Saint-Louis serait véritablement pour moi un jour de bonheur. Je vous embrasserais bien fort, bien fort, en vous souhaitant une bonne fête. Mais puisque je suis privée de ce bonheur, je dépose ici, à cette place, ... quelques tendres baisers, et je charge ma lettre de vous les faire parvenir. Puis, écoutez bien mon petit compliment : Bon Oncle, je vous aime beaucoup, beaucoup, et pour vous prouver mon amour, je vais être bien sage, bien appliquée à tous mes devoirs, afin que vous soyez bien content de moi et que vous remerciiez le bon Dieu de vous avoir donné une si gentille petite nièce.

Recevez, cher Oncle, l'assurance de mon profond respect, et soyez bien assuré que je vous aimerai toujours de tout mon cœur.

Votre soumise petite nièce.

40

Cher Oncle,

Quel bonheur n'est-ce pas pour moi de pouvoir, en ce jour si désiré, vous témoigner toute ma reconnaissance ! Comment pourrai-je jamais reconnaître la bonté que vous me témoignez tous les jours ? Comment pourrai-je vous remercier du zèle que vous mettez à me remplacer un Père chéri à qui j'aurais exprimé avec tant de bonheur tout mon respect et mon amour ? Aussi est-ce sur vous que se reportent ce tendre amour et ce respect filial ; votre tendre sollicitude allége chaque jour la peine que j'éprouve d'avoir perdu un si bon père. Je prie le bon Dieu qu'il vous fasse couler les plus heureux jours, et qu'il vous conserve longtemps à ma tendresse.

Si le Ciel daigne exaucer mes prières, il vous rendra au centuple dès cette vie le bien que vous me faites, et augmentera toujours en moi le désir de m'en montrer plus digne.

Veuillez agréer, cher Oncle, cette faible expression de ma vive et sincère reconnaissance, et le profond respect de celle qui est heureuse et fière de se dire

Votre affectionnée nièce et pupille.

41

Cher Oncle et chère Tante,

Vous êtes tout ce que j'ai de plus cher au monde ! vous êtes à la fois mes protecteurs, mon père, ma mère, toute ma famille ; aussi tous mes vœux sont pour vous ! Si je suis privée des caresses de mes parents chéris, je retrouve dans vos soins toute la bonté d'un Père, toute la tendresse d'une Mère. Ah !

soyez toujours heureux ! En ce beau jour de la nouvelle année,
j'adresse au bon Dieu les plus ferventes prières pour qu'il me
conserve longtemps mon cher Oncle et ma chère Tante qui
m'aiment tant, qui sont si bons pour moi, et que j'aime aussi
de toute l'affection dont je suis capable.

Recevez, cher Oncle et chère Tante, l'assurance du profond
respect et de la vive reconnaissance de

Votre petite nièce qui vous chérit.

42

Chère Tante,

Quels vœux formerai-je pour vous? pour vous que j'aime
tant! Ah! je voudrais que vous fussiez la plus heureuse des
tantes ; mais, hélas ! mes vœux ne sont pas satisfaits, et je
vois avec peine que cette année a été pour vous une année d'é-
preuves et de sacrifices. Mais consolez-vous, chère Tante, les
deux anges que vous avez perdus prient pour vous et pour tous
ceux qui leur furent chers. Que de grâces n'obtiendrez-vous pas
par leur intercession? Chère Tante, on vous aime là-haut, on
vous aime ici-bas, et partout on forme des vœux pour votre
bonheur. Comment le bon Dieu pourrait-il ne pas exaucer tant
de vœux? Oui, il écoutera nos prières et cette année qui commence vous apportera consolation, joie et bonheur.

C'est le vœu bien sincère de votre respectueuse nièce.

43

Ma bonne Tante,

Vous que je pourrais nommer ma seconde mère, puisque vous
remplacez près de moi celle que j'ai eu le malheur de perdre,
vous que j'aime tant, comment pourrai-je jamais vous témoigner ma reconnaissance? Quoique je sois jeune encore, je suis
cependant assez raisonnable pour comprendre et apprécier tout
ce que vous faites pour moi. Merci, ma bonne Tante, de votre
tendre sollicitude, merci de vos soins maternels. Je vous en
remercie aussi au nom de mes frères et de ma petite sœur. O ma

chère Tante , vous serez bien récompensée de votre tendre charité pour nous. Ces petits enfants que vous élevez avec tant de soin feront un jour votre consolation.

Recevez, chère Tante , l'assurance de la vive affection et de la sincère reconnaissance de

Votre soumise et respectueuse nièce.

44

Bonne et chère Tante ,

La distance qui m'empêche aujourd'hui de me jeter dans vos bras, loin de refroidir mon affection et d'affaiblir ma reconnaissance, ne fait que les augmenter. Aussi serait-ce faire à mon cœur une trop grande violence que de laisser passer ce jour de votre fête sans vous offrir l'expression des sentiments qui m'animent. Acceptez donc, chère Tante , les souhaits sincères que je forme sans cesse pour votre bonheur, et comment ne le désirerais-je pas vivement, votre bonheur, quand vos soins bienveillants et votre douce amitié ont fait le mien ? Croyez-vous que j'oublierai jamais tout ce dont je vous suis redevable ? Qui, après mes parents chéris, prodigua à mon enfance les soins les plus vigilants, les plus tendres caresses ? Qui s'intéresse plus vivement à mes progrès ?.... N'est-ce pas vous qui partageâtes avec ma mère bien-aimée les soins et la sollicitude que réclamait mon enfance ? Et depuis, de quelle utilité ne m'ont pas été vos avis, vos conseils, votre affection ?... Mais si votre cœur est pour moi presque maternel, soyez-en bien persuadée, le mien vous a voué à jamais un respect, une reconnaissance et un amour qui ne le cèdent qu'à ceux que j'éprouve pour mes chers parents.

Daignez agréer, chère Tante , l'hommage de ces sentiments qui animeront toujours à votre égard le cœur de

Votre nièce affectionnée.

45

Cher Frère ,

N'est-il pas de mon devoir, à moi , la plus jeune, de venir,

au commencement de cette nouvelle année, t'assurer de ma vive
et tendre affection? Sans contredit, tu es mon meilleur ami,
aussi les vœux que je forme pour toi, sont-ils bien sincères. Oh!
que le bon Dieu exauce la prière que je lui offre chaque matin,
et mon Louis n'aura que des jours de joie et de bonheur.

C'est le plus ardent désir de ta chère petite sœur.

46

Chère Marraine,

Comment ne pas aimer une bonne sœur, une bonne Marraine
telle que toi? aussi, je t'aime de tout mon cœur et je veux te
faire toujours plaisir. Mais que puis-je t'offrir pour étrennes?
Je ne puis te donner que toute mon affection. Je ne puis t'offrir
que les vœux que je forme pour ton bonheur et le parfait ac-
complissement de tous tes désirs. J'espère que le bon Dieu
exaucera les prières d'une sœur qui prie pour sa sœur chérie.
Oui, il écoutera mes prières, tu seras heureuse, très-heureuse,
et ton bonheur fera celui de

Ta chère petite sœur et filleule.

47

Cher Parrain,

La reconnaissance que vos bontés m'inspirent me fait saisir
avec joie l'occasion du renouvellement de l'année pour vous offrir mes sentiments respectueux, et les vœux ardents que je
forme pour votre bonheur.

Chaque jour, je demande au Seigneur la conservation de vos
jours précieux, et je le supplie de vous récompenser, dans cette
vie et dans l'autre, du grand bienfait que vous m'avez accordé en
répondant pour moi au saint baptême et de toutes les bontés
dont vous ne cessez de me combler.

Recevez, cher Parrain, cette faible expression de l'affection
sincère avec laquelle je suis,

Votre très-respectueuse filleule.

48

Cher Parrain,

Vous avez pour moi tant de sollicitude et de tendresse, que je suis heureuse de vous offrir aujourd'hui un faible témoignage de la reconnaissance dont mon cœur est pénétré pour vous.

De même que vous avez été pour moi un second père, je ne cesserai jamais d'avoir pour vous les sentiments d'une bonne fille, et, à ce titre, j'espère que le ciel exaucera les ferventes prières que je lui adresse pour votre bonheur et la conservation de vos jours, et qu'il vous récompensera au centuple de toutes les bontés dont vous m'avez comblée depuis le moment solennel où vous m'avez prise sous votre protection.

Croyez, mon cher Parrain, à la vive reconnaissance que j'en conserverai toute ma vie et veuillez agréer l'hommage du bien vif et bien sincère attachement de

Votre soumise filleule.

49

Monsieur et cher Bienfaiteur,

Quoique je sois bien jeune encore, mon cœur a su comprendre déjà tout le prix de vos bienfaits et c'est la reconnaissance qui me conduit aujourd'hui près de vous. Ah ! cher Bienfaiteur, ne dédaignez pas les vœux de l'enfance ! le bon Dieu, m'a-t-on dit, les exauce toujours ; il vous rendra tout le bien que vous faites à mes chers parents en répandant sur vous et sur votre famille la prospérité, la joie et le bonheur.

Agréez, cher Bienfaiteur, l'expression de la sincère reconnaisance et du profond respect de

Votre petite protégée.

50

Monsieur,

Vous, que je pourrais nommer mon second père, puisque je retrouve en vous une sollicitude toute paternelle, permettez-moi de venir, avec une confiance toute filiale, vous offrir mes vœux au commencement de la nouvelle année. Ces vœux sont dictés par la plus entière reconnaissance. Ah ! lorsque le malheur est venu frapper notre famille, nous avons trouvé en vous un appui, un protecteur et depuis lors, vous n'avez cessé de nous combler de vos bienfaits. Pour moi, en particulier, ne vous suis-je pas redevable du plus grand de tous les bienfaits : celui de l'instruction et d'une éducation chrétienne. Soyez bien persuadé, Monsieur, que je répondrai à vos soins par mon travail, et que je ferai tous mes efforts pour reconnaître votre généreux dévouement par ma bonne conduite. Je vous témoignerai encore ma reconnaissance en adressant au ciel les vœux les plus ardents pour votre bonheur et celui de vos chers enfants, je ne cesserai de supplier le Seigneur de prolonger une existence si précieuse.

Veuillez agréer, Monsieur, l'assurance du très-profond respect et de la vive et sincère reconnaissance avec lesquels j'ai l'honneur d'être,

Monsieur et cher Bienfaiteur,
Votre petite protégée.

Après avoir écrit toutes ces lettres sous la dictée, les élèves auront appris à exprimer de différentes manières leurs pensées et leurs sentiments, et il leur sera facile de choisir les expressions qui iront le mieux à leur cœur pour composer elles-mêmes les lettres qu'elles ont à écrire à l'époque du nouvel an et des fêtes de leurs parents.

FIN DE LA PREMIÈRE PARTIE.

TABLE DES MATIÈRES

DE

LA PREMIÈRE PARTIE.

CHAPITRE PREMIER.

DU NOM.

CHAPITRE DEUXIÈME.

DE L'ARTICLE.

CHAPITRE TROISIÈME.

DE L'ADJECTIF.

CHAPITRE QUATRIÈME.

DU PRONOM.

CHAPITRE CINQUIÈME.

DU VERBE.

CHAPITRE SIXIÈME.

DU PARTICIPE PASSÉ.

CHAPITRE SEPTIÈME.

DES MOTS INVARIABLES.

SUPPPLÉMENT.

FIN DE LA TABLE DE LA PREMIÈRE PARTIE.

Poitiers.— Imp. de Henri Oudin.